エリア・スタディーズ 169

ウクライナを知るための65章

服部倫卓
原田義也
（編著）

明石書店

はじめに

世界の主要な国や地域を網羅する明石書店の「エリア・スタディーズ」シリーズからウクライナ編が刊行されることを心待ちにしてくださっていた方なら、ウクライナがソヴィエト連邦を構成する15共和国の一つであったこと、中世から近世にかけては勇猛なコサックたちの活躍の舞台となったこと、さらにはロシアやベラルーシとともに古代のキエフ・ルーシ大公国に起源を持つ東スラヴ三兄弟の一人であることなども、すでにご存知のことでしょう。

ただし、一般的には、歴史上長らく「ロシア帝国」や「ソヴィエト連邦」の陰に隠れていた、あるいはその一部として認識されていたためか、ウクライナという国名を聞いてすぐにそのイメージを思い描ける方は、まだまだ多いとは言えないかもしれません。

しかしながら、ロシアを除くヨーロッパ世界において最大の国土面積を有し、英仏独伊に次ぐ人口規模を誇るこの大国の生い立ちや現在の有り様について学び、考えることは、日本の私たちにとっても有意義な教訓に満ちているように思います。

例えば、ウクライナは多民族・多言語国家であり、国家安泰のためには、そこに住まう様々な民族・言語集団同士の融和的関係の構築が必要不可欠です。実際問題として、2014年のロシアによるクリミア「併合」も、現在までウクライナ政府と親ロ派武装勢力との間で続いているドンバス内戦も、大局的には民族・言語問題の解決を抜きにしては語れません。グローバル化が進む現代、日本国内においても多文化共生の実践が求められる機会が増えていますが、ウクライナの歴史的経験は私たちに、民族とは何か、言語とは何かを考えるための貴重なヒントを、きっと与えてくれるはずです。

　また、ウクライナが「世界史の中で長らく独立を果たすことができなかった」という側面も、日本の私たちに対する重要な問いかけを含んでいます。日本が独立国家であるということ、（いくつかの領土問題は抱えていても）明確な国境を有するということは、島嶼国日本の私たちにとってあたかも自明の理のように思われますが、大陸における列強の狭間に生きたウクライナの人々にとって、いわゆるウクライナ平原にウクライナという国が存在することは、過去の歴史を振り返る限り、決して自明の理ではありませんでした。国や民族、言語や文化とは、どのような力学の上に成立するものなのか、ウクライナの来し方と現在はその血肉をもって物語ってくれているように思えます。

　加えて、チェルノブイリ原発事故の起こったウクライナは、２０１１年の東日本大震災と福島原発事故を経験した私たちにとって、人知を超える科学技術災害の「負の遺産」を共有する、世界でも数少ない国・地域の一つです。「負の遺産」の共有とは、「苦渋の未来」の共有をも意味します。なぜなら私たちは、これから途方もない時間をかけて放射性廃棄物の処理を見届けていかなければならないし、持続可能な開発目標（ＳＤＧｓ）の実現のために、これまで当たり前のように考えられてきた経済成長神話や人間社会の豊かさの指標について、謙虚に見つめ直す必要に迫られているからです。日本が今後、そのような文明論的な視点から新たな価値観を生み出そうとする際に、ウクライナはかけがえのないパートナーとして協働してくれるに違いありません。

　本書で取り扱われる地名・人名のカタカナ表記は、原則としてウクライナ語の発音によります。ただし、「オデッサ」「クリミア」「ゴーゴリ」など、すでに日本語環境で慣用化した呼称が存在する場合は、言語や国籍を問わずその呼称を採用しています。また、ウクライナ語と他の東スラヴ諸語との分化が決定的でない古代〜中世や、現在のウクライナの領域をめぐる国境が目まぐるしく変動した中世〜近現代にテーマが関わる場合は、時代性や地域性を考慮しながら呼称を選択するようにしました。

正直に申し上げると、地名・人名の表記において、優先すべきはウクライナ語発音への忠実さなのか、それとも日本語としての認知度や覚えやすさなのか、編者の一人である筆者自身、明確な答えを見出せてはいません。本書で行なったような、ウクライナの首都 Kyiv のカタカナ表記を帝政ロシア末期からソ連時代を通して定着したロシア語由来の「キエフ」で統一することへのためらいも、ないわけではありません。

そのようなジレンマを抱えながらも、本書では複数の執筆者による表記方針の違いから生じる弊害を回避するため、各々の執筆者に理解と協力を仰ぎながら、編者の方針と判断により地名・人名の表記を可能な限り調整・統一していることを、ここに申し添えておきます。

いつか日本（語環境）においても、ロシア（語）やソ連を介してではなく、ダイレクトにウクライナを知る世代が増えていくことによって、過去の因習に囚われない自由な言語空間で少しずつ「熟《こな》れた」呼称や表記が定着していくことを、心から期待するところです。

本書の各章・各コラムの執筆にあたっては、学界の第一線で活躍されている研究者はもちろんのこと、現地の情勢に詳しいマスコミや企業、官公庁勤務の方々に至るまで、幸いにも多くの素晴らしい識者が参集してくださいました。全体の章立てては、後景から前景へ、過去から現在へという二つの軸を意識して構成されていますが、個々の章やコラムは一つずつ完結していますので、関心のあるタイトルから自由に読み進めていただくのも一興かと思います。巻末の地名・人名索引も、読書のお供として、併せてお役立ていただければ幸いです。

汲めど尽きせぬウクライナの魅力と出会う旅に、皆様ぜひお出かけください。

原田義也

2018年9月

ウクライナを知るための65章

目次

はじめに／3

I　ウクライナのシンボルと風景

II ウクライナの民族・言語・宗教

III ウクライナの歴史

IV ウクライナの芸術と文化

V　現代ウクライナの諸問題

CONTENTS

※本文中、特に出所の記載のない写真については、原則として執筆者の撮影・提供による。

ウクライナの位置と地図

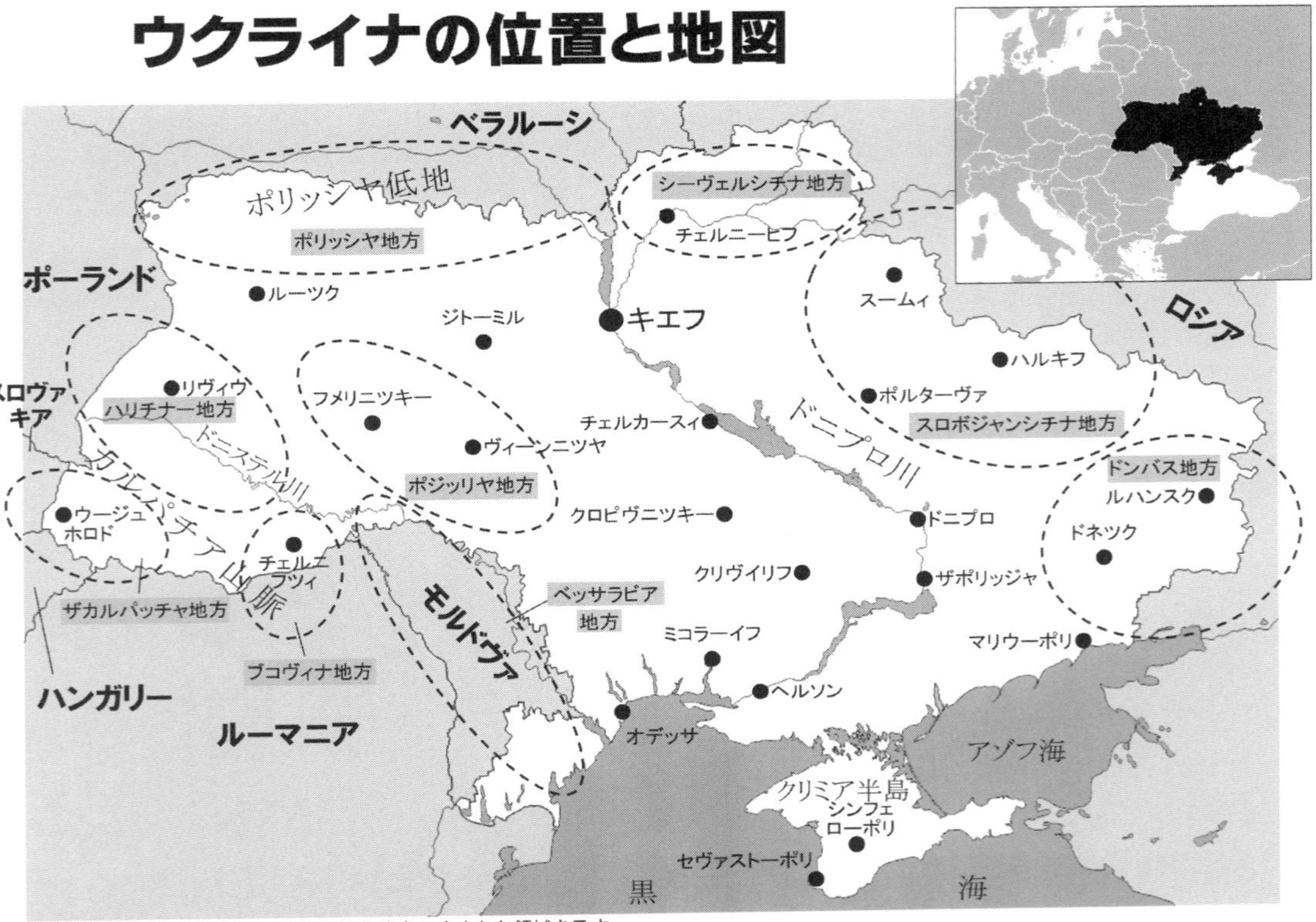

作成：服部倫卓　－－－－は歴史的な地方の大まかな領域を示す。

I

ウクライナのシンボルと風景

1

「ウクライナ」とは何か

★国名の由来とその解釈★

国名や地名はもちろんのこと、あらゆる呼称にはそれが生まれた背景がある。この背景をドラマと言い換えてもよい。つまり、あらゆる呼称はドラマティックである。

では、「ウクライナ」の語源は、一体何か。その答えは定かではない。はっきりしているのは、その呼称が「分かつ」ことを意味する印欧祖語由来の語根「クライ」を内包していることである（現代ウクライナ語においても、「分かつ」を意味する動詞の一つに「ウクラーヤティ」がある）。アカデミー版ウクライナ語辞典（11巻本）の「クライ」（名詞）の項を紐解くと、①「何かの表面を区切る線、またその線に沿ってあるもの」、②「一片、一塊」、③「終わり」、④「国」、⑤「一定の自然および気候的特徴を持つ地方、州、地区等」とある。「分かつ」ことにまつわる語感が派生して、「クライ」はこうした諸概念を表すようになったわけだ。

興味深いのは、「分かつ」ことが、対照的な二つの概念を生み出していることだ。一つは、対象が分かたれることによって生じる「境界」という概念で、そこからは自ずと一番目、三番目の意味が導き出される。そしてもう一つは、分かたれた対象が固有の輪郭を帯びることによって生じる「（一定の）領域」という概念で、そこからは二番目、四番目、五番目の意味が導き出されよう。

「ウクライナ」という呼称が史書において最初に確認できるのは、キエフ・ルーシの歴史が著された『原初年代記』（イパーチイ写本）の1187年の項である。この年、ステップ地帯の遊牧民ポロヴェツ人に対して軍事遠征を行なったペレヤスラフ公ヴォロディーミルが戦死し、「彼を思ってすべてのペレヤスラフ人が哭《な》いた」「ウクライナは大いに悲しんだ」と記されている。そしてこれに続く1189年の項ではハーリチ公国に対して「ハーリチ・ウクライナ」という表現が、1213年の項ではルーシ諸国とポーランドの間の係争地となっていた西ヴォルイニ地方の諸都市に対して「すべてのウクライナ」という表現がそれぞれなされており、キエフ・ルーシの版図に属する諸国・諸地方に対してこの呼称が用いられたことが察せられる。

ところで、先程「ウクラーヤティ（分かつ）」というウクライナ語の動詞を紹介したが、「分かたれた」という語形は「ウクラーヤナ」となり、「分かたれた土地」は「ウクラーヤナ・ゼムリャー」となる。キエフ・ルーシ隆盛の時代において、前出の「ウクライナ」と呼ばれる諸地方がキエフ大公を長とする分封公国であったことを踏まえると、分封地の固有地名が「分かたれた土地」を修飾する形容詞となったとしても（ハーリチ公国であればおそらく「ハーリチ（地方）の分封地」すなわち「ハーリツィカ・ウクラーヤナ・ゼムリャー」となるだろう）、あるいはそれが慣用化されて個々の分封地が簡潔に「ウクライナ（＝ウクラーヤナ・ゼムリャー）」と呼ばれるようになったとしても、それらは領域概念から構想された内名《エンドニム》——現地の人々によって呼び慣わされている地元由来の地名——としての「ウクライナ」の、理に適った用法であるように思われる。あらゆる風土は、文化的に任意の特徴を帯びながら成長して固有の領域となり、その母胎から発展的に「分かたれる」ことによって誕生するものだからだ。

その後キエフ・ルーシは、諸公の権力争いによる内紛や外敵との戦い、あるいはモンゴル・タタールの侵入のために衰退し、その政治的・文化的求心力は、大公座の置かれていたキエフから、北東のウラジーミル・スーズダリ公国や、南西のハーリチ・ヴォルイニ公国へと移っていった。そして中世から近世にかけての東ヨーロッパ平原南部一帯は、モスクワ・ロシア、リトアニアおよびポーランド、クリミア・タタールおよびオスマン・トルコ等の列強の緩衝地帯となり、その無帰属性と人口の希薄さゆえに「荒野（ディーケ・ポーレ）」と呼ばれた。

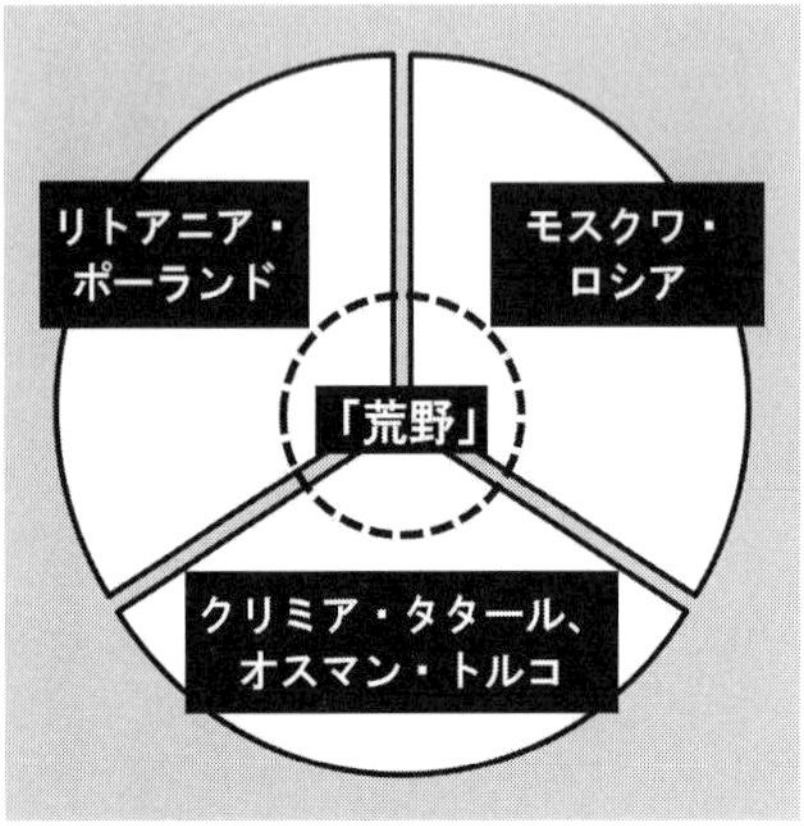

図　「荒野」形成の概念図

この黒海北岸のステップ地帯が歴史的に「荒野」と呼ばれた事実こそ、「ウクライナ」が境界概念から構想された外名《エクソニム》——外部の言語社会に充てがわれた外来の地名——として人々に認識される際の本質的理由を雄弁に物語るものである。というのも、中世から近世にかけてのウクライナ・ステップは、モスクワ・ロシアから見ても、リトアニアやポーランドから見ても、あるいはクリミア・タタールやオスマン・トルコから見ても、諸国間の係争が絶えない文字通りの危険な国境地帯であり、最果ての「辺境の地」であり、「荒野」とならざるを得ない運命を地政学的に担わされていたからだ。

そして、しばしばウクライナの象徴《シンボル》や代名詞ともなっているコサックが誕生したのが他ならぬこの危険な辺境地帯においてであって、隷属・抑圧からの解放を求める者たちが周辺諸国からこの権力の空白地帯に集い、軍事能力を備えた強力な自治共同体を形成するに至ったことは、ウクライナ史上最大のパラドックスと言えるかもしれない。なぜなら、内名としての「ウクライナ」（＝分封公国またはその集合体）が荒廃した結果生じた外名としての「ウクライナ」（＝「荒野」）が、内名としての新たな「ウクライナ」（＝コサック共同体）を生み出す母胎となったのであるから。

16世紀以降のコサック台頭と共に、「ウクライナ」はコサック国家（ヘトマンシチナ）の領土を意味するようになるが、キエフ中興の祖ペトロ・サハイダーチヌイ（１５８２〜１６２２）を始めとして、フメリニツキー、ヴィホフスキー、ドロシェンコ、サモイロヴィチ、マゼーパ、オルリク等のヘトマン（コサック軍の首領）たちは、コサック国家の領土のことを哀歓込めて「（我らが）ウクライナ」と呼んだ。つまり彼らヘトマンにとって「ウクライナ」は、外名としての「荒野」である以上に、内名としての「祖国」であったということだ。

ただし、ヘトマンたちの切望にもかかわらず、彼らの存命時に「ウクライナ」が国際舞台の正式な国号として認知されることはなかった。16世紀末から17世紀半ばにかけて東欧平原南部の覇者となり、「荒野」の只中に「祖国」の実現を夢見た彼らも、列強との間断なき戦争やコサック共同体内部の不和のために対外的な権勢を徐々に失ってゆき、エカテリーナ二世によるシーチ（コサック軍の本営）の解体（１７７５年）を経て、コサック共同体によるウクライナは歴史の表舞台から姿を消した。それが独立国家の公称として正式に採用されるのは、ロシア革命期の一時的例外を除けば、ソ連崩壊に伴う独立が実現した20世紀末の1991年になってからのことである。

最後に今一度、古代から現代まで連綿と生き続ける「ウクライナ」という呼称をめぐる歴史を、駆け足ながら振り返ってみよう。キエフ・ルーシ時代、「ウクライナ」は大公国の版図に属する諸国・諸地方に対する内名として用いられた。これに続くキエフ大公座の衰退や東欧平原南部の「荒野」化の時代になると、「ウクライナ」は危険な辺境・国境地帯を意味する外名としてのニュアンスを帯びてゆく。この「荒野」化が逆説的にもたらしたコサック共同体の発生とその勢力拡大の時代には、「ウクライナ」は自由と独立不羈《ふき》を掲げる彼らの「祖国」を表わす内名となった。そのコサック国家が再び周辺列強の支配下に取り込まれ、かつて「荒野」と呼ばれた地域に「ノヴォロシア（新ロシア）」「マロロシア（小ロシア）」という新たな異名があてがわれた時代、あるいはロシア革命後、ソ連を構成する一共和国として、「ソヴィエト」という称号が国名に冠された時代、「ウクライナ」は中東欧の大局的な「中心／周縁」の政治力学上、やはり「周縁」であることを余儀なくされた外名であった。

そして現在、「ウクライナ」は再び、固有の輪郭を備えた「独立国家」という領域概念の内名として、内政・外政上の様々な課題を抱えながらも、新たな自己形成の歩みを進めようとしている。このドラマティックな呼称を与えられた国は、渾沌とした現代に、いかなる新たな秩序を生み出してくれるのだろうか。その歩みに心から期待せずにはいられない。

（原田義也）

2

青と黄のシンボリカ

★ウクライナの国旗・国章・国歌★

「世界の国旗の中で最も情景的なものは？」と問われたら、筆者は真っ先にウクライナの国旗を思い浮かべてしまう（カバー参照）。なぜなら、青と黄からなる色彩の境界部分をじっと見つめていると、それが平面上の図柄であることを忘れて、まるで青空の下に小麦畑（あるいは向日葵畑）の地平線がどこまでも広がる、立体的で奥行きのある光景を眺めているかのような錯覚に捉われるからだ。

ウクライナの歴史において、この青と黄という色の取り合わせが確認できる最初期の明確な事例は、12～14世紀に繁栄したハーリチ・ヴォルイニ公国の国旗であろう。そこには青地に黄の獅子が描かれていたが、ヨーロッパの紋章学的原則によれば黄は金（オーア）と等価の色であり、青地に金獅子が躍り上がるこのモチーフは、写実的にも視覚効果の上でも、躍動感と生命力に溢れるものとして人々の目に映ったに違いない。

ハーリチ・ヴォルイニ公国の国旗

なお、ポーランド・リトアニア連

合軍とドイツ騎士団との間に行なわれたタンネンベルクの戦い（1410）では、前者の一員として馳せ参じたルーシ諸国のリヴィウ連隊とペレミシュリ連隊の軍旗が、それぞれ獅子と双頭の鷲をモチーフとしながら、同じく青地に金／黄の図像の取り合わせで描かれていた。その後、16〜18世紀のコサック隆盛の時代には軍旗の配色が多様化し、青と黄に加えて赤、白、黒等が用いられ、これらの色の様々な取り合わせのもとに、十字や魚（いずれもキリストの象徴）、大天使、聖人、星、太陽、半月、弓矢、鷲等が図像に取り入れられた。

国家としてのウクライナ（ヘトマンシチナ）は、18世紀末にエカテリーナ二世によって解体され、ロシア帝国に併合されてしまうが、1848年にヨーロッパを席巻した革命「諸国民の春」に際しては、当時第一次ポーランド分割によってオーストリア帝国に組み込まれていた西ウクライナのリヴィウにおいて、ルーシ（ウクライナ）人の議会が民族意識の高まりを受けてかつてのルーシ時代の紋章（青地に金獅子が「ランパント」の姿勢を取っている）を採用し、同時期以降、現在の国旗の原型となる青／黄の横縞の二色旗が広く知れ渡るようになった。

興味深いのは、この二色旗のパターンに、上半分が青で下半分が黄のもの（現在の国旗と同じ配置）と、上半分が黄で下半分が青のものとの、二種類が存在することだ。一説によると、後者（黄／青）の由来は、上段の縞に紋章の主な図像の色が配される、ドイツの紋章学の影響を蒙ったものであるという。確かに、現在のドイツの国章は金／黄の下地に赤い嘴《くちばし》と下肢を持つ黒い鷲が描かれたもので、その国旗の配色を見てみると、上から順に三本の縞で黒、赤、黄という構成になっている。ここから、青地に金獅子をモチーフとした伝統を持つウクライナの二色旗も、上側が黄、下側が青となった、というわけだ。

キエフ・ペチェルスク大修道院とドニプロ川

この黄／青のパターンには、もう一つ印象的な解釈が存在する。それは、青は古来、生命の源である水の象徴であり、豊かに揺蕩《たゆた》う大河を表し、黄はその河岸に燦然と輝く金色の丸屋根を持つ教会だとする解釈である。所説の真偽はともかくとして、この解釈はちょっと意表を突いているところもあって、かつ情景的で華麗だ。やはり青と黄の境界部分をじっと見つめていると、ドニプロ（ドニエプル）川の河岸に立つペチェルスク大修道院、あるいは聖ミハイル修道院の黄金ドームが、空全体を輝き照らしているような気がしてくる。

ちなみに現在の国旗は、独立後の1992年1月にウクライナ最高議会において再制定されたもので、独立記念日の前日（8月23日）は2004年以降「国旗記念日」として国民の祝日となっている。さらに現在、国旗や国歌と共に国家の公的シンボルとされている国章についても触れておくと、三叉戟《げき》のような形をしたこの紋章の起源はルーシのキリスト教化以前の古代に遡り、キエフ・ルーシ時代には、ヴォロディーミル聖公を始めとするリューリク朝の継承者に家紋として用いられた（カバー参照）。しかし、何が最初のモチーフであったのかについては定説がなく、三叉戟の他に、獲物を捕らえようとする鷹、船の碇《いかり》、王笏《おうしゃく》等が候補として挙げられる。そしてこの国章も現在、国旗と同様に、青地に黄の図像を配したものとして定着している。

国旗、国章と共にウクライナのシンボルとされている国歌「ウクライナは滅びず」については、前二者に比べてその歴史は新しい。1860年代、ウィーン体制崩壊後のヨーロッパにおけるナショナリズム高揚の流れの中で、まず民俗学者パヴロ・チュビンスキーの手になる詩が発表され、これに感銘を受けたグレコ・カトリック教会司祭で音楽家としても名高いミハイロ・ヴェルビツキーが曲を付け、現在の歌の原形が整った。以下は、2003年6月に最高議会で成立した国歌法案において採用された、原詞の一番に当たる部分を抜粋し、一部修正を加えたものである。

ウクライナの栄光も自由も未だ死なず
若き兄弟たちよ　運命はきっと我らに微笑むだろう
我らの敵は日の下の露の如く滅びるだろう
兄弟たちよ　我らは我らの地を治めよう

我ら自由のために心と体を捧げ　示そう
兄弟たちよ　我らコサックの一族であることを

この歌は、ロシア革命期に独立を宣言したウクライナ人民共和国や西ウクライナ人民共和国の国歌として採用されたこともあったが（1917～20年）、ソ連時代にはその「分離主義的」ニュアンスが忌避されて影を潜め、代わりにソ連邦への忠誠と共産党礼讃を強調した「ウクライナ・ソヴィエト社会主義共和国国歌」が正式な国歌として採用された（1949～91年）。そしてソ連崩壊後の1992年に独立ウクライナの新たな国歌として復活し、2003年6月の最高議会における国歌法案成立（三番までの歌詞の一番の部分のみを国歌として採用）を経て現在に至っている。

最後に、青と黄のシンボリカをめぐって付け加えておきたいことがある。「その者、青き衣を纏いて金色の野に降り立つべし……」の語りで知られる映画『風の谷のナウシカ』（1984）のラストシーンは有名であるが、宮崎駿監督はこれに先立って『シュナの旅』（1983）という小品の中で青と黄のシンボリカを登場させている。これは『犬になった王子』というチベットの民話をアレンジした作品で、とある貧しい山国の王子が、苦難の旅の末に祖国に麦の種をもたらし、国と民を救うというモチーフが下地となっている。

「西の彼方／大地果つるところに／黄金の穀物が／豊饒の波となって／ゆれる土地が／あるという……」。旅人の遺言を胸に、シュナは西へ向かって旅立つ。物語の中で、黄金の穀物は「豊かさ」の象徴であり、妙なる夢や願望の対象であった。このような青と黄のシンボリカに立ち現れる「豊かさ」は、物語の結末部分で一つの旅を終えようとしていたシュナたちにとって、すでに実現された幸福である以上に、あくまでも未来の夢や願望の対象として留まり続けるものであるような気がする。なぜなら、その「豊かさ」を実現し、享受するためには、物語の主人公たちがその身で示してくれたように、目標への弛まぬ努力と献身をひたすら積み重ねていかなければならないからだ。

そうした意味で、ウクライナの国旗に象徴される「豊かさ」も、その大地が秘める「豊かさ」を表す以上に、「本当の豊かさとは何か」という根源的な問いを私たちに投げかけ続ける、永遠の憧憬であるのかもしれない。

（原田義也）

3

多様な自然環境

★森林、ステップ、そして海★

ウクライナは、ロシアを除くヨーロッパ諸国の中では最大となる約60万3700㎢（日本の約1・6倍）の国土面積を有する、東欧の大国である。その大部分は東ヨーロッパ平原上に位置するが、地形、気候、植生は地域毎に異なった様相を帯び、自然遺産や文化遺産の多様さとなって表れている。

国土の約95％を占める平原部には、低地、丘陵等が含まれる。海抜200m以下の低地は、北西部のプリピャチ川（ドニプロ川支流）右岸流域、カルパチア（カルパート）山脈南西麓、黒海・アゾフ海沿岸、およびドニプロ川中流左岸に広がり、それぞれポリッシャ低地、ザカルパッチャ低地、沿黒海低地および沿アゾフ低地、沿ドニプロ低地を形成する。海抜200〜500mの丘陵は、ドニステル川とポリッシャ低地の中間地帯、ドニプロ川中流右岸、アゾフ海とシーヴェルスキードネツ川の中間地帯に広がり、それぞれポジッリヤ丘陵ならびにヴォルイニ丘陵、沿ドニプロ丘陵、沿アゾフ丘陵およびドネツ丘陵を形成する。

山地は国土の約5％に過ぎないが、西部にはウクライナの最高峰ホヴェルラ山（2061m）を擁するカルパチア山脈が横たわり、クリミア半島南岸に連なるクリミア山脈（最高点はロマン・

コシュ山の１５４５ｍ）と併せて、アルプス＝ヒマラヤ造山帯の一部を構成している。とりわけカルパチア山脈には国土の森林の約20％が集中し、スロヴァキアとの国境地帯には２００７年にユネスコ世界自然遺産に指定されたブナ原生林がある。なお、人工地形ではあるが、南部のステップ平原には「クルガン」と呼ばれる古代遊牧民族の墳丘が点在し、大炭田の広がるドンバス地方には高さ１００ｍを超えるボタ山も見られる。

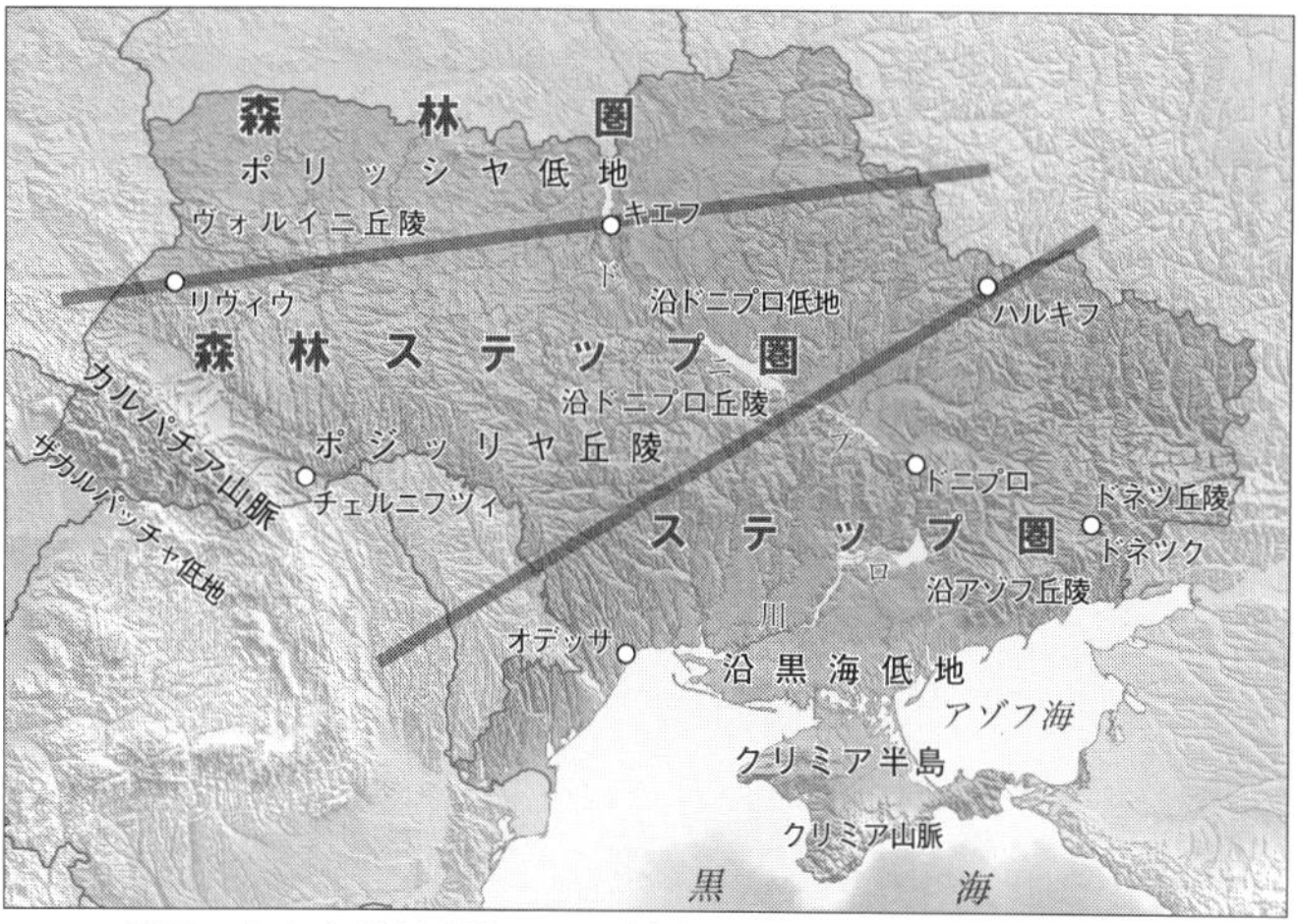

地図　主な自然地形と三つの植生圏

気候は国土のほぼ全域が温帯大陸性気候区に属し、ヤルタ等の保養地で有名なクリミア半島南岸のみが亜熱帯または地中海性気候区に属する。月平均気温は、最も低い北東部および山地部で１月マイナス７～マイナス８℃、最も暖かいクリミア半島南岸で同２～４℃、７月がそれぞれ17～18℃、22～23℃である。

植生は、北～北西から南～南東にかけて、森林圏、森林ステップ圏、ステップ圏の三種類に大きく分けられ、前者から後者に近づくにつれて降水量は少なくなる。土壌は、森林圏では酸性のポドゾル土や沼沢土や灰色森林土、ステップ圏では肥沃な黒土や栗色土が優勢であり、中間地帯の森林ステップ圏はその折衷的性格を持つ。最も乾燥する黒海北岸一帯は乾燥ステップと呼ばれ、ソロネツ土やソロンチャク土等の塩類土が見られる。

年間降水量が最も多いのは1500㎜を超えるカルパチア山脈で、クリミア山脈の1000～1200㎜がこれに続き、平原部で最も多い森林地帯のポリッシヤ地方では600～700㎜、最も少ない黒海・アゾフ海沿岸の乾燥ステップ地帯では300～500㎜となる。クリミア半島南岸を除くほぼ各地で夏が雨期となるが、黒海・アゾフ海沿岸地方では夏期に「スホヴェイ（「乾いた風」の意）」と呼ばれる熱風がヴォルガ下流地方のステップ地帯から吹き寄せ、旱魃の原因となることがある。

ウクライナの河川は、ドニプロ川、ドニステル川、ドナウ川、南ブーフ川、シーヴェルスキードネツ川（ドン川の支流）等、その大部分が黒海・アゾフ海水系に属し、わずかながら西部に西ブーフ川等のバルト海水系の河川が流れる。カルパチア山脈南西斜面を下る河川も、ハンガリー盆地でドナウ川の支流（ティサ川）となり、ドニプロ川やドニステル川と同様に黒海へと注ぐ。ちなみに、黒海・アゾフ海水系に属する河川名にしばしばドン（don または dn）の音韻が伴われるのは、かつてこの地を支配したスキタイやサルマタイ等の遊牧民族の言語、とりわけインド・イラン系のアヴェスター語で「ダヌ dānu」が「水」や「川」を意味したことに由来するものと考えられている。

ダム建設によってドニプロ川に形成された幾つかの人造湖は、地図上で眺めてもその大きさが際立つ。中流のクレメンチューク湖（約2250㎢）や下流のカホフカ湖（約2155㎢）に至っては、いずれもその表面積が琵琶湖（約670㎢）の3倍を超える。このうちカホフカ湖には、ヨーロッパ最大規模のカホフカ運河や北クリミア運河の取水地点があり、沿黒海低地やクリミア半島北部の乾燥地帯に貴重な水資源を供給している。

以下、ウクライナ各地の自然遺産の中から、とりわけ個性豊かなものを幾つか紹介してみたい。

すでに言及したカルパチア山脈のブナ原生林と共に、ウクライナの世界自然遺産として忘れてはならないのが、ドナウ・デルタである。オデッサ州南部、ルーマニアとの国境に跨がるドナウ・デルタは「ヨーロッパ最後の秘境」とも呼ばれ、湿原の広がる一帯は水生植物が繁茂し、鳥類の世界的繁殖地となっている。動植物との関連では、沿黒海低地の中央に位置するヘルソン州には、ヨーロッパ唯一の人跡未踏のステップ地帯を含むアスカーニヤ・ノーヴァ自然公園がある。その起源となったのは、19世紀末にロシア系ドイツ人フリードリヒ・ファルツ＝ファインが開いた私設動物園で、絶滅種に係わるステップの野生動物が世界各地からこの地に移入された。１９１４年に当地を訪れて多種多様な動物たちを目の当たりにしたロシア皇帝ニコライ二世は、その光景をノアの方舟から降り立った動物たちに喩えて感嘆したという。

ところで、黒海北岸およびアゾフ海の沿岸部には長大な砂嘴《さし》や砂州《さす》、潟湖《せきこ》が数多く形成されているが、中でもクリミア半島北東部に横たわるアラバト砂州（コサ・アラバツカ・ストリルカ）は全長が１００km を超える世界最大級の砂州であり、一帯は人気の海浜保養地となっている。そのアラバト砂州とクリミア半島によって囲まれた海域が「フニレー・モーレ（「腐った海」の意）」の異名を持つシヴァシュ湾で、遠浅の海と当地の乾燥気候とが相俟って最大塩分濃度が２００‰を超える「塩の海」として知られる。実はこのシヴァシュ湾は、宮崎駿監督が『風の谷のナウシカ』の中で描いた「腐海《ふかい》」と呼ばれる有毒細菌類の樹海についての構想に影響を与えた自然形象であり、宮崎監督はシヴァシュ湾を表わす「腐った海」という言葉を初めて目にした時、強い印象を受けたのだという。

なお、大小50以上の塩湖が点在するクリミア半島北部一帯は、古くから塩の産地および交易拠点として商人たちが集った場所で、中世にここからウクライナ各地へ牛車で塩袋を運んだ行商は「チュマーク」と呼ばれた。長い旅路や寄る辺なさに喘ぎながらも、自由な生活を求めて行商を続けるチュマークたちが道々で口ずさんだ歌は、コサックにまつわる民謡と共に、ウクライナ・フォークロアの重要なモチーフの一つとして、今日まで大切に語り継がれている。

ウクライナでは、クリミア半島の他にもカルパチア山麓やドンバス地方に大規模な岩塩鉱床の形で塩の恵みが与えられているが、概して石灰岩、白亜、硬石膏などの塩類堆積物の分布も全国に広がっているため、山地部や丘陵部を中心としてカールやドリーネ、鍾乳洞等のカルスト地形がよく発達している。その一つ、ポーランド・ベラルーシ国境に程近いヴォルイニ州北西部に位置するスヴィージャジ湖（27・5㎢）は、黒海沿岸の潟湖を除けば国内最大の淡水湖となるカルスト湖で、周辺のカルスト湖群や混合林・沼沢地帯を含むシャーツク自然公園の中心をなす。この公園はカルパチア山脈に次ぐ国内二番目（1983年）の国立自然公園であり、後にユネスコ生物圏保護区（2002年）にも指定された。

そして、こう考えることもできるかもしれない。すなわち、正教世界に名だたるキエフ・ペチェルスク大修道院（キエフ市）やスヴャトヒルスク大修道院（スヴャトヒルスク市・ドネツク州）が、いずれも石灰岩の露出する切り立った河岸上に建立され、壮麗な白亜の衣を纏った建築物群と洞窟修道院を併せ持つという巡り合わせの中に、あるいは、クリミア山麓の古都に今も息づく、ハン宮殿の大理石の噴水や清楚な白壁のモスクに薫るイスラーム的佇まいの中に、ウクライナの大地の恵みは遍く豊かに息づいている、と。

（原田義也）

4

高い科学と技術の水準

★スキタイからITまで★

ウクライナは古くて新しい地であり、また国である。そして、その実質的な歴史はスキタイに始まる。古代から現代まで世界に数多くの遊牧民や騎馬民族が存在したが、スキタイ民族ほど個性的でロマンに満ちた民族は少ない。それは、一つには「歴史の父」と言われる紀元前8世紀頃のギリシャの歴史家ヘロドトスが、スキタイ人を周りの他の民族より優れているとしてきわめて詳細かつ好意的に描写しているからだ。

もう一つには、スキタイがウクライナやクリミアの草原に残した「クルガン」と呼ばれる彼らの墳墓から、技術的にも芸術的にも高度に洗練された金細工その他の副葬品が発見されたからだ。その詳細は第21章に譲りたいが、ヨーロッパ古代の遺跡から発掘された副葬品の中でも、スキタイの工芸品は古代ギリシャ・ローマに次いで芸術的価値が高いと評価したくなるほどの出来ばえである。スキタイ古墳から発掘された副葬品はギリシャ人の作ったものだとする説が多いが、ギリシャ本土では必ずしも発掘されていないような精巧な動物意匠の金細工がスキタイの古墳において出土するということは、たとえそれがギリシャ工人の作であるとしても、それを注文したスキタイ人の並々ならぬ審美眼があってこそ実現したものと言えるだろう。

中世のキエフ・ルーシ大公国は、当時のヨーロッパの大国であり、スラヴ世界の政治・経済・文化の中心であった。10世紀末から11世紀初にキエフ大公国を支配したヴォロディーミル大公がキリスト教を国教にして以来、キエフにはソフィア聖堂、ペチェルスク修道院、ミハイル聖堂など多くの寺院が建てられたが、これらは建築技術の点からも、また美的観点からも世界第一級のものである。ソフィア聖堂とペチェルスク修道院は世界遺産ともなっている。そしてこれらは後の東スラヴ世界の寺院建築の手本となった。

17世紀のコサック華やかなりし時代に、ペチェルスク修道院の院長ペトロ・モヒラ（ロシア語名モギラ、1597〜1647）は「キエフ・モヒラ・アカデミー」という学校を創設したが、この学校は当時ロシアを含めたスラヴ社会における最も重要な学校となった。ロシアのピョートル大帝の近代化革命を支えた多くの人材はこの学校の卒業生だった。ロシアのレオナルド・ダ・ヴィンチと言われたロモノーソフ（1711〜65）もここで学んだ。

19世紀および20世紀には、ロシア帝国支配下のウクライナでは世界的に名を成した多くの科学者が輩出した。イリヤ・メチニコフ（1845〜1916）は、ハルキフ生まれのユダヤ系の細菌学者で、免疫学を創始し、1908年ノーベル医学・生理学賞を受賞した。また彼はブルガリアのヨーグルトが長寿によいとして、その飲用を推奨したことでも知られる。セルマン・ワックスマン（1888〜1973）は、キエフ県（現ヴィーンニツャ州）生まれのユダヤ系医学者で、結核の治療に画期的な効果を現わした抗生物質ストレプトマイシンを発見して、1952年のノーベル医学・生理学賞を受賞した。

抗生物質という名を作ったのも彼である。イゴール・シコルスキー（1889～1972）はキエフ生まれのウクライナ人で、ヘリコプターの実用化に大きな貢献をした。今でも米国にはヘリのトップ・メーカー、シコルスキー社がある。

ジョージ・ガモフ（1904～1968）は、オデッサ生まれの物理学者で、ロシア人の父とウクライナ人の母との間に生まれた。彼はきわめて多才な人物で、宇宙創生のビッグ・バン理論を提唱したかと思えば、DNAについても先駆的な研究をしたし、それ以上に多数の軽妙な科学啓蒙書を書いた。彼の著、『不思議な国のトムキンス』は、相対性理論をこれほど面白く解説したものはないと言えるほどである。松岡正剛氏によれば、日本学術会議の会長もつとめた伏見康治は、「ガモフですか？全集全部を中学生の教科書にすべきですよ」と言ったほどであった。

1970年代にウクライナで発明されて世界に広まった技術に製鉄の連続鋳造法がある。それまでは、鋳型に溶鋼を流し込んで、自然に冷やして固めた鋼鉄を再び加熱して鋼片を作っていた。連続鋳造法ではこの工程を連続一貫して行なえるようにした画期的なもので、生産性向上と省エネルギーが同時に実現できるようになった。この技術はウクライナではなく日本で実用化されて日本を製鉄王国とすることに多大な貢献をした。

ミサイルや人工衛星用のロケットの分野では、ソ連は米国に先んじた。その研究・開発・生産の一大拠点がドニプロを中心とするウクライナにあった。そしてこのソ連のロケット技術開発のリーダーがウクライナ生まれのセルゲイ・コロリョフ（1907～66）であった。彼は1957年のライカ犬を載せた人工衛星スプートニク、1961年のガガーリンを載せた人工衛星ヴォストークの成功に中心的な役割を果たした。現在の有人打ち上げロケットはその安全性でロシアが世界の先頭を走っているが、その基礎を作ったのはコロリョフである。彼はソ連のフォン・ブラウンとも言うべき人物だが、当時ソ連でロケット開発は国の最高機密であったため、彼の名も伏せられていたことにより、一般にはあまり知られていないのは残念である。

ウクライナの独立後もそのロケット技術はドニプロのユージノエおよびユジマシ社に継承されている。打ち上げ成功率が高く、しかも安価なウクライナの人工衛星打ち上げ用ロケットは国際的にも高い評価を得ている。日本との協力案件では、2014年に東京大学の製作した「ほどよし」衛星がウクライナ製の「ドニエプル（ドニプロ）」ロケットを使って複数回打ち上げられた。このプロジェクトの特徴は、これまで莫大な費用のかかった衛星打ち上げが衛星を超小型化することにより、コストをはるかに安くできるようになったことである。

また、現代のウクライナが世界に誇る科学技術の一つは、パトン溶接研究所を中心とする溶接技術である。ロケットの胴体は完全な円形でなくてはならず、ほんのわずかな誤差も許されないが、そのためには高度な溶接技術が必要である。ウクライナの溶接技術はロケット生産と結び付いている。またウクライナは宇宙空間で電子ビームを使って溶接する技術を開発しており、米国のNASAも日本もこの研究に関心を抱いている。

ウクライナは現在の航空の世界でもユニークな地位を占めている。それは超大型貨物を運ぶ大型輸送機の分野においてである。それは、旧ソ連時代からキエフにあるオレーグ・K・アントーノフ設計局が作り出した大型貨物飛行機群である。とりわけ有名なのは、「アントーノフ An-225 ムリーヤ」

の存在である。ムリーヤとは「夢」という意味だ。この輸送機は全幅88・74メートル、全長84・0メートル、自重175トンでエンジン6基を持つ。何がすごいかと言えばその積載量で、燃料満タンにしての最大離陸重量が600トンで、300トン以上の荷物を運べることである。これはもちろん世界最大だ。10トン・トラックが20両分、戦車なら4台を運べるという。その重量を支えるため、主たる車輪が一列に7本も付いている。

世界最大の航空機、アントーノフ An-225（撮影：渡邊光太郎）

この輸送機は、ソ連版のスペースシャトル機（宇宙往還機）「ブラン」を搭載するために2機製造されたが、結局一機しか完成しなかったため、現在は世界でウクライナに1機しか存在していない。「ブラン」を輸送したのは一回のみであったが、その後、超大型貨物のチャーター用輸送機として活躍している。ハイチ地震の復興のため日本の陸上自衛隊がPKOとして派遣されたが、2010年2月には陸上自衛隊がこのAn-225をチャーターしてブルドーザーなど重機150台を成田からハイチに運んだ。翌2011年の東日本大震災の際にも、3月、フランスのチャーターで支援物資を載せて日本に飛来して震災救援にも活躍した。

最後に、ウクライナは伝統的な製造業のみでなく、最新のITやIT関連のスタートアップでも人材を輩出している。ワッツアップの共同創業者ヤーン・クーム（ジャン・コウム）、ペイパルの共同創業者マックス・レヴチンはキエフ生まれだし、スタートアップ企業のデポジットフォト、ポケットブック、ルックセリーなどはウクライナで創業された。このように、ウクライナと関係があると知られないまま国際的な最先端企業になっているものも多い。

（黒川祐次）

5

世界史の舞台としてのウクライナ

★交流と紛争の舞台裏★

「ヨーロッパ第二の大国」、「歴史なき民」とは前者は肯定的、後者は否定的な意味あいで、ウクライナの形容詞としてしばしば使われてきた。これは、ウクライナの複雑な歴史事情とその可能性を表す言葉である。

現在のウクライナは、ロシアに次いでヨーロッパ第二、フランスと同程度の広い国土を有する。この国土に対しては「ヨーロッパの穀倉」として農業面で、さらに軍事、産業面でもその潜在能力を期待する声は高い。しかし広大な国土にかかわらず、ウクライナの歴史は1991年の独立まで、そのほとんどにおいて自民族による「主権国家」のない歴史、つまり「歴史なき民」の歴史として理解されてきた。歴史学という学問は、近代ヨーロッパで国民国家の誕生と共に生まれ、国家という枠組みの中で発展してきたので、自民族による主権国家を持たなかったウクライナ人は「歴史なき民」と言われたのである。

東スラヴ人最初の国家であるキエフ・ルーシが凋落した後、ウクライナ人が主権国家を持たない状態が続いた。19世紀の国民国家形成の時代にあってウクライナは、東部は帝政ロシアの「小ロシア地方」、西部はハプスブルク帝国の「ルテニア地方」

であり、独立国家ではなかった。民族運動を担うべき貴族や知識人はロシア化もしくはポーランド化していた。ここで発生した事件や人物は「ロシア帝国の」戦争であり、「ハプスブルク帝国の」農民闘争であり、「ロシアの」作家であった。キエフ大公のキリスト教受容、ポーランドとコサックの戦争、ユダヤ・ハシディズムの誕生、クリミア戦争、チェルノブイリ原発事故など様々な事件が現在のウクライナ領土内で起こってきたのだが。

しかし、学問による歴史が認められず、主権国家が存在しなくても、そこにはウクライナを表すもう一つの形容詞「ヨーロッパ第二の大国」が示しているように、広大なステップの大地では、紀元前から多彩な文明が行き交い、それらはまぎれもなく今のウクライナにとって欠かすことのできない歴史の一ページである。

21世紀に国際社会の注目の的になったクリミア半島だが、その歴史を紐解けば、太古の昔から人類の豊かな営みの舞台であったことが分かる。前7世紀頃、クリミア半島から黒海北岸一帯にはギリシャの植民地が多く誕生して、アテネら都市国家と交易を行なっていた。黒海沿岸の人々との交易は、ギリシャ人の想像力をずいぶんかき立てたようだ。詩人ホメロスは、ステップの遊牧騎馬民族キンメリア人について書き残しているが、これはウクライナに存在した人間社会についての最初の記録である。キンメリア文明の次のスキタイ文明も、ギリシャ人の知的好奇心を多いに集めた。歴史の父ヘロドトスは実際にクリミア半島に滞在して、スキタイ文明について詳細な記録を残している。スキタイ民族は、農耕民から調達した穀物、魚、蜂蜜、毛皮、奴隷をギリシャに、ギリシャ人は鉄製品、ワイン、宝石、衣服などをスキタイにもたらした。動物を模した独特のスキタイ様式の美術工芸品や宝石などの考古学遺物には、ギリシャの影響が感じられ、高度に発達したスキタイ王族の文化を今に伝えている。クリミア半島のケルソネソス遺跡は、この交流の栄華を物語るギリシャ様式の円柱を特徴とする世界遺産で、ウクライナ紙幣のデザインに採用されたこともある。しかし、2014年のクリミア半島併合後ロシア政府は、同じデザインの紙幣を発行し、ウクライナ政府を怒らせた。どちらの国の歴史家も、古代ギリシャやスキタイの人々を、自民族のプロトタイプなどとは思ってもいないのだが、「歴史の取り合い」の残念な一例である。

クリミア半島と黒海北岸地帯は、長らくオスマン・トルコの支配下に置かれていたが、18世紀後半にロシア帝国に割譲され、その後約170年にわたり最も重要な軍事拠点として帝政ロシアとソ連の歴史を見守り続けてきた。

第二次世界大戦末期、連合国首脳が戦後構想を話し合った「ヤルタ会談」は、世界史の教科書の常連だが、これはクリミア半島で行なわれ、ウクライナにとって重要な決定がなされた。1945年2月、英首相チャーチル、アメリカ大統領ローズヴェルト、ソ連首相スターリンはクリミア半島の保養地ヤルタで、ソ連の西部国境問題について議論を交わした。ポーランド領の東ハリチナー(ガリツィア)、西ヴォルイニ、ポリッシャ地方はソ連に割譲され、ポーランド国境を西方ドイツ側に拡大することが決定した。さらにソ連はルーマニアから北ブコヴィナ地方、チェコスロヴァキアからはザカルパッチャ(ザカルパート)地方を獲得し、これらはウクライナ・ソヴィエト共和国に編入された。つまり史上初めて、ウクライナ人の居住地域はクリミアにおいて、スターリンによって、ウクライナ・ソヴィエト社会主義共和国の名の下に統一を果たしたのであった。現在のウクライナ国家の原型がほぼ定まった。最後の仕上げはクリミアそのものであった。

1954年、クリミア半島はソヴィエト・ロシア連邦共和国からウクライナ共和国に移管された。1654年に締結されたロシア帝国とウクライナ・コサック国家の同盟から三百周年の記念として、ウクライナとロシアの永遠の友好の証しとして、クリミアはウクライナに移管されたのであった。これを主導したのは、ウクライナ出身のソ連共産党第一書記ニキータ・フルシチョフであった。それから60年後の2014年、この永遠の友好の証しであったクリミア半島は、両国の政治的対立に巻き込まれ、再度ロシアに、友好とはほど遠い形で組み込まれてしまった（ウクライナはもちろん、国際社会も承認していない）。

さて、歴史の大舞台にウクライナやウクライナ人が人知れず活躍していたエピソードの真骨頂は、コーヒーにまつわる歴史の逸話かもしれない。ここにも、少なからずクリミア半島が関わっている。

1683年、30万のトルコ軍によってハプスブルク帝国の首都ウィーンが包囲された時、一人の男がトルコ人になりすまし、トルコ軍の包囲網をくぐり抜けて、同盟国ポーランドへの援軍要請に成功し、晴れてウィーンは異教徒から解放された。彼はその後、トルコ人が残していった戦利品の中にあったコーヒー豆を使ってウィーン最初のカフェを開店した。この人物、ほとんどの定説では、ポーランド人イェジ・クルチツキと言われるが、実はウクライナ・コサックであったという説がある。

このコサック説によると、クルチツキ（ウクライナ語名ユーリイ・フランツ・クリチツキー）は、1640年頃、ポーランド・リトアニア共和国下のサーンビル（現リヴィウ州）に、正教徒のルテニア貴族に生まれたという。後にカトリックに改宗したともいわれるが、若かりし頃はザポリッジャ（ザポロージエ）・コ

ヤルタ会談の舞台となったリヴァディア宮殿併設の蠟人形館に展示されている三巨頭の人形（撮影：服部倫卓）。

サックの一員として、クリミア半島でタタール人と戦い、囚われの身となった。この捕囚時代にトルコ文化に精通したという。その後、語学の才能を生かしてウィーンで商売をしていたところ、トルコの襲撃に苦しむウィーンの救世主になったというのである。しかもウィーンを救った英雄たちの中には、クルチツキのみならずヘトマン・セメーン・パリイ、ヘトマン・サミイロ、ザハール・イスクラなる名だたるポリッジャ・コサックがポーランド王に協力して、ウィーンに馳せ参じたという逸話も残っている。

現在、ウィーンのクルチツキ通りではトルコの装束に身を包み、コーヒーカップを持つクルチツキ像が観光名所になっている。近代的な民族意識のない時代にウクライナ人だ、ポーランド人だなどと声高に主張するのも野暮なことである。それでも、ヨーロッパの食文化を象徴するカフェの誕生にウクライナ人が関わっていたかもしれない、と言うのは、何とも「歴史なき民」の劣等感を払拭してくれるエピソードとしてひそやかに語り継がれている。

くだんのクリミアにしても、紛争の火種としてのイメージが定着しているが、それだけではない。いつの日か、再び友好の証しとして、あるいは豊かな文明と人々が行き交う場となる可能性を秘めているのである。

（光吉淑江）

6

「森の都」キエフとドニプロ川

――★「ルーシ諸都市の母」はいかにして生まれたか★――

「森の都」の雅称にふさわしく、キエフ（ウクライナ語名キイフ）はヨーロッパ有数の大都会でありながら、4万ha以上の緑地を有する、自然豊かな街である。この条件を保証しているのが、他でもないドニプロ（ロシア語名ドニエプル）川だ。キエフの歴史は、宗務・行政を司る高台地区、洞窟修道院が開かれた河岸丘陵地区、船着場があり商工業が栄えた下町地区などを擁するドニプロ川の右岸（西岸）で始まったが、現在の市域は、川を挟む両岸に放射状に広がり、地図上の都市の中心は、キエフを南北に貫流するドニプロ川と、河川公園および自然保護区となっている広大な中州地帯である。道路橋や鉄道橋で両岸を行き来するたびに、人々はドニプロ川の雄大な光景を目の当たりにし、自ずとキエフが「ドニプロ川の町」であることを思い起こす。もちろん、河岸丘陵上に威容を誇る世界遺産のキエフ・ペチェルスク大修道院や、ミハイル丘から川を望むヴォロディーミル聖公（キリスト教を国教としたキエフ大公。956頃～1015）の銅像、あるいは河岸のナヴォドニツキー公園に建立されたキエフ建都の立役者キイ、シチェク、ホリウおよびルイビジの「舟に乗る三兄弟と妹の像」を含むパノラマ風景にも、ドニプロ川の存在は欠かせない。この川はまさにキエフの心臓部であり、「森の都」に命を注ぎ込む大動脈なのである。

　ドニプロ川は、ヴァルダイ丘陵南麓に源を発し、ウクライナ南部のヘルソン郊外で黒海に注ぐ、全長2200㎞に及ぶヨーロッパ第三の大河であるが、その流路のほぼ中間点に位置するキエフのロケーションにも、改めて注目してみたい。というのも、キエフのちょうど北方で、右岸最大支流のプリピャチ川と、左岸最大支流のデスナー川が、相次いでドニプロ川本流に合流しているのだ。ウクライナ・ベラルーシ・ロシア三国の国境地帯には、ヨーロッパ最大の沼沢地といわれるポリッシャ（ロシア語名ポレーシエ）低地が横たわっている。このポリッシャ低地の水を一身に集めて揺蕩《たゆた》うのがプリピャチ川やデスナー川であり、両岸の最大支流が交わるキエフ地方こそが、ドニプロ川の主要水系を束ねる「結び目」の役割を果たしているのである。そしてキエフ以南は、植生分布上では段階的に森林ステップ～ステップ～乾燥ステップ地帯となり、支流の数や流入水量も河口に近付くほど貧弱なものとなる。ドニプロ川の流水量の8～9割は、キエフ以北の森林地帯から供給されているのだ。

　森林の豊かさは、年代記のエピソードにも如実に反映している。『原初年代記』によると、キエフ大公イーゴリ（877頃～945）は、巡回徴貢《ポリュージエ》によって周辺部族から毛皮、ハチミツ、蜜蠟などを徴収していた。「貢税《ダーニ》」と呼ばれたこれらの産物は、森林が人間に与えた自然からの「賜物《ダーニ》」でもあった。しかし、過酷な税の取り立ては被支配部族の反感を生み、遂にイーゴリはマール公（?～946）率いるドレヴリャーネ族の蜂起によって殺害されてしまう。ちなみにドレヴリャーネとは「デーレヴォ（木）」から派生した東スラヴの部族名であり、彼らはポリッシャ地方の豊かな森林に住まう文字通りの「森の民」であった。

さて、キエフは「ルーシ諸都市の母」ともいわれるが、そもそもこの町はどのようにして生まれたのであろうか。『原初年代記』から建都にまつわるエピソードを紐解いてみよう。

まだキエフという町が存在しなかった新約の時代、聖ペテロの兄弟聖アンデレがポントス海（黒海）のほとりで布教していた。彼は、ポントス海の北岸に古代ギリシャ人によって「ボリステネス（「北から流れるもの」の意）」と呼ばれていたドニプロ川の河口があることを知るや、北回りルート（ドニプロ川～連水陸路～ロヴァチ川～イリメニ湖～ヴォルホフ川～ラドガ湖～ネヴァ川～バルト海経由）でローマへと至るべく、ドニプロ川を遡っていった。道中、神の恩寵が輝く山々に遭遇したアンデレは、「ここに大きな町が起こり、神が多くの教会を建立されるであろう」と祝福し、十字架を立てて神に祈ったという。この場所こそが、現在キエフが位置しているドニプロ川右岸の丘陵地帯であった。

時代は下り、年代記作者はキエフ最初の住民が東スラヴのポリャーネ族であったことに触れている。ポリャーネとは「ポーレ（野原）」から派生した部族名であり、「野の民」を意味した。このポリャーネ族を率いていたのが、冒頭でも触れたキイ、シチェク、ホリウの三兄弟で、彼らが建設した町は長兄の名にちなんでキエフと呼ばれた。

さらに時代が下って862年のこと、ヴァリャーギ（ヴァイキング）出身のリューリク（?～879）は、スラヴ人に請われて彼らを統治するノ

キイ、シチェク、ホリウ、ルイビジ（ラジヴィウ年代記の挿絵）

ヴゴロド公となり、ルーシ国家の始祖となった。そのリューリクの許から、アスコルドとジル（ともに生年不詳～882）という二人の家臣が、自らの一族を率いてツァリグラード（コンスタンティノープルの古ルーシ語名）を目指して出発した。ドニプロ川沿いに進んでいた彼らは、通りすがりの山の上に小さな町があるのを見て、「これは誰の町か」と尋ねた。住民たちは、町がキイ、シチェク、ホリウの三兄弟によって建設されたこと、自分たちが三兄弟の一族（ポリャーネ族）であること、しかし現在はハザールに貢納しながら生きていること、などを語った。アスコルドとジルはこの町にとどまり、公としてポリャーネの国を統治し始めた（アスコルドとジルは、リューリクの家臣ではなく、キエフ在来の公であった、とする後代の説もある）。

続いて、リューリク亡き後の882年、リューリクの後継者で、幼き公子イーゴリの後見人となったオレーグ公（?～912）は、多くの軍勢を引き連れてドニプロ川を南進し、沿岸の都市を攻略しながら遂にキエフに到着、当地を治めていた先人のアスコルドとジルを謀殺し、キエフ公の座に就いた。オレーグは北方のノヴゴロドからキエフに遷都してキエフ・ルーシの礎を築き、キエフに対して「お前こそルーシの町々の母となれ」と祝禱を捧げたという。これが、キエフが「ルーシ諸都市の母」と呼ばれるようになった由縁である。

また、キエフという地名の語源については、年代記におけるキイ、シチェク、ホリウ三兄弟との関連付けの他に、ハザールの将軍クィ Ky の砦 yava から来たものであるとする歴史学的考証もある。ハザールは、7世紀から10世紀にかけてヴォルガ川とドニプロ川の間に広がる広大なステップ平原に覇権を唱えた、テュルク系遊牧民族を中心とする国家である。そのハザールの最大版図の西縁に位置したキエフは、東フランク王国の主都レーゲンスブルクとハザールの首都イティル（現在のロシア・アストラハン近郊に位置した）とを結ぶ陸路ルートと、年代記の中でリューリク朝の公たちが行き来したバルト海〜連水陸路〜ドニプロ川ルート（いわゆる「ヴァリャーギからグレーキへの道」）の交点に当たり、東ヨーロッパ平原を舞台に繰り広げられた国際交易の一大拠点となったのである。

最後に、キエフが運命を共にしてきたドニプロ川のプロフィールを今一度振り返ることで、この章を締め括りたい。有史以来、ドニプロ川は自然障壁としてしばしば国境を形成したが、危険な国境地帯は同時に、封建制下の様々な隷属状態からの解放を求める逃亡者たちの受け皿となった。中世から近世にかけてのコサック隆盛の時代には、戦略・防衛上の利点から、ドニプロ川中下流域の早瀬や中州地帯に歴代のコサック軍のシーチ（軍事・行政の拠点となった要塞）が築かれた。近現代の出来事で特筆すべきは、ドニプロ川から取水する運河・灌漑用水網の整備によって、ウクライナ南部やクリミア半島の乾燥ステップ地帯に貴重な水資源がもたらされたことであろう。

そして現在、ドニプロ河畔に位置するチェルカースィ州の小都市カーニフには、本人の遺言によってペテルブルグのスモレンスコエ墓地から改葬されたウクライナの国民詩人タラス・シェフチェンコ（1814〜61）の墓園や文学記念館が整備され、遺灰の眠る「タラスの丘」から、詩人の銅像が静かにドニプロ川の流れを見守っている。

（原田義也）

「連水陸路の船曳き」（ニコライ・レーリヒ　油彩　キャンバス　1915年）

7

多様で錯綜した西ウクライナ

★ハリチナー、ザカルパッチャ、ブコヴィナ★

俗に西部ウクライナと呼ばれる地域は、ポーランド分割以来ロシア帝国に属した右岸ウクライナと、ハプスブルク帝国（オーストリア＝ハンガリー帝国）とその継承国家に支配され、1940年代にようやくソ連領となったハリチナー（ガリツィア）、ブコヴィナ、ザカルパッチャ（カルパチア山脈の向こう側という意味）に分けられる。本章が扱うのは後者である。こんにちの行政区画では、ハリチナーにはリヴィウ州、イヴァノフランキフスク州、テルノーピリ州が存在し、ブコヴィナはその州都からチェルニフツィ州と名付けられている。

これらの地域はカルパチア山脈とその裾野に属し、山谷で集落が分割されるため、また様々な民族移動の際に通過点となったために民族構成が複雑になった。ハリチナー、ブコヴィナは正確には東ハリチナー、北ブコヴィナと呼ぶべきだが、では西ハリチナー、南ブコヴィナとは何であろうか。西ハリチナーは小ポーランド（ポーランドの京都とも言うべきクラクフを中心都市とする）に該当し、南ブコヴィナはかつてのモルドヴァ公国（こんにちのモルドヴァ国とルーマニア北部）の中心地域である。南ブコヴィナの中心都市スチャヴァは、それが平野部のヤシに遷都されるまで、長くモルドヴァ公国の首都であった。つまり、ハリチナーやブコヴィナはウクライナの辺境として隣国（ポーランドとルーマニア）と接しているが、隣国にとっては京都の隣の金沢や大津に匹敵するような歴史的文化拠点なのである。つまり、このカルパチア地域はウクライナにとって文化地政学的に脆弱な地域と言える。

ユネスコの世界文化遺産にも登録されているリヴィウ旧市街（撮影：服部倫卓）

特徴的なことに、ウクライナのほとんどの州で、人口上ウクライナ人に次ぐ第二民族集団はロシア人なのに、ザカルパッチャ州の第二民族集団はハンガリー人、チェルニフツィ州の第二民族集団はルーマニア人である。リヴィウ州の第二民族集団はロシア人だが、これはハリチナーとヴォルイニから80万人以上のポーランド人が強制的にポーランドに移住させられた、第二次世界大戦後の「住民交換」の結果であり、これがなかったとすれば、リヴィウ州の第二民族集団は、おそらくポーランド人だっただろう。１９９８年のことだったが、あるポーランドの若い知識人が「ウクライナ人は、当時は農民だったくせに、私たちが建設したリヴィウのような美しい都市を奪った」と私に言った。

ハリチナーと北ブコヴィナは、いずれも東スラヴ人が居住し、10～11世紀には、キエフ・ルーシ（第22章参照）、12～13世紀にはハーリチ＝ヴォルイニ公国、13世紀にモンゴルの勢力下に入った点で共通していた。モンゴル支配が弱まった14世紀に両地域の進路は別れ、ハリチナーはポーランドに、北ブコヴィナはモルドヴァ公国の一部としてオスマン帝国の宗主権下に入った。ハプスブルク帝国は、1772年、第一次ポーランド分割によりハリチナーを獲得し、さらに1768～74年の露土戦争のどさくさにまぎれて北ブコヴィナをオスマン帝国から奪取した。両地域は、ハプスブルク帝国内のハーリチ・ロドメリア王国（ロドメリアはヴォルイニのラテン語名）として統合された。1849年、北ブコヴィナは、この行政単位から切り離されて独自の公国となり、やがて代議機関（セイム）や大学も持つことができた。なお、ハリチナーの中心都市リヴィウは、ポーランド都市として、17世紀以来の大学（こんにちのリヴィウ国立大学）を有していた。

ザカルパッチャは、11世紀から13世紀にかけてハンガリーに征服され、やがてハンガリーとともにハプスブルク領となった。16世紀、ハンガリーの一部とともにオスマン帝国に征服されたが、17世紀、ハプスブルク帝国に復帰した。ハリチナーと北ブコヴィナは二重帝国のオーストリア側に属し、邦自治を享受したが、ハンガリー側に属したザカルパッチャにはブダペスト直轄の集権体制が敷かれた。1867年のアウスグライヒの結果、ハリチナーではポーランド人、ザカルパッチャではハンガリー人の優位が再確認され、ウクライナ人は二級市民として扱われた。

1918年、オーストリア＝ハンガリー帝国が滅亡すると、ハリチナーには西ウクライナ人民共和国が成立したが、直ちにポーランドと交戦状態になった。この共和国とルーマニアは北ブコヴィナを奪い合ったがルーマニアが勝ち、他方ハリチナーはポーランドに征服された。戦間期のハリチナーではウクライナ民族主義者がOUN（第29章参照）を結成してテロも含む独立運動を展開した。ブコヴィナではルーマニア化＝脱ウクライナ化が推進され、そのため隣のハリチナーほど活発ではなかったが、OUNの地域組織も生まれた。1939年の独ソの領土分割合意に従って、ハリチナーとブコヴィナは、翌年ソ連に併合された。独ソ戦中は、ハリチナーはドイツの「ポーランド総督府」に含まれ、ブコヴィナはドイツの同盟国だったルーマニアの領土となったが、1944年にソ連が「解放」した。

ザカルパッチャは、戦間期にはチェコスロヴァキアに帰属することを選んだが、建国者トーマシュ・マサリクが約束した邦自治を獲得できたのは、ほぼ20年後、ナチスドイツによるチェコスロヴァキア解体過程においてであった。チェコスロヴァキアが解体されたとき、ザカルパッチャは、カルパート・ウクライナの建国を宣言したが、すぐにナチス・ドイツと同盟したハンガリーに征服された。1944年の「解放」後、ソ連は、ポーランド、スロヴァキア、ハンガリー、ルーマニアと国境を接する、防衛・交通・貿易上重要な、「ソ連で最も若い」ザカルパッチャ州を慈しんだ。例えば、人口からいっても、民族自治共和国でなかったことからいっても総合大学など持てるはずのなかったこの州に、「解放」後直ちにウージュホロド大学を設立した。特にハンガリー系の住民は、ソ連においては高度の言語上の特権を享受した。ハンガリー人比率が（こんにち）76％に達するベーレホヴェ市では、幼稚園から大学、就職（学校、マスメディアなど）までハンガリー語の知識だけでこなせるライフサイクルが確立されていた。

ザカルパッチャ州が「ソ連の寵児」から「ウクライナの余所者」に転落したのは、クリミアと同様である。ただし、「ソ連がロシア語とハンガリー語をベースとした教育をハンガリー系住民に提供したのに、ウクライナがウクライナ語とハンガリー語をベースとした教育を提供できないのは、単に国が貧しいからであって、決してハンガリー系住民を軽視しているわけではない」と、オレンジ革命以前のウクライナは必死で説得した。またザカルパッチャのウクライナ系エリートも、ハリチナー風のウクライナ民族主義が持ち込まれて自州の民族間友好が破壊されるのに頑強に抵抗した。しかし、ユーロマイダン革命後のウクライナでは、ザカルパッチャは、ドンバスに次ぐ分離主義地域であるとして、親政府系のメディアのバッシングを受けている。例えば、州内の自治体幹部の中でも、法的に禁止されている（ハンガリーとの）二重国籍者が多いことが摘発されている。また、才能あるサッカー少年がハンガリーに続々とリクルートされて流出している。

「ポーランドにもハンガリーにもルーマニアにもウクライナ語学校などない。なぜ私たちだけが税金を使ってマイノリティに母語でのライフサイクルを保証しなければならないのか」というのは、大衆に分かりやすい議論である。「スターリンの膨張政策によって、ウクライナは民族学的には必ずしもウクライナではない地域にまで領土を拡大してしまった。だから私たちはそこの住民に母語での教育と生活を保障する義務がある」というのは、NewsOne のような野党系メディアが提供する議論であるが、こんにちのウクライナでは例外的にリベラルなものと言えよう。

（松里公孝）

8

ウクライナ文化揺籃の地となった北東部

―★シーヴェルシチナ、スロボジャンシチナ、ポルタウシチナ★―

シーヴェルシチナ

ウクライナの北東部には、東スラヴ民族による最初の国家であるキエフ・ルーシと深い関わりを持つ最古の歴史的地方――シーヴェルシチナ（シーヴェル地方）が位置する。シーヴェルシチナには、チェルニーヒフ州のほぼ全域と、スームィ州の北部が含まれる。シーヴェルシチナや、その語源となったシヴェリャーネ族、彼らの都市であるチェルニーヒフやノヴホロド＝シーヴェルスキー、フルーヒフ、プティーヴリなどへの言及は、すでにキエフ・ルーシの最古の年代記に収録されている。この地方は東スラヴ民族の最初の詩的作品『イーゴリ軍記』の中でも謳われているが、この作品の古代ルーシ語が最も完全に保持されているのは、シーヴェルシチナの住人が話すところの、他でもないウクライナ語の北東ポリッシャ方言である、と考える言語学者もいる（ポリッシャは東ヨーロッパ平原南西部のドニプロ川・プリピャチ川・デスナー川水系に広がる広大な沼沢地方）。

シーヴェルシチナは、その子孫に類稀な古代ルーシの建築物を遺した。チェルニーヒフにあるプレオブラジェンスキー聖堂、エレツキー修道院、イリンスカ（聖エリヤ）教会、ボリス・グレープ聖堂などは、古代ルーシの建築家たちが備えていた匠の思考の偉大さを証明する、11世紀～12世紀の建築遺産である。

16世紀のコサック国家の時代には、シーヴェルシチナにおける正教会の最も重要な拠点であるフリンスカ・プスティーニ修道院がフルーヒフ近郊に創設され、ウクライナ・バロック様式の新たな教会が建立された。これらの教会は今日までその美しい容姿をとどめ、当地方に彩りを添えている。さらに18世紀初頭には、そのフルーヒフが左岸ウクライナのヘトマン（コサックの首領）たちの居所となり、「ヘトマンシチナ」と呼ばれるコサック国家の首都の機能を果たした。

シーヴェルシチナの自然は、その美しさと無垢さによって我々を魅了する。当地方を流れる最も大きな川は、デスナー川とセイム川である。チェルニーヒフ州の20％以上の領域は森林に覆われている。古代の森は、戦争の困難な時期にも、この地方を保護する役割を果たした。シーヴェルシチナを覆う鬱蒼とした森のおかげで、スラヴ人が存在した最古の時代を貫くキエフ・ルーシの文化的・精神的遺産や、民間信仰、神秘的世界観などが保存されたのである。現地住民の間で最も人気を博しているお気に入りの休息地としては、国立歴史文化保護区「カチャニフカ」がある。この保護区の領域内では、風光明媚な公園と、18世紀のかつての貴族の邸宅をベースとした建築物群を目にすることができる。

スロボジャンシチナ

悠久のシーヴェルシチナと比べて、スロボジャンシチナ（スロボダー地方）はウクライナの比較的新しい地方に属する。ハルキフ州、スームィ州南部、ポルターヴァ州およびルハンスク州の一部を含む領域に横たわるスロボジャンシチナに人々が入植し始めたのは、およそ15世紀頃からである。その歴史は、ウクライナ・コサックの出現と結び付いている――カトリック・ポーランドのシュラフタ（地主貴族）に抑圧された西ウクライナの正教徒の農民たちが、南部や東部の自由な土地へ向けて逃亡を図っていたのだ。ウクライナの東部で彼らはシュラフタに従属しない新たな村々を形成し、それをスロボダーと名付けた（「スヴォボーダ」（自由）と同じ起源を持つ）。こうして当地方の名称――スロボジャンシチナが生まれたのである。

コサックの軍事行動が集中したウクライナの南部と同様、スロボジャンシチナはロシア国家の南部国境をクリミア・タタールの襲来から守る役割を果たした。17世紀中頃、このような城塞またコサック連隊の駐屯地として、ハルキフ、スームィ、オフティールカのような現代のウクライナの都市が成立していった。

スコヴォロダーの肖像画（作者不詳、19世紀）

18世紀のスロボジャンシチナには、最も高名なウクライナの哲人であるフリホーリイ・スコヴォロダー（1722～94）が住んでいた。「マロロシア（小ロシア）はわが母、ウクライナはわが伯母」とは彼の言葉だが、マロロシアという概念には自らの小さな祖国スロボジャンシチナの意味合いを込め、ウクライナという概念にはウクライナ・コサックの地全土の意味を込めた。マロロシアも、ウクライナも、この哲人にとっては母や伯母のように近しく親しいものであった。

18世紀末以降、ハルキフはスロボジャンシチナの行政の中心となり、この地のウクライナ文化の形成において重要な役割を果たした。1805年にはハルキフに左岸ウクライナにおける最初の大学が設立され、1812年には最初の新聞「ハリコフ週報」が刊行された（当時はロシア帝政下であるので、週報の呼称はロシア語読みの「ハリコフ」となる）。

1917年、ハルキフは新設のウクライナ社会主義ソヴィエト共和国の首都となった（1934年にはキエフに遷都）。ちょうどこの時期、ハルキフではボリシェヴィキによるウクライナ化政策が集中的に行なわれ、作家ミコーラ・クリーシ（1892～1937）、舞台監督レーシ・クールバス（1887～1937）、作家で詩人のミコーラ・フヴィリョヴィー（1893～1933）、言語学者レオニード・ブラホフスキー（1888～1961）およびユーリイ・シェヴェリョフ（1908～2002）らが活躍した。

第二次世界大戦後、ハルキフはウクライナの先導的な学術・教育センターとなり、航空機製造、機械製作、軍事工学、並びに国内交通網の一大中心地として現在に至る。

ポルタウシチナ

ウクライナのちょうど中心に位置するポルタウシチナ（ポルターヴァ地方）は、現代ウクライナ文化の形成において主要な役割を果たした。ポルタウシチナの領域には、キエフ・ルーシの古代建築が残されているわけではないが、ポルターヴァ、ルブヌイ、ミールホロド、ホロールなどの都市は、東ス

マルーシャ・チュライ（ウクライナの切手）

ラヴ民族が絶えず居住してきた最古の集落であり、各種年代記においてもそれらへの言及が見られる。紀元前8～紀元前3世紀には、スキタイ国家の首都ゲロノスがポルタウシチナの北東部に存在した、という説もある。

ポルタウシチナの歴史は、コサックとも密接に結び付いている。17世紀中頃、ハージャチは左岸ウクライナのヘトマンシチナの首都となり、コサックのヘトマンたちの居所が置かれた。コサックの時代には、ウクライナの建築や文学が著しく発展しただけでなく、民俗芸術の最良の模範が生み出された。17世紀のポルターヴァの女流詩人マルーシャ・チュライ（1625～53）の手になる歌のモチーフは、ウクライナの音楽的遺産をさらに豊かなものにした。

1798年、ロシアのペテルブルグでは、近代ウクライナ語で書かれた最初の文学作品である『エネイーダ』が刊行されたが、その作者はポルターヴァで生まれ育ったイヴァン・コトリャレフスキー（1769～1838）であった。そして彼の次作『ナタールカ・ポルタウカ』および『魔法使いの兵隊』の二つの戯曲は、ウクライナ近代劇の礎を築いた。

ロシア文学の作家として有名なニコライ・ゴーゴリ（1809～52：ウクライナ語名ミコーラ・ホーホリ）

の名前も、ポルタウシチナと繋がりがある。由緒あるウクライナ・コサックの家系出身で、ウクライナの作家ワシーリ・ホーホリ＝ヤノフスキーの息子であった若きゴーゴリは、ポルタウシチナの自然、その文化、料理、伝統、神秘的な信仰、人々の精神世界、ロマンティックなコサックの来し方などを、世界中に知らしめた。現代ウクライナにおいて最大の定期市である「ソローチンツィの定期市」が年に一度行なわれる伝統も、ゴーゴリの作品と結び付いている。

ポルタウシチナは、ウクライナ古典文学の作家たちを最も多く輩出した地方かもしれない。すでに言及したコトリャレフスキーやゴーゴリの他にも、パナス・ミールヌイ（1849〜1920）、レオニード・フリーボフ（1827〜93）、エヴヘン・フレビンカ（1812〜48）、ミハイロ・スタリツキー（1840〜1904）、国民詩人レーシャ・ウクラインカ（1871〜1913）の伯父と母であるミハイロ・ドラホマーノフ（1841〜95）とオレーナ・プチールカ（1849〜1930）兄妹、その他多くの者がこの地に生まれ、またはこの地で活躍した。

（イーホル・ダツェンコ／訳：原田義也）

9

ドンバス地域

★政治・経済変動の震源地★

ドンバスは「ドネツ炭田（Donets'kyi basein）」の略で、ロシア帝国時代、タヴリア県、エカテリノスラフ県、ハリコフ県、ドン軍管州にまたがっていた。ソ連時代には、ウクライナのルハンスク州（1970年にヴォロシロフフラード州から改称）、ドネツク州（1961年にスターリノ州から改称）およびロシアのロストフ州を指していたが、連邦崩壊後は、もっぱらウクライナ領2州の別称として用いられている。ロシア帝国～ソ連～ウクライナを通じ、ドンバスは工業先進地域として極めて重要な地域である。しかし2014年春に勃発したドンバス紛争により、ウクライナと両「人民共和国」間で分断状態にある。

ドンバスの開発は1721年にロシアの探鉱者カプースチンがドネツ川で石炭を発見したことに遡る。ロシア帝国のバルチック艦隊・黒海艦隊への石炭供給地として開発が始まり、クリミア戦争による中断後、帝国政府による本格的な資源調査が始まり、後の開発の基礎を作った。また、1886年のクリヴイリフ～ドネツク間鉄道の開通により、鉄鉱と石炭とを結び付けた冶金産業が急速に発達した。特にドネツク市は、ウェールズ人ジョン・ヒューズの投資によって作られた冶金工場の労働者の街（ユーゾフカ市）として名高い。また、イリチ記念マリウーポリ冶金コンビナートの前身も米国資本により誕生した。ドンバスの急速な発展は外資導入によるものであり、１９１７年の社会主義ロシア革命前には炭鉱、コークス工場、冶金工場の大部分を外資が独占していた。帝国末期には石炭生産量の87％はドンバスで産出されていた。

ボリシェヴィキは「産業のパン」たる石炭を重視しており、革命と内戦によって損壊したドンバス炭鉱や工場はいち早く復旧された。さらにソ連時代に入っても、ウクライナ左岸「ドネツク・沿ドニプロ経済地域」の中心地として石炭産業や鉄鋼関連産業の開発が進められ、ソ連の工業化を牽引した。大祖国戦争以前にはソ連全体の石炭の60％、銑鉄の34％、粗鋼の23％、コークスの50％はドンバスで生産されていた。大戦時にはドイツに占領され、炭鉱、工場のほとんどが破壊されたものの、戦後開始された第四次五ヵ年計画最終年度には戦前の生産レベルにまで回復した。

このように、ドンバスは帝政ロシアからソ連時代を通じて工業化の中心地であったため、労働者が集中しており、革命運動だけでなく、スタハーノフ運動等の労働運動（生産性向上運動）の発信地となった。農業についても、気候的には北部ステップ地帯に属し、肥沃な黒土が広がっているため小麦、ライ麦栽培に適している土地でもある。そのため、大飢饉（第28章参照）では多くの犠牲者を出した。ドンバスでは、内戦、大飢饉、独ソ戦と、幾度となく人口減少を埋めるために各地から労働者が集められた。結果、ウクライナ人、ロシア人だけでなく、ギリシャ人、タタール人、アルメニア人、ユダヤ人等のエスニック的に多様な労働者が住む地域となり、ロシア語が共通語として用いられ、諸エスニック集団を束ねる強固な地域意識が形成された。

第9章

ドンバス地域

ドネツク州のぼた山（2016年）

ソ連邦崩壊にドンバス炭鉱のゼネストは大きな役割を果たしたが、独立ウクライナにおいてもドンバスは政治・経済的変動の発火点となっていった。ドンバス2州は、ウクライナ人口の15％、GDPの16％、鉱工業生産額の30％、貿易輸出額の35％を稼ぎ出しており（2011年統計）、ウクライナ政治・経済に強い影響力を及ぼしてきた。また、ウクライナの石炭生産の約4分の3を産出し、特に発電用の無煙炭はドンバスのみで産出するように、ウクライナ・エネルギー自給の要衝であった。

1991年12月にウクライナ全土で行なわれた独立を問う国民投票では、全国で90％の賛成票が投じられる中、ドネツク州、ルハンスク州でもおのおの84％の賛成票が投じられた。しかし、独立後のウクライナ中央政界では高揚した民族主義を背景としてハリチナー地方、キエフ市出身者が要職を占め、ドンバスの政治的地位はソ連時代に比べて後退した。1993年以降、ウクライナ全土で経済危機が進行すると、ドンバスではウクライナ政府に対する異議申し立てが噴出した。炭鉱ストライキはクチマ内閣（当時）

を総辞職に追い込み、ドンバス出身政治家の閣僚登用、選挙の前倒し実施等の政治的要求を中央政府に受け入れさせた。1994年に行なわれた選挙では、ドンバスの有権者は、議会選挙ではウクライナ共産党に、大統領選挙ではクチマに投票し、結果的に政権交代を助けることとなった。しかし新大統領クチマは首相時代の恨みを忘れておらず、ドンバス人脈は政府内から一掃され中央政界で力を失った。1998年の議会選挙でも、ドンバスは引き続き野党であるウクライナ共産党の大票田となったが、翌1999年の大統領選挙では、当時のドネツク州知事ヤヌコーヴィチが行政資源を駆使したことにより親クチマの大票田へと変貌した。2002年の議会選挙でも政権側の票田となり、この功績により、ヤヌコーヴィチは、2002年11月に首相に任命され、次いで2004年大統領選挙の統一与党候補に昇りつめた。2004年のオレンジ革命後、中央政界におけるドンバス勢力は一時的に退潮するが、2006年議会選挙でヤヌコーヴィチが党首を務める地域党が第一党に躍り出て首相に就任したことで復権、さらに2010年大統領選挙においてヤヌコーヴィチが当選し2012年議会選挙で地域党が引き続き第一党の地位を守ったことにより、中央の行政・議会をドンバス、特にドネツク人脈が掌握し、ドンバスに基盤を置くオルガルヒが国民経済を牛耳る体制ができあがった。しかし、同時にヤヌコーヴィチ・ファミリーへの権限が一極集中することで腐敗・汚職が進行し、マイダン革命の一因となった。

ウクライナ危機後、ドンバスの地位は大きく低下している。一見するとウクライナ経済に不可欠な石炭、鉄鋼産業を有するドンバスであるが、実際は炭鉱も製鉄所も設備の老朽化が顕著で高コスト体質であった。石炭への政府補助金と政府が逆ザヤで安く販売する天然ガスがドンバス鉄鋼業の見かけ上の国際競争力を保っていたに過ぎなかった。有権者の動員により選挙のキャンスティングボートを握り、中央政界から多額の産業補助金を引き出して地域経済を循環させてきたドンバスの成長モデルは崩壊した。

ドンバスの住民は、民族や国家を上回る強い地域への帰属意識を持っている。強烈な地域意識は、首都に対する対抗意識にも向けられており、首都キエフを中心に展開されたオレンジ革命やマイダン革命に対する住民の反感は強い。国政レベルでは、ロシア語の公用語化もしくは国家語化、関税同盟（ロシア・ベラルーシ・カザフスタン）への参加、ＮＡＴＯ加盟反対といった政策に強く賛成してきた。特に言語問題は独立直後から提起されており、ドンバスを地盤とする政党はことごとくロシア語の公用語化を公約に掲げてきたほどである。ロシア語の公用語化を定めた言語法の採択（２０１２年）は、ヤヌコーヴィチ政権がドンバス有権者に配慮したためである。ドンバス紛争後、「人民共和国」を名乗る被占領地域では、ウクライナ側のメディアが遮断され「ロシア世界に属する『ドンバス人』」形成が試みられており、ウクライナ化・非ロシア化が進むウクライナ政府支配側との間でアイデンティティ分化が進行している。

（藤森信吉）

帝政ロシア時代のイギリス資本による
ドンバス開発——炭鉱と軍需産業のルーツ

コラム1

岡部芳彦

ルハンスクとドネツクを中心とするドンバス地域でなぜ石炭産業と兵器製造が盛んなのか。この問いにすぐに答えられる者は少ない。単にソ連時代に起源を求めたり、そこに天然資源が存在するからと言うのであれば、ソ連崩壊や石油への転換とエコロジーの時代を経て淘汰されて当然で、ドンバス地域特有の歴史的な経路依存性を無視する答えであろう。その答えは、イギリス産業革命に起因すると言っても過言ではない。

18世紀後半のエカテリーナ二世治世下のロシア産業の近代化が、イギリス人や英資本によって始まったことはあまり知られていない。例えば、ロシア帝国の本格的な貨幣鋳造は、イギリス人技術者ジェームズ・ワットの蒸気機関を用いて、共同事業者であったマシュー・ボウルトンによって基礎が築かれた。ロシアで初めて蒸気船を走らせたのもスコットランド人チャールズ・ベアードである。よく引用されるグレゴリー・ポチョムキン公爵の肖像版画が、実はイギリス人彫版工ジェームズ・ウォーカーの作品であることもあまり知られていない。エカテリーナ二世は、洗練された西欧のテーブルマナーとイギリス産業革命が生み出す最新技術の象徴としてバーミンガムの陶工ジョサイア・ウェッジウッドに緑の蛙をあしらった「グリーン・フロッグ・サービス」を発注した。そのディナーセット一式には、陶磁器の最先端の技術を用いて工業先進国イギリスの田園風景が絵付けされた。この逸品は、現在でもエルミタージュ美術館の人気の展示物である。

18世紀末から19世紀初頭にかけてのロシア帝国ではスコットランド人の活躍が目立つ。その理由は、ロシアにおけるイギリス人サークルの中心的存在であったスコットランド人チャールズ・ガスコインの存在が大きい。ガスコインは経営危機に陥ったスコットランドの製鉄会社キャロン（カロン）社の共同事業者として社名を冠した「カロネード砲」を製造し会社再建を果たした。しかし、ガスコイン自身が破産宣告し背任の疑いがかかる中で、キャロン社で働く多くの技師や最新の軍事技術とともにロシアへ渡った。その後、ロシア海軍の軍事顧問であったイギリス海軍大将チャールズ・ノウルズ准男爵の後継者で、同じくイギリス海軍出身でロシア海軍大将にまで昇進したスコットランド人サミュエル・グレイグと協力し、クロンシュタットやペトロザヴォーツクで艦載用を中心に火砲の製造を始めた。それらの功績が認められ、三等聖ウラジーミル勲章を受章したのちに、一等聖アンナ勲章に叙され、ロシア帝国の高級官僚である五等官・発事官に任命されている。

そのガスコインにルハンスク（ロシア名ルガンスク）の建設を依頼したのがエカテリーナ二世であった。1795年11月に、ガスコインによるルガン川周辺開発の勅令を発した。18・19世紀末に二回の改名を経てルガンスクとなる前の地名は「エカテリノスラフスキー・ザヴォート」で、その名の通り都市建設当初は工場のみであった。露土戦争で勝利を収めたが引き続き対トルコの軍備増強を迫られた女帝は、砂鉄や石炭が埋蔵するドンバス開発を、それを使っていち早く産業革命を成し遂げたイギリスの出身者に託したのである。機械類はガスコインの拠点でもあったペトロザヴォーツクから運ばれ、そこにいたイギリス人技術者の多くも移り住んだ。工場建設は1799年に完了し、ドネツ炭田（ドンバスの語源）の石炭から作られたコークスを使って製錬が始まった。ほどなくして、24ポンドカロネード砲を中心とする比較的小口径の火砲の製造も始まった。これが東ウクライナにおける兵器製造の原点であるのは言うまでもない。

　現在、ウクライナ側のルハンスク市ウェブサイトには市の創設者としてガスコインの名前があり、一方、ルガンスク人民共和国側のサイトにも、ロシア帝国のコラボレーター（協力者）としてロシアとのつながりの濃さを強調する形で紹介されている。また、ガスコインが製造を始めたルガンスク製の火砲によってナポレオン戦争のボロジノの戦いに勝利できたとの記載もある。このようにウクライナ側・親ロ派未承認国家の両者に好意的に紹介されるガスコインを始めとするイギリス人・英資本によるドンバス開発については、ルハンスク一般住民の間でも知られている。市の中心部にはガスコインの胸像がそびえ立つ。２０１４年の尊厳の革命後にルハンスク市の第一副市長に指名された同市の人気ブロガーのスタニスラフ・チカロフスキーは、ルハンスクのスコットランドへの統合の国民投票の実施とイギリス連合王国への編入を訴えたほどである。

ルハンスク市にあるガスコインの胸像

　イギリスにおける英露関係史の研究はケンブリッジ大学のアンソニー・クロス名誉教授を中心に盛んであるが、日本のイギリス史・ロシア史研究者の間でほとんど知られていない。チャールズ・ガスコインがルハンスクを建設しなければ、ドンバスでの石炭開発と兵器製造は始まらなかった。ウクライナだけではなく、ロシアの歴史の多様性の中での一大潮流として、イギリス産業革命の恩恵を再評価する時期がきているのではないだろうか。

10

クリミア

★変転極まりない歴史★

クリミアは、面積2万7千㎢で、九州と四国の中間の広さを持つ。黒海に面し、幅5から7㎞のペレコープ地峡によりユーラシア大陸、つまり現在のウクライナ本土と繫がっており、かろうじて半島になっている。ロシアとは地続きになっていない。北・中部はステップ地帯である。南部には、最高1545mのロマン・コシュ山を含む険しい山脈が東西の海外沿いにそびえている。

半島南部の気候は地中海性気候で、糸杉が連なり、ブドウ畑が広がり、写真だけを見れば南仏のリヴィエラ海岸かと見まちがう。極寒と思われているロシア・ウクライナの地にこのような温暖な地があることは信じられないほどだ。ロマノフ王朝の諸皇帝およびその家族もクリミアをこよなく愛し、最後の皇帝ニコライ二世も都のサンクトペテルブルグよりもヤルタに居たがったという。ソ連の時代にも人々はクリミアへ保養に行くことを何よりも望んだというのもうなずける。

歴史をふり返れば、クリミアは、その特異な地理上の位置から、歴史上まことに目まぐるしい変転を重ねてきた。これほど主《あるじ》が度々入れ替わった半島は世界史上にも例がないのではないか。

クリミアには紀元前10世紀頃からイラン系のキンメリア人が住み始めたが、紀元前7世紀頃には同じくイラン系のスキタイ人に駆逐された。スキタイ人はこの地に多くの円形の古墳を残した。同時期にギリシャ人もクリミア海岸に現れ、ケルソネソス（現セヴァストーポリ近郊）、パンティカパイオン（現ケルチ）、テオドシア（現フェオドシア）などの植民都市を作った。

紀元10世紀ごろには大陸部でキエフ大公国が隆盛となり、ケルソネソスは一時ヴォロディーミル大公により占領された。同大公がキリスト教（正教）に改宗したのはケルソネソスであったと言われている。

13世紀になるとモンゴルが来襲してキエフが陥落し、キエフ大公国が滅びた。クリミアもモンゴルの末裔のキプチャク・ハン国に支配されるようになった。クリミア南部のカーファ（現在のフェオドシア）をはじめとするソルダイア（現スダーク）、エフパトリアなどにイタリアのジェノヴァやヴェネチアが貿易の拠点を設けた。これらの都市は自治を許され、はるか中国の元《げん》とも交易を行なった。マルコ・ポーロの父もソルダイアに商館を持っていた。

キプチャク・ハン国の力が衰えると、15世紀中ごろクリミアのタタール人は独立し、チンギス・ハーンの後裔と称するメングリ・ギレイはギレイ朝のクリミア・ハン国を建国した。同国はイスラームを奉じた。その都であるバフチサライには、今も純イスラーム風の木造の宮殿が残っている。ロシアの文豪プーシキンも19世紀の初めにこの地を訪れ、叙事詩「バフチサライの泉」を残した。

15世紀後半、クリミア・ハン国はオスマン帝国の属国となった。オスマン帝国がその軍とハーレムのために奴隷を必要としていたこともあり、クリミアのタタールは大陸部で町や村を襲い多数の男女を拉致した。クリミア海岸地域には奴隷市が栄え、彼らはオスマン帝国に売られていった。奴隷交易はクリミア・ハン国の大資金源であった。ただ、オスマン帝国のハーレムに売られた女奴隷の中には後にスレイマン大帝の皇后になった女性もいた。なお、ウクライナ南部でコサックが発生したのも、このタタールによる奴隷狩りに対抗する面もあった。

1783年、ロシアのエカテリーナ女帝（二世）の寵臣ポチョムキンがバフチサライを陥落させ、クリミア・ハン国は滅んだ。クリミアはロシア帝国に併合された。それまでクリミアにはスラヴ系の住民は少なかったが、ロシアの併合後ロシア化が進み、ロシア人・ウクライナ人の移住が進んだ。現在ではクリミアではロシア系の住民が最大多数を占めるに至っている。またロシアはセヴァストーポリに軍港を築き、黒海艦隊の基地とした。

1853年から56年までクリミア戦争が起きた。英・仏がオスマン帝国を助ける形で、東欧や地中海に進出しようとしたロシアを押さえるために起こした戦争で、クリミアが主戦場となったためクリミア戦争と呼ばれる。結局はロシアが敗け、ロシアの貴族・知識人はロシアの後進性を痛感してその後の改革・革命の端緒となった。また、英・仏・露がこの戦争に忙殺されていたため極東への進出に出遅れた結果、日本進出では米国に先を越され、ペリーによる日本開国につながったとの説もある。さらに同戦争ではナイチンゲールが敵味方の区別なく傷病兵を看護したことが後の赤十字発足のきっかけとなった。若きトルストイは自らの従軍の経験を『セヴァストーポリ物語』に書き、彼の出世作となった。

ロシアの帝国の下、南部海岸沿いのヤルタなどは保養地として皇帝一家を始め多くの貴族、金持、文人、芸術家が離宮や別荘を建て、社交地として栄えた。今でも文豪チェーホフの家が残っている。彼の名作『犬を連れた奥さん』もヤルタが舞台である。

第一次世界大戦およびロシア革命の間、クリミアはボリシェヴィキの赤軍、デニキンやウランゲリなどの白軍、ウクライナ独立軍、ドイツ軍が入り乱れて戦ったが、結局はボリシェヴィキが勝利を占め、クリミアはソ連に編入された。1921年、クリミアはロシア共和国内のクリミア自治共和国となった。

第二次世界大戦ではクリミアはドイツ軍に2年半占領された。ソ連による再占領後、スターリンはクリミア・タタール人を対独協力の嫌疑で全員約19万人余を中央アジアに強制移住させた。その移送途中や移送後に多数が死亡した。これはスターリンの暴挙の一つに数えられている。戦後、1967年になり追放措置は解除され、多くがクリミアに帰還した。現在ではクリミア人口の約一割を占めているが、もともとの先住民族であるにもかかわらずすっかり少数民族になってしまった。

第二次世界大戦末期に重要会談がクリミアで行なわれた。1945年2月のヤルタ会談である。ヤルタのロシア皇帝のリヴァディア離宮でローズヴェルト、スターリン、チャーチルの三首脳が集まり、戦後体制の大枠を決めた。そのため戦後は「ヤルタ体制」と言われるほどである。とりわけ日本にとって重要なのは、ローズヴェルトとスターリンの間で密約ができ、ソ連はドイツの降伏後2、3カ月して対日宣戦し、その対価として日本領であった樺太南部および千島列島をソ連に引き渡すことを米国が承諾したことである。

ヤルタ会談の舞台となったリヴァディア離宮（撮影：服部倫卓）

戦後の1954年、フルシチョフ第一書記の時代にクリミアはソ連内のロシア共和国からウクライナ共和国に移管された。当時はウクライナが将来独立することなど夢にも考えられなかったので、行政上の軽い気持ちで行なわれたものと思われる。

しかし1991年、ソ連が崩壊してウクライナが真の独立国となると、クリミアはクリミア自治共和国としてウクライナ内に留まることになった。ロシアもクリミアを含めたウクライナの領土保全を正式に認めたし、独立当初強かったクリミア内のロシアへの復帰運動も沈静化していき、誰もがクリミアのウクライナ残留は解決済みのことと考えるようになった。

しかるに、2014年、ウクライナで親ロシアのヤヌコーヴィチ政権が崩壊すると、ロシアは軍を出動させてクリミアをロシアに併合した。その詳しい経緯は第49章および第52章に譲るが、この併合は、国連憲章の中心原則である「国際関係における武力行使の禁止」に真っ向から違反するものとして、ウクライナはもとよりG7など多くの国が認めていない。2018年、ロシアはクリミアとロシアを隔てるケルチ海峡に自動車橋を完成させ、クリミアを手放さないとの姿勢である。クリミアの帰属をめぐる問題は今後も長く尾を引きそうである。（黒川祐次）

11

オデッサ

★「黒海の真珠」の光と影★

黒海北岸に位置するオデッサは、1792年にロシア帝国の版図に入り、本格的な建設が始められてから、まだ2世紀あまりしか経っていない比較的新しい都市である。だが中心部の瀟洒な外観によって「黒海の真珠」とも称されるこの街は、多様な民族が住み、多くの言語が響くコスモポリタンの街、エキゾチックな都市として、ウクライナだけでなく、ロシア帝国、ソ連全体で独自の存在感を放ってきた。

この地域がロシア帝国の版図に組み込まれたのは、エカテリーナ二世期（在位1762～96）の南下政策によって起きた露土戦争の結果である。トルコ人が15世紀に作った集落ハジベイが1792年にロシア領となり、港が建設されたのが起源となった。街は古代ギリシャの植民都市オデッソスにちなんで「オデッサ」と名付けられた。当時の西欧はギリシャを文明の源流と見なす古典主義の隆盛期だったが、ロシアもその例外ではなかったのだ。

今日ではオデッソスが実際には別の場所にあったことが判明しているが、古代ギリシャとの連想はオデッサのイメージに何ほどか影響してきた。その立地や比較的温暖で陽光に恵まれた気候とも相俟って、オデッサは明朗で情熱的、ときには官能的な「南」の代名詞となった。

黒海に面し、ボスポラス海峡を経て地中海に至る航路の基点となったオデッサは、バルト海に面した首都サンクトペテルブルグに続く近代ロシア帝国第二の「ヨーロッパへの窓」となった。背後に黒土地帯を擁していたため、小麦等の穀物の輸出港として急速に発展し、街にはトルコ人、ギリシャ人、ユダヤ人、またイタリアやフランス、英国等の商人が行き交った。

オデッサの国際性は、初代長官デ・リバス（1749～1800、ナポリ出身のスペイン人）、中心街の建設・港湾施設の整備・貿易の振興を推進したリシュリュー（1766～1822、亡命フランス人貴族）、オデッサが自由貿易港になった時の総督ランジェロン（1763～1831、同前）など、初期の為政者が非ロシア人だったことにも現れている。その後を継いだヴォロンツォフ（1782～1856）も、ロシアの名門貴族だが、英国で教育を受けた開明派だった。彼らが一大貿易拠点を作る目的から外国籍者への種々の規制を撤廃したため、オデッサは多民族・多言語の開放的な都市となった。1853～56年のクリミア戦争時に英仏艦隊の砲撃を受けたこともあったが、その後も発展を続け、19世紀末にはペテルブルグ、モスクワ、ワルシャワに次ぐ帝国第四位の大都会となった。

1850年代に10万人だったオデッサの人口は、1897年には40万人に達している。人口の急激な増加の背景には19世紀後半の社会的な変動があった。アレクサンドル二世治下の1861年に農奴解放令が発布され、地主貴

オデッサ中心部の広場とリシュリュー公の彫像（撮影：服部倫卓）

族に隷属していた農民に職業と居住地の選択権が認められた。この解放令は多くの不備があり、不徹底なものだったが、それでも徐々に労働力の流動化を促し、困窮した農民が故郷を捨て、働き口を求めて都会に流入するようになった。

オデッサにも離農者が流入し、荷揚人夫や日雇労働者となって貧困層を形成した。「ソ連文学の父」と呼ばれた作家マクシム・ゴーリキー（1868〜1936）の『チェルカーシ』（1895）には、オデッサに流れて来た流民の矜持と、農村への郷愁が鮮やかに描かれている。ゴーリキー自身、青年期にロシア帝国南部を流浪し、オデッサで日雇いとして働いていた時期があった。この短編はその当時の見聞を基にしている。

オデッサの人口急増の要因としては、19世紀後半に帝国内で多発したポグロムも挙げられる。社会の流動化によって人々の間に醸成された不安は、以前から差別の対象だったユダヤ人にはけ口を見いだし、彼らはしばしば襲撃を受けたり、住み慣れた土地を追われたりした。オデッサでジャーナリストとして活動した後、米国に移住したイディッシュ語作家ショーレム・アレイヘム（1859〜1916）の代表作『牛乳屋テヴィエ』（1894、後に米国で『屋根の上のヴァイオリン弾き』として舞台化）は、この時期のユダヤ人一家の苦難を題材としている。ポグロムを経験または危惧した多くのユダヤ人が、差別や種々の制限が軽微だったオデッサを目指した。ユダヤ人は1897年には市の総人口の34％を占めるに至り、オデッサはユダヤ色の濃厚な街としても知られるようになった。

流浪民や難民の大量流入によって、市の郊外にはスラム街が形成された。とりわけユダヤ人貧困層が集住していた地区モルダヴァンカは、公権力の介入も困難な無法地帯、アウトローの街として帝国全土にその名を轟かせた。オデッサ出身のユダヤ人作家イサーク・バーベリ（1894〜1940）は後に連作『オデッサ物語』（1921〜24）で、ロシア革命期までモルダヴァンカで暗躍していたユダヤ・ギャングの群像を、戯画化しつつも郷愁を込めて描きだしている。

このように、19世紀末から20世紀初頭にかけてのオデッサは、商工業都市として繁栄する一方、貧富の格差が激しく、社会矛盾が表面化した街だった。後にトロツキーと名乗るユダヤ人青年レフ・ブロンシュテイン（1879〜1940）は、オデッサのギムナジウムで学んだ後、1896年からやはり黒海に面したニコラーエフ（ウクライナ語ではミコラーイフ）市で革命運動を開始したが、その際にはオデッサで培った人脈が役立ったと、自伝『わが生涯』（1929）に記している。1905年のロシア第一次革命時には、反乱を起こした戦艦ポチョムキン号がオデッサに寄港し、市民の歓迎を受けた。この歴史上のエピソードは、20年後に、セルゲイ・エイゼンシュテイン監督（1898〜1948）により、映画史上有名な『戦艦ポチョムキン』の「オデッサの階段」の場として再現された。

1917年のロシア革命とそれに続く国内戦期、オデッサの支配者は赤軍、外国からの干渉軍、ウクライナ民族派、白軍など、めまぐるしく交代した。ソヴィエト権力がオデッサで最終的に確立されたのは1920年2月のことだが、3年に及ぶ混乱はこの街に甚大な被害をもたらした。国際的にも孤立していたため、貿易も停滞した。街の再開発の過程で、モルダヴァンカなど、かつての無法地帯も整理された。

オデッサゆかりの作家たちが、思索的で沈鬱な従来のロシア文学とは対照的な、ストーリー性に優れ、諧謔と風刺に満ちた文学の必要性を提唱し、オデッサをその象徴的なトポスとして用いたのは、まさにこの時期、「古き良きオデッサ」が失われつつあった1920年代だった。バーベリが『私の鳩小屋の話』(1925)他で革命前のオデッサの雰囲気を生き生きと描きだしたほか、オデッサ出身の二人の作家イリフ(1897～1937)とペトロフ(1903～42)の合作による『十二の椅子』(1928)、『黄金の子牛』(1931)なども人気を博した。だが1930年代に入って「社会主義リアリズム」が文学の規範となると、「南西派」と呼ばれ、ロシア文学に軽やかな風を吹き込んだ彼らは、若くして表舞台から去って行った。

第二次世界大戦時には、オデッサはドイツ・ルーマニア軍の占領下に置かれ、ユダヤ人を中心に人口の4分の1以上が失われる深刻な被害を蒙った。戦後は観光都市・文化都市としての復興に力が入れられたが、その際には多民族性・エキゾチシズム・南方性といった、従来培われてきたイメージを強調し、再生産して活用する傾向が見られた。例えば、オデッサの主たる使用言語はソ連崩壊期までロシア語であり続けたが、それはウクライナ語やイディッシュ語の影響を受けて、語彙や統語面でかなり独特のもので、このいわゆる「オデッサ・スラング」が、この街を舞台にした小説や映画等で好んで用いられた。

ソ連解体後、オデッサはウクライナに帰属したが、2001年の調査によると、市の人口103万人のうちウクライナ人62%、ロシア人29%、ブルガリア人1・3%、ユダヤ人1・2%と、ウクライナ化が進行している。それに合わせるように、オデッサ市歴史博物館の展示にユダヤ人がほとんど登場しないなど、過去の歴史像の改変も試みられているようだ。オデッサの伝統だったコスモポリタンの気風やエキゾチシズムは、しだいに失われていくのかもしれない。

(中村唯史)

II

ウクライナの民族・言語・宗教

12

民族・言語構成

★スラヴ、ゲルマン、ロマンスからテュルクまで★

　1996年に採択された憲法第10条は、ウクライナにおける国家語がウクライナ語であることを言明している。「国家語」という用語で念頭に置かれているのは、官公庁、教育、文化、学術、通信などの分野におけるウクライナ語の使用である（ビジネス、社会生活あるいは日常会話における使用は対象外）。ウクライナ語が初めて国家語と宣言されたのは、1919年、ウクライナ人民共和国政府によってである。ウクライナ語の国家語としての地位は、1926年にウクライナ・ソヴィエト社会主義共和国政府によって承認されたが、事実上はソ連末期の1989年まで、国家および社会生活の多くの分野においてウクライナ語の使用は著しく制限されていた。ペレストロイカの流れを受けて、ウクライナ語の地位は1989年の法律「ウクライナ・ソヴィエト社会主義共和国における諸言語について」によって改めて承認された。独立後の2001年に行なわれた国勢調査によると、ウクライナ国民の67・5％がウクライナ語を、29・6％がロシア語を母語とみなしている。

　2012年には、「国家の言語政策の基礎について」という法律が施行され、国家語のウクライナ語と並んで、各種の地域語が導入された。地域語の運用が想定されたのは、法律制定、事務、学校教育、マスコミなどの分野である。地域語の地位は、その話者の人口が任意の地方の10％を超える場合に与えられた。この法律に従い、ロシア語、ハンガリー語、クリミア・タタール語、ルーマニア語が、地域語の地位を獲得した。この法律の施行をめぐるウクライナ社会の反応は、まちまちであった。専門家は、概してこの法律はロシア語のみの運用拡大に方向付けられている、と結論付けた。また、法律の中で言及された言語の多くは、話者の人口が必要数に達していないため、地域語の地位を得るには至らなかった。そして２０１８年２月、この法律はウクライナ憲法との不一致が原因で廃止された。

　ウクライナ語とロシア語、そしてこれにベラルーシ語を加えた東スラヴ語群の他に、ウクライナでは以下の言語がそれぞれの民族集団によって使用されている。

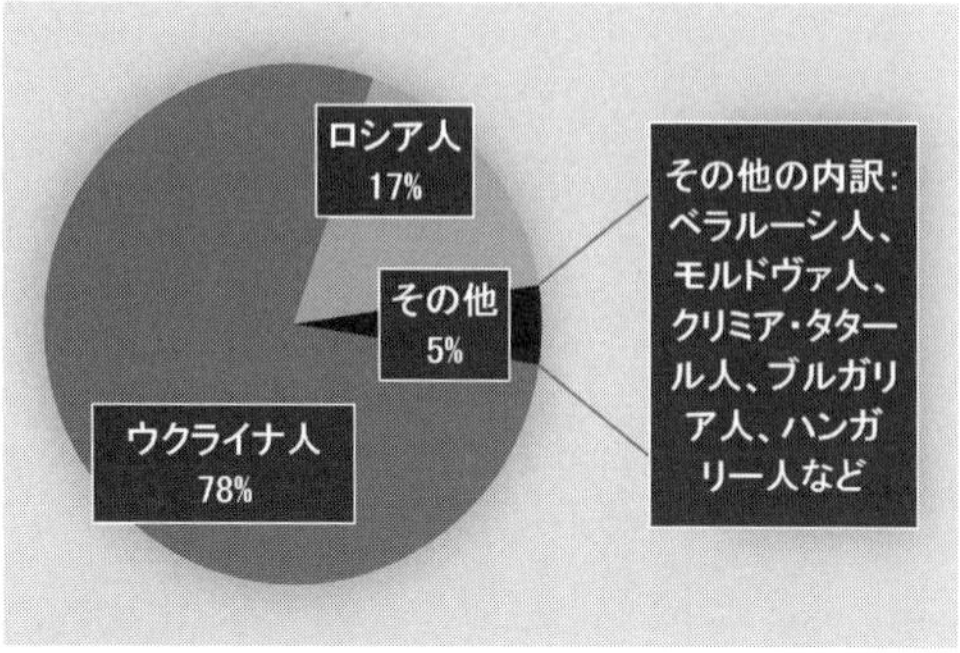

図　2001年国勢調査における民族構成

スラヴ諸語

ブルガリア語――ブルガリア語を話しているのは、オデッサ州、ザポリッジャ州、ミコラーイフ州のいくつかの地域に住むブルガリア人である。18世紀のオスマン帝国によるブルガリア征服後、一部のブルガリア人が難を逃れてロシア帝国南部の開拓地帯に移住してきたことに由来する。ブジャーク地方（ベッサラビア南部）には、ボールフラド（「ブルガリア人の町」の意）という名の都市があり、現在でも多くのブルガリア人が住んでいる。

ポーランド語――現在のウクライナにおいて、ポーランド語はリヴィウ州、ジトーミル州のいくつかの集落で用いられている。1939年まで、ポーランド語は西ウクライナのほぼ全域において国家語として優勢であった。ポーランド語話者からなる大きな共同体は、第二次世界大戦が始まるまでキエフにも存在した。ポーランド語とウクライナ語の最初の接触はおよそ14世紀頃のことと言われるが、両言語の相互接触の結果、ポーランド語は他の西スラヴ語群（スロヴァキア語やチェコ語）から、ウクライナ語は残りの東スラヴ語群、とりわけロシア語から遠ざかることになった。

ルシン語――ウクライナのザカルパッチャ州、スロヴァキアとハンガリーのいくつかの東部地区に居住する一部のウクライナ人、およびセルビアのノヴィサド市に移住したザカルパッチャ地方出身のウクライナ人は、自らをルシン人と呼ぶ。公的なウクライナ政権は、ルシン人およびルシン語を個別の民族・言語とは認めていないが、現代のスラヴ言語学においては、ルシン語は一部の研究者によって東スラヴ語群の固有言語として認められている。

ロマンス諸語

ルーマニア語――ルーマニア語とモルドヴァ語は、チェルニフツィ州、ヴィーンニツャ州、オデッサ州の国境沿いの地区で用いられている。ルーマニア人とウクライナ人との最初の接触は14世紀頃に確認され、以来16世紀までの2世紀にわたって、モルドヴァ公国では文書事務の言語として古ウクライナ語が用いられた。

ゲルマン諸語

ドイツ語――ドイツ語は、東部諸州、ザカルパッチャ州、オデッサ州およびクリミア自治共和国のドイツ人によって用いられている。ドイツ人が現在のウクライナの領域に移住し始めたのは、ロシア帝国が新たな南方領土を獲得して開発の需要が高まった18世紀以降のことで、20世紀末にはウクライナのドイツ人はそのほとんどがドイツに帰還した。

イディッシュ語――現代ウクライナにおけるユダヤ人の歴史は、16世紀のリトアニア国家のポーランド王国への編入と関わりが深い。ユダヤ人が定住したのは、主に右岸ウクライナのポジッリャ地方、ハリチナー地方、ヴォルイニ地方、キエフ地方であった。他方で、アゾフ海沿岸や黒海沿岸がロシア帝国に組み込まれて以降、ウクライナ南部にも多くのユダヤ人が定住した。19世紀のオデッサは、ニューヨーク、ワルシャワに次いで、世界で三番目にユダヤ人住民の多い都市であったが、20世紀後半になると、ウクライナのユダヤ人の多くはイスラエルや米国に移住した。

その他の印欧諸語

アルメニア語――16〜18世紀、カフカス地方や中近東においてキリスト教徒とイスラームとの間で行なわれた数多くの戦争は、アルメニア系住民の西方移住、とりわけ現在のウクライナの領域、西ウクライナ一帯および黒海北岸一帯への移住を引き起こした。アルメニア教会の周りに集まったアルメニア人のコロニーは、リヴィウ、キエフ、ルーツク、カーミャネツポジリスキーその他の都市に形成された。

現代ギリシャ語――ギリシャ語は、ドネツク州、ザポリッジャ州のいくつかの集落で用いられている。ギリシャ人は、18世紀にクリミア半島からアゾフ海沿岸地方に移住した。クリミア半島時代すでにギリシャ系住民は、「ルメイ」と呼ばれるギリシャ語を話すグループと、「ウルムィ」と呼ばれるクリミア・タタール語を話すグループとに分かれていた。このような二つの下位グループへの区分は、現在までウクライナのギリシャ人の間で維持されている。

テュルク諸語

ガガウズ語――ガガウズ語は、オデッサ州のいくつかの地区、およびモルドヴァの南部地区で用いられている。現在のガガウズ人の祖先は、19世紀にブルガリアから移住してきた。その出自から、彼らはしばしば正教徒のトルコ人またはテュルク語を話すブルガリア人と呼ばれる。20世紀半ばまでガガウズ語は文字を持たず、ようやく第二次大戦後にキリル文字をベースとしたアルファベットが考案されたが、現段階ではラテン文字のアルファベットが利用されている。

クリミア・タタール語――クリミア・タタール語は、クリミア半島の先住民族であるクリミア・タタール人の間で用いられており、彼らはクリミア自治共和国、およびヘルソン州とザポリッジャ州のいくつかの地区に居住している。2014年まで、クリミア自治共和国にはクリミア・タタール語を教育言語とする学校が何十校も存在していた。ロシア連邦によるクリミア併合後、クリミア・タタール人の間からは、言語弾圧と学校の強制的ロシア化に関する告発がなされている。

ウゴル諸語

ハンガリー語――ハンガリー語は、ザカルパッチャ州のハンガリーと隣接している地区で使用されている。中世以来20世紀半ばまで、戦間期の一時的なチェコスロヴァキア領時代を除けば、ザカルパッチャ地方は長らくハンガリー国家の版図に組み込まれていた。第二次大戦の終結に伴い、ザカルパッチャ地方がウクライナ・ソヴィエト社会主義共和国の一部となって以降、ハンガリー人の割合は大幅に減少したが、全体として当地におけるハンガリー語の地位は揺るぎないものとなっている。

（イーホル・ダッェンコ／訳：原田義也）

13

ウクライナ人

★その人類学的素描★

21世紀の今日、世界のどの民族も古来の純粋な民族的特徴を保つものはほぼない。ウクライナの地は、古来、東から西への、またヨーロッパの北西から南東への重要な交通路であったからなおさらである。この地をギリシャ人、キンメリア人、スキタイ人、サルマタイ人、ゴート人、フン人、アヴァール人、ブルガール人、ハザール人、ヴァリャーグ人（ノルマン人）などが通過した。現代のウクライナ人は多少なりともその遺伝子を受け継いでいる。もちろん、ウクライナはスラヴ人の故地と目されているように、スラヴ人が中核である。

では、ウクライナ人の風貌はどのようなものであろうか。ウクライナ人は一般に美しく、そして逞しいが、その一端をウクライナ人類学の黎明期の研究で見よう。約100年前の研究であり、現代ウクライナ人のいわば原型が窺える。

ウクライナ人の居住地のある、現ウクライナとその周辺（ロシアのヴォロネジ、クールスク等、ポーランドのヘウム、ルーマニアのブコヴィナ等）をウクライナの方言区分に近い以下の①②③に分けると、住民の髪と瞳の色、身長には以下の特徴が見られる。

①北部地帯（ポリッシヤ地方中心の地域、キエフ、ヴォルイニ北部、チェ

ルニーヒフ等）
②中間地帯（ハリチナー地方を含むウクライナ中央部、ハルキフ、ポルターヴァ、ヴォルイニ中央部等）
③南部地帯（ポジッリヤ地方、ドニステル川沿いおよび南カフカス地域）
全地帯、特に①で、髪の色、身長は徐々に変化し、髪の色は北から南へ、東から西へ移るにつれ濃くなる。身長は西高東低、南高北低という傾向がある。例えば①では金髪：栗色：暗色・黒髪の比率（％）は、クールスク58：38：0、西隣のチェルニーヒフでは12・5：27・5：60である。身長は①では平均164・3〜166・35cm、②では164・2〜170・2cm、③の南部地帯では167・5〜171・6cm。①②③すべての平均身長は167・3cmである。

ところが①東部のクールスクでは身長166・35cmであり、西高東低の傾向に反する。また瞳の色は、クールスクの調査地、および西のヴォルイニの北東部では逆の傾向を示す。この逆行現象および変化の（漸減・漸増でない）段差は、ウクライナ西部（ヴォルイニ、カルパチア地域）、東部（ハルキフ、クールスク地域）における、ポーランド人やロシア人との混交の結果であるという、興味深い民族的特徴が指摘されている。

髪と瞳の色は100年後の今も本質的には変化がないだろうが、生活環境の変化等により平均身長は大幅に変わり、男性が178・5cm、女性が166・3cmである。日本人に比べるとかなり大きい。

では、ウクライナの人口はどのくらいであろうか。国勢調査・各種の調査結果を見よう。

この数字にはウクライナ民族以外にロシア人やウクライナ西部のエスニックグループ（レムコ、ルシン、ボイコ、フツール）も含まれている。2001年の国勢調査によるウクライナの民族構成と人口規

図　ウクライナの人口の推移（単位:100万人）

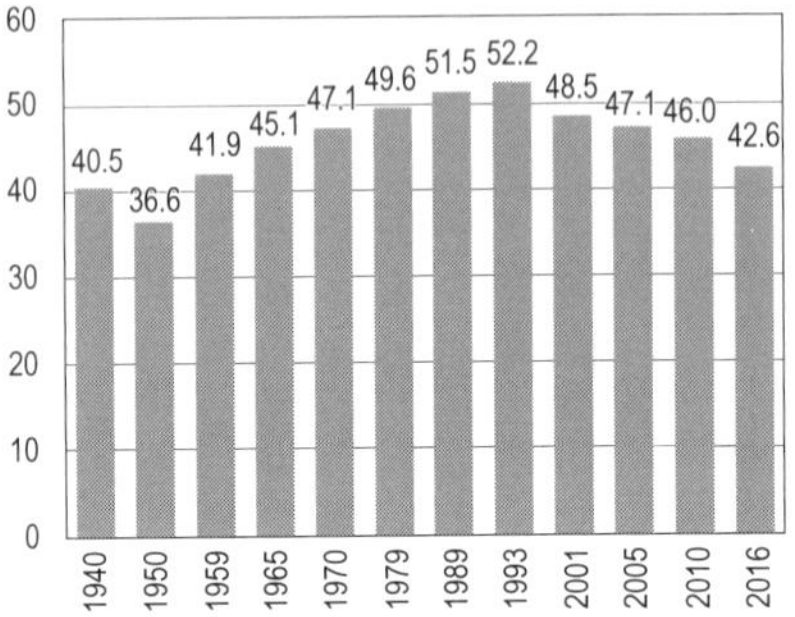

模は以下のとおりである。ウクライナ人３７５４・１７万人（77・８％）、ロシア人８３３・４１万人（17・２８％）、ベラルーシ人27・５８万人（０・５７％）、モルドヴァ人25・８６（０・５４％）、クリミア・タタール人24・８２（０・５１％）、ブルガリア人など、合計４８２４・０９万人（なお、ウクライナ本国以外のウクライナ人ディアスポラの分布状況については、第20章を参照されたい）。

人口は近年減少傾向にあり、その原因は海外勤務、出稼ぎ、移住等であるが、単純な出生数減も大きい。

このようなウクライナ人は一体どのような伝統的な精神世界、心性を持つのであろうか。

それは誇り高く、何よりも名誉を重んじ、独立不羈、年長者に忠節、夫・妻・恋人には貞節、友情に篤く、人には謙虚でありながら、義のためにはいかなる困難も恐れず身も心も捧げる……そう、これはまさにコサックの生き方そのもの。国歌に「身も心も祖国の自由のために捧げよう……われらコサックの末裔」と謳われているがウクライナ人は、コサックの末裔であることを今も誇りにしているのである。

この心性をゴーゴリが見事に描き上げている。『隊長ブーリバ（タラス・ブーリバ）』（１８３５）である。ブーリバは、戦場で敵将の令嬢への恋に「狂って」敵側に走った次男を自ら射殺し、囚われた長男がコサックの名を汚さず「凌遅《りょうち》刑」を乗り越えるかを見届けるために、敵地の刑場に密かに潜入した。残虐な刑にも苦悶の声をあげない長男に満足を覚えながらも、苦痛の極に長男が「父よ、いずこに」と問うと、思わず答えてしまうのである。この心性は日本の武士道に通じ、ウクライナでもよくそう言われる。これはフィクションの世界に止まらない。

「タラス・ブーリバ」（アレクサンドル・ブブノフ　油彩　キャンバス　1956年）

コサックの本営ザポリッジャ（ザポロージエ）を築いたドミトロ・ヴィシネヴェツキー（1517～63／64）はトルコ王から隷属を求められるも拒絶、鉤吊りの刑にされたまま3日間も王をののしり続けたという。チャイコフスキーの歌劇で知られるイヴァン・マゼーパ（1639～1709）も同じである。ピョートル大帝の右腕として栄華を極めながら、それをあっさり捨ててウクライナのため大帝に戦いを挑み（ポルターヴァの戦い）、結局は破滅した。もちろん、これは戦場という非日常の世界のことである。一方、日常の世界では、対極の生き方が出てくる。豪放磊落、悪く言えば安逸な楽しみにふける姿である。かのヴィシネヴェツキーですら酒色にふけり豪放磊落な人生を送ったと民謡では謳われている（原真咲氏発表による）。民謡は一種素朴な民衆の夢の表現で、現実とは形を変えるものがあるが、これは、そのような人生を送りたいという庶民の願望の表れであろう。これがウクライナ人の第二のステレオタイプ像である。

（中澤英彦）

14

ロシアにとってのウクライナ

★西欧に近いエキゾチックな辺境★

ロシアとウクライナとの文化的関係を考える時、まずその起源的な共通性を考えざるを得ない。そもそもロシアの起源はキエフ大公国にあり、中世後期まで、ロシアとウクライナ、ベラルーシは一体をなしており、それが分化したのは14世紀以降に過ぎないからだ。これはロシアから見たウクライナがロシアの一部分にしか過ぎない、というイメージを持ち続けてきた原因である。

しかしウクライナがポーランドの強い政治的・文化的支配を受けた後、コサックの首領ボフダン・フメリニツキー（1595～1657）の乱を契機としてロシアの支配下に入ったのは、17世紀のことである。その結果キエフに創立されたペトロ・モヒラ（1596～1647）のアカデミウムもロシアの支配下に入り、ラテン語教育を徹底させていたこの学校から、ロシアにフェオファン・プロコポーヴィチ（1681～1736）のような西欧的知識人が供給されていくことになる。その結果ポーランド・バロックの文学と文化がウクライナを経由してロシアに入ってくることになった。

18世紀においてロシアを文化的に凌駕していたウクライナは、

イヴァン・コトリャレフスキー

「ニコライ・ゴーゴリの肖像画」（フョードル・モレル　油彩キャンバス　1840年）

宗教音楽においてもマクシム・ベレゾフスキー（1745～77）、ドミトリー・ボルトニャンスキー（1751～1825）、アルテーミイ（アルテム）・ヴェーデリ（1767～1808）などの作曲家を輩出している。ウクライナ・バロックの伝統はウクライナでは19世紀まで続き、その影響はニコライ・ゴーゴリ（1809～52）からパヴロ・ティチーナ（1891～1967）にまで認められる。ゴーゴリのロシア文学史における位置付けには難しい問題が潜んでいるが、それはゴーゴリの文学にロシア文学史の中に突出したウクライナ・バロックという性格が潜んでいるためである。

しかし19世紀にはウクライナ語は小ロシア語と呼ばれ、ロシア語の一方言という位置付けであり、ウクライナ語文学の可能性については文芸評論家ベリンスキーは否定的であった。口語としてしか用いられていなかったウクライナ語が最初に文学に登場したのは、イヴァン・コトリャレフスキー（1769～1838）の『エネイーダ』（1798）のようなパロディー叙事詩や喜劇などの「低位」のジャンルにおいてであり、それが高位の散文文学に用いられる文章語に昇格するのには時間がかかった。ウクライナ出身のオレスト・ソモフ（1793〜1833）やゴーゴリはウクライナをテーマに多くの作品を書いたが、作品そのものはロシア語で執筆した。19世紀にウクライナの国民詩人として知られるようになるタラス・シェフチェンコ（1814〜61）がモデルとしたのはウクライナ民謡であったが、そのシェフチェンコも散文はロシア語で書いたのだった。

しかしウクライナ・フォークロアの豊穣な世界はロシアにとってエキゾチックな魅力を持っていて、ロシア文学に多くのテーマを与えた。ウクライナ出身のゴーゴリが終生関心を持ち続けたフォークロアは、ウクライナ民謡であり、自らウクライナ民謡を収集し、民謡集刊行の計画を立てていた。1819年に出版されたニコライ・ツェールテレフ（1790〜1869）の最初のウクライナ民謡集『小ロシア古謡集の試み』にはウクライナの民族叙事詩ドゥーマが初めて公刊されたが、そこに描き出された17世紀ウクライナの黄金時代、いわゆるヘトマン時代の英雄的な事跡はロシアのロマン主義に素材を与え、ゴーゴリの『タラス・ブーリバ』や詩人コンドラチイ・ルイレーエフ（1795〜1826）の『ヴォイナロフスキー』（1824）、叙事詩『ナリヴァイコ』（1825）が生まれる契機となった。

一方、ウクライナ民謡の様式に則って書かれたシェフチェンコによるウクライナ語の詩篇はロシアの作家、詩人に高く評価され、イヴァン・ブーニン（1870〜1953）、アレクセイ・プレシチェーエフ（1825〜93）、レフ・メイ（1822〜62）らによってロシア語に訳されている。18世紀以来ロシア人にとってウクライナ民謡はロシア民謡の一部であり、ロシア人の声楽家や合唱団はウクライナ民謡をふつうにウクライナ語で歌う。古くはバスのフョードル・シャリャーピン（1873〜1938）、最近ではテノールのセルゲイ・レーメシェフ（1902〜77）もウクライナ語によるウクライナ民謡を録音している。民謡の現場においてもドン・コサックはロシア語の民謡のほかにウクライナ民謡をふつうに自らのレパートリーとしていた。また、シベリアには多くのウクライナ人が移住しているが、普段はロシア語を日常的に用いていても、民謡などのフォークロアにおいてはウクライナ語を保持していることが多い。

19世紀後半から始まるウクライナ民族文化の創出の動きは、ウクライナ語散文の発展をもたらし、音楽の分野では、ミコーラ・ルイセンコ（1842〜1912）らのウクライナ語声楽曲を生み出した。コトリャレフスキー原作のオペレッタ『ナタールカ・ポルタウカ』などがそうである。一方、ウクライナをテーマとして多くの作品をロシア語で書いたゴーゴリだが、その文体におけるウクライニズムについては多くの研究があり、彼の短編『ソローチンツィの定期市』は各章にウクライナ民謡やコトリャレフスキーらのウクライナ語によるウクライナ文学からの引用をエピグラフに用いており、ゴーゴリがいわばこの短編をウクライナ文学史の中に位置付けようとする構えを見せていることは興味深い。ちなみにこの『ソローチンツィの定期市』や『五月の夜』、『降誕祭の前夜』といったゴーゴリのウクライナものの短篇小説は、ムソルグスキー、リムスキー＝コルサコフ、チャイコフスキーらによってウクライナ民謡をふんだんに盛り込んだ色彩豊かなロシア・オペラに仕上げられている。逆にウクライナ文化の側からのゴーゴリ評価は、例えばロシア語で書かれた『タラス・ブーリバ』のウクライナ語訳によるルイセンコの同名のオペラがウクライナの国民的オペラになっていることにも伺え、ウクライナとロシアの複雑な文化的相互影響を示しているのである。

（伊東一郎）

15

ウクライナにおけるポーランド人

★支配者からマイノリティに転換した1000年★

ポーランド人のウクライナ定住の起源はキエフ大公国の時代にまで遡る。キエフ大公国のヤロスラフ賢公（978〜1015年）は1031年のポーランド遠征で得たポーランド人捕虜を、ローシ川流域のポロッシャ（ポローシエ）地域で農耕に従事させた。

14世紀から16世紀にかけてポーランドが東進してハーリチ・ヴォルイニ大公国の領土を版図に加えると、ポーランド人が流入するようになる。15世紀中葉以降、ポーランドの東南部のジェシュフ、クラクフなど諸県から、16世紀から17世紀にかけてポーランド中部地方などからポーランド人がウクライナに移住してきた。

ポーランドがウクライナでカトリック教会機構と国家機構を整備して支配体制を構築していくと、ポーランド語が大きな位置を占めていく。16世紀初頭から、ポーランド語はウクライナで文書用語や実務用語として使用されるようになった。

17世紀、ウクライナ・コサックのヘトマン、ボフダン・フメリニツキー（1595〔6〕〜1657年）の反乱（1648〜1657年）に続いて、ポーランドはロシア・ポーランド戦争（1654〜1667年）を戦い、1667年にアンドルソヴォ条約、1686年にグジムフトフスキ条約を締結した。ポーランドはこれらの条約で左岸ウクライナとキエフをロシアに割譲したが、右岸ウクライナ、ポジッリヤ（ポドリア）、ハリチナーなどは堅持して支配を強化した。17世紀末右岸ウクライナではポーランド人の人口は35万人に増加し、農村で大土地所有者として勢威を築き、カトリック教会聖職者、官僚の大部分を占めた。18世紀末、三次にわたるポーランド分割の結果、ロシアが右岸ウクライナとヴォルイニ、オーストリアがハリチナーを併合した。このうち、ロシア、オーストリアが併合した地域でポーランド人はいずれも優位な地位を占めていた。オーストリア領の東ハリチナーでは、ポーランド人は耕地の43％を所有し、大土地所有者の90％を占めていた。また、行政、司法、軍などの要職に登用され、支配体制の一角を担っていた。

一方、ロシアが併合した地域では、1795年時点でポーランド人が人口の10％を占めていて、政治、社会、経済、文化において優位であった。キエフでは文化的にもポーランド人の影響力が強く、1830年代までキエフの教育機関ではポーランド語が使用され、キエフ大学の学生の大半がポーランド人で占められていた。1830年から翌1831年にかけてのポーランド蜂起後は、蜂起に参加したポーランド人は資産を接収され、キエフ、ハルキフ、ミコラーイフなど諸都市に移住する。ポーランド人の人口は減少していき、1897年にはロシア帝国内のウクライナの人口に占める割合が6・4％に落ち込んだ。

20世紀に入ると、ポーランド人がウクライナで政治、経済、社会、文化の領域で占めていた優位性が解消されていく。

第一次世界大戦後からロシア革命を経て内戦期において、ウクライナ人とポーランド人の間では対立と協調が交錯した。大戦後、ハリチナーでは西ウクライナ人民共和国が、ドニプロ・ウクライナではウクライナ人民共和国が成立したが、西ウクライナ人民共和国は1918年11月に勃発したウクライナ・ポーランド戦争で再興されたポーランドに敗北して瓦解し、ウクライナ人民共和国に合流する。その後、ソヴィエト政権とポーランドとの間でソヴィエト・ポーランド戦争が勃発すると、1920年にポーランドのピウスツキ（1867〜1935）とウクライナ人民共和国のペトリューラ（1879〜1926）はワルシャワ条約を締結して、ソヴィエト政権に対して協闘していく。しかし、ソヴィエト・ポーランド戦争が終結して、1922年にリガ条約が締結されると、ハリチナーとヴォルイニはポーランド、ドニプロ・ウクライナを中心とするウクライナの主要地域はソ連の版図に入り、ウクライナは分割された。これらの過程で、右岸ウクライナとキエフに在住のポーランド人、特に大土地所有者と都市の知識人がポーランドに移住し、ウクライナではポーランド人の人口が減少した。ソ連邦内のウクライナでは、1919年から1926年にかけてポーランド人の人口は68万5000人から47万6000人に落ち込んでいった。

1920年代にソ連政府が「現地化政策」（コレニザーツィア）を展開すると、ポーランド人は文化的自治を享受した。1925年にジトーミル近郊にポーランド人の自治区（マルフレフスク・ポーランド民族地区）が創設され、自治区では55校のポーランド語の小中学校が開校されて、80カ所の読書室が開設されてポーランド語新聞が創刊された。

1930年代に入ると、ポーランド人はスターリン指導部から抑圧されていく。1935年にポーランド人の自治区が解体されて、自治区内のポーランド人学校と図書館が閉鎖され、ポーランド人住民が広範囲に逮捕、銃殺された。さらに、1937年から翌年にかけて内務人民委員部がポーランド系市民への大規模な粛清を実施して、ソ連国内で11万1091人が銃殺され、2万8744人が強制収容所に収容された。

一方、ポーランド政府はヴォルイニにヴォイン県、ハリチナーにルヴフ、タルノポリ、スタニスワフの3県をそれぞれ設置した。ハリチナーではウクライナ・カトリック東方教会が勢力を誇り、ハプスブルク帝国時代ウクライナ人は市民団体や文化団体を組織して活動し、第一次世界大戦後には西ウクライナ人民共和国の建国を経験して民族意識が強固であった。一方、ヴォルイニは正教会の影響力が強く、経済的には農業を主体としていたが、ハリチナーと比較して民族意識は強くはなかった。両地域ともポーランド人の人口が過半数に達していないことから、ポーランド政府は1920年から1923年にかけてこれらの地域のうち過疎地域へのポーランド人の植民を進めた。これらの地域に植民した軍人と民間人7300名に土地を分配するなどの優遇措置を取り、ポーランド人の人口比率の上昇に努めていた。

ソ連は独ソ不可侵条約の秘密議定書に従い1939年9月にポーランドに侵攻して、ハリチナー、ヴォルイニなどの西ウクライナ、西ベラルーシ、ヴォルノ地域など東部ポーランド地域を併合すると、これらの地域からポーランド人の追放に着手した。1940年から翌1941年にかけて四度にわたり東部ポーランド地域在住の120万人以上のポーランド人がカザフスタンなど中央アジア、シベリア、北西部などソ連国内の諸地域に強制移住させられた。1941年6月に独ソ戦が勃発してウクライナがドイツの占領下に置かれると、ポーランド人の強制移住は中断した。

表　ウクライナにおけるポーランド人人口の変遷

	1959年	1970年	1979年	1989年	2001年
人数（1000人）	363.3	295.1	258.3	219.2	144.1
ウクライナの人口に占める割合（%）	0.87	0.63	0.52	0.43	0.30

（出所）国勢調査結果

独ソ戦期、西ウクライナではウクライナ民族主義者組織（ＯＵＮ）とその傘下にあったウクライナ蜂起軍（ＵＰＡ）などのウクライナ人勢力と国内軍（Armia Krajowa）などのポーランド人勢力との間で武力衝突が展開された。１９４３年の春から西ウクライナのヴォルイニで、ＯＵＮはポーランド人を「一掃」すべく攻撃を開始して、４万人から６万人のポーランド人住民が虐殺された。第二次世界大戦末期の１９４４年９月、ソ連は国内のウクライナ、ベラルーシ、リトアニアの各共和国にポーランド政府とポーランド人送還に関する協定を締結させた。協定に従って西ウクライナ在住のポーランド人とユダヤ人がポーランドに送還され、ポーランドからウクライナ人が送られた。１９４４年末には西ウクライナには１１８万２１００人のポーランド人が居住していたが、１９４４年から１９４６年にかけて77万２５６４人のポーランド人がウクライナを離れた。

その後、ウクライナからポーランドへのポーランド人の送還は１９５５年から１９５９年にかけて再開されて7万６０５９人のポーランド人が送還され、ウクライナにおけるポーランド人の人口は激減した。ポーランド人はジトーミル、フメリニツキー、リヴィウなど西部の諸州に集住した。その後もウクライナではポーランド系住民の人口は減少の一途を辿り、１９５９年、１９７０年、１９７９年、１９８９年におけるポーランド系住民の人口は36万３３００人、29万５１００人、25万８３００人、21万８２００人であった。独立後もその傾向は続き、２００１年に実施された国勢調査によると、ポーランド系住民の人口は14万４１３０人であった。

（柳沢秀一）

16

ウクライナとユダヤ人の古くて新しい関係

★恩讐の彼方に★

「ウクライナの栄光も自由もいまだ滅びず」という一節で始まるウクライナ国歌は、「我らは自由のために魂と身体を捧げ／兄弟たちよ、我らがコサックの氏族であることを示そう」という一節で締めくくられる。そして、「シャン川からドン川までの血の戦いに立とう／我らの故郷で他者の支配を許さない」という二番の歌詞には、ウクライナ民族主義者たちが夢見た「大ウクライナ国家」への憧れが投影されている。この一句は、「ナイル川からユーフラテス川まで」という、祖国を失った古代イスラエル人《びと》の願望が投影された聖書の記述を彷彿とさせるが、そのコサックの氏族らの蜂起で殺戮された犠牲者の筆頭は他ならぬユダヤ人であった。

現在ウクライナとして知られる地域とユダヤ人のつながりは、紀元前に遡る。クリミア半島における古代ギリシャ人の植民都市の遺跡にはユダヤ人墓地も含まれ、紀元前1世紀頃にはユダヤ人がすでにこの地で商業活動を展開していたことが窺える。また、7世紀から10世紀にかけてウクライナ東部地域にまで版図を広げたハザール王国でユダヤ教が受容されたこともよく知られている。9世紀頃にはハザールの支配下にあったキエフにユダヤ人居住区が存在しており、11世紀頃までにユダヤ人がこの地で東方交易の重要な一翼を担っていたことを確認できる。

とはいえ、ユダヤ人のウクライナへの本格的な移住は、ポーランド王国の東方拡大とともに始まった。13世紀以降、ポーランド国王の直属民として保護を約束されたユダヤ人は、西欧での度重なる迫害から逃れてこの地に辿り着いた。ポーランドをヘブライ語で「(神は) ここに宿る《ポ・リン》」と解釈したユダヤ人にとって、この地は「約束の地」だったのである。

ポーランド人貴族がドニプロ川右岸地域に獲得した土地に移り住んだユダヤ人は、様々な不動産の賃貸契約（アレンダ）を通して、農業、林業、醸造等の領地経営の他、徴税請負や貿易も一手に引き受け、貴族の手となり足となった。「ユダヤ人のいない貴族は一人前」という諺が示すように、ポーランド人とユダヤ人の「共生」関係がここに成立し、ウクライナ中西部の諸都市の礎が築かれた。しかし、半ば奴隷のような地位を強いられたウクライナ農民やコサックの中には、ポーランド人の支配を嫌い、その「お先棒担ぎ」とみなしたユダヤ人への反感を強める者も少なくなかった。

そうした憤懣が最初に爆発したのが、ボフダン・フメリニツキーの乱として知られる1648年の蜂起である。「子供たちは母親の胸の中で惨殺され、多くの子供が魚のように引き裂かれた」とヘブライ語の年代記に記されたこの出来事は、ユダヤ人の間で二度にわたるエルサレム神殿の破壊《フルブム》との類比で語られ、ウクライナの国民的英雄であるフメリニツキーは史上最悪の敵として記憶された。

続く18世紀は、「大洪水」として知られる戦乱と荒廃の世紀であり、「ハイダマーカ」(ならず者)と呼ばれる徒党による反乱とユダヤ人虐殺が横行した。なかでも、1768年にウーマニで起きたコサックの蜂起では、多数のポーランド人とユダヤ人が惨殺された。

その後、１７７２年のポーランド分割によってウクライナはロシア帝国に編入され、ポーランド人とユダヤ人の「共生」関係に終止符が打たれる。帝政ロシアでは、ウクライナ人もユダヤ人と同様に抑圧されたものの、１８８１年にウクライナ南部で発生したポグロムは帝政末期まで断続的に繰り返され、大量のユダヤ人移民を生み出した。さらに、第一次世界大戦の東部戦線ではロシア軍（とりわけコサックの騎兵隊）による残虐行為により多数の死傷者と難民が発生した。

ウーマニのユダヤ人巡礼祭で、超正統派ユダヤ教徒の親子の荷物を運ぶウクライナ人青年（撮影：Eitan Simanor）

ロシア革命後に成立した中央ラーダは、ユダヤ人問題担当大臣を任命し、ユダヤ人の自治権を保証するなど、リベラルな一面も見せたが、白軍やウクライナ民族主義者の軍団によりユダヤ人が度々スケープゴートにされるに及び、ユダヤ人側のウクライナ独立運動に対する不信を決定付けた。これを象徴するのが、シモン・ペトリューラを首班とするディレクトーリヤ時代に起きたポグロムであり、１９２６年、ペトリューラは亡命先のパリでユダヤ人アナーキストのシュヴァルツバルドにより暗殺された。

ソ連時代、とりわけスターリン体制下には、ウクライナ人民族主義者や集団化に反抗した農民は徹底的に弾圧され、

1930年代初頭に半ば人為的に引き起こされた大飢饉はウクライナ全土で数百万人に及ぶ餓死者を出した。一方、独ソ戦の最中には、ナチス支配下のウクライナでおよそ90万人のユダヤ人が組織的に殲滅させせられたが、ナチスに進んで協力したウクライナ人も散見された。かくして、ウクライナ民族主義者の間に「ボリシェヴィキ＝ユダヤ」、ユダヤ人の間に「ウクライナ人＝ナチの協力者」という固定観念ができあがり、両民族間の不信や反目をいっそう深めた。

とはいえ、両民族の関係がこうした血塗られた歴史ばかりでなかったことは言うまでもない。例えば、両大戦間期のハリチナー（ガリツィア）でポーランド人に対抗してウクライナ民族主義政党がシオニスト政党と選挙協力をしたことや、第二次世界大戦後のソ連で反体制派の知識人同士が矯正収容所での経験を通じて交流を深めたことは、肯定的な一コマとして言及されることもある。こうした連帯の表明は、バービイ・ヤールの記憶の永続化に向けた努力にも見られる。その克明な記録を書き残したアナトーリイ・クズネツォフ（1929〜79）はウクライナ人の母親を持つロシア語作家であり、ショスタコーヴィチの第十三番交響曲『バービイ・ヤール』の詩を書いたのはウクライナの詩人エヴゲーニイ・エフトゥシェンコ（1933〜2017）であった。他方で、ソ連時代にタブー視されていたウクライナの大飢饉をいち早く描いたのは、ナチス占領下のウクライナで母親を殺害されたユダヤ系ロシア語作家ヴァシーリイ・グロスマン（1905〜64）だった。

ウクライナは長らくヨーロッパで最も多くのユダヤ人人口を抱える地域だったが、ソ連崩壊前後には、ユダヤ人の大量出国を生み出した。1989年の統計では約49万人だったウクライナのユダヤ人人口は、2016年にはわずか約5万6千人（総人口の約0・13％）にまで落ち込み、減少の一途を辿っている。

とはいえ、今日もなお、その人口比とはおよそ不釣り合いな形で、ユダヤ人に関する話題には事欠かない。クチマ元大統領の娘婿ヴィクトル・ピンチューク（１９６０～）やウクライナ政変時にドニプロペトロフスク州知事に抜擢されたイーホル・コロモイスキー（１９６３～）といったユダヤ系オリガルヒの動向がたびたびメディアを賑わせる一方で、選挙の度に、ティモシェンコ、ヤツェニューク、ポロシェンコといった大物政治家が「ユダヤ人」であるといった流言が飛び交うのがつねである。また、スヴォボーダのような反ユダヤ的な極右政党の躍進が見られる一方で、ポロシェンコ政権下で首相に任命されたヴォロディーミル・フロイスマン（１９７８～、父親がユダヤ人）のように、国内外のユダヤ人共同体とウクライナ社会との橋渡し役を果たすユダヤ系の政治家も活躍する。

ユダヤ人とウクライナの古くて新しい関係を象徴するのは、上述のウーマニで毎年行なわれるユダヤ教の巡礼祭である。この町の一角には、ユダヤ教敬虔派ハシディズムの義人ブラツラフのラビ・ナフマンの墓があり、そこへの巡礼は２００年の歴史がある。ソ連時代に固く閉ざされていたナフマン廟への巡礼がソ連崩壊とともに解禁されて以来、ユダヤ暦新年《ロシュ・ハシャナ》になると、ウーマニの一角はイスラエルや世界中から来た2万人以上のユダヤ教徒で埋め尽くされる。巡礼者の急増とともに町の住民と巡礼者の間の軋轢も絶えず、ウクライナ民族主義者らによる攻撃の的ともなってきたが、巡礼が地域経済に一役買っていることもたしかであり、この巡礼は、ウクライナ・イスラエル両政府の絆を再確認する機会ともなっている。

（赤尾光春）

17

ウクライナ語、ロシア語、スールジク

★進展するウクライナ語の国語化★

言語の現状は、その言語の系統、歴史と地政学的環境によるところが大きい。ここでは、ウクライナにおけるウクライナ語およびロシア語を対象とし、その基礎データ、歴史と現在の言語状況を述べる。

ウクライナ語はウクライナの国家語かつ主な教育用語である。ウクライナ以外では、ロシア連邦、南北アメリカなどでも使用される。話者数は、ウクライナ約3680万人、ロシア連邦436万人、カザフスタン、ポーランド、カナダや米国などの南北アメリカ、オーストラリアでの話者を含め総計は4000万人以上（2001年国勢調査）に上り、スラヴ語ではロシア語、ポーランド語に次ぎ第三位を占める。

ではこの両言語はどのような歴史を持つのであろうか。定説に従い系統と歴史を簡単に辿ってみよう。

ウクライナ語、ロシア語はともにインド・ヨーロッパ語族 Indo-European スラヴ語派東スラヴ語群に属す。つまり、先祖を同じくする、いわば従兄弟か再従兄弟《またいとこ》的関係にある。

スラヴ諸語の共通の先祖、スラヴ祖語から分かれた古（古代）ロシア語は、8〜14世紀に統一性が薄れ、いまのウクライナ語、ロシア語、ベラルーシ語に分かれた。その後、ロシアは他の民族から言語的な妨害を受けることなく自然な言語発達の道を辿った。一方、ウクライナは絶えず隣国の支配を受けることになった。おおむね、ドニプロ川右岸（除くキエフ）はポーランドに、左岸やキエフ、黒海北岸はロシアに支配されてきた。この支配者、支配領域がウクライナ各地域の現在の言語状況を決定したのである。

住民は母語と支配者の言語の二言語、ときには三言語の使用を強いられ、ウクライナ語の自然な発展は阻害された。特にウクライナを300年間以上支配したロシアによる度重なるウクライナ語使用禁止令（1720年、1847年、1863年、1876年、1881年、1882年、1894年、1914年、1933年その他）は、圧倒的であった。その結果、ウクライナ語の地位は極度に低下し、ウクライナ語話者は下層階級ないしはロシアに対する反抗者とみなされ、失職することもあった。

このような中にありイヴァン・コトリャレフスキー（1769～1838）やタラス・シェフチェンコ（1814～1861）らの作品が、民衆の話し言葉を核に、教会スラヴ語（古代教会スラヴ語にウクライナ語の特徴が加わったもの）の要素を吸収して現代ウクライナ語の塑形が出来上がったのである。とはいえ、その後も厳しい状況は続き、禁止令が実質的に解かれたのはソ連邦からウクライナが独立した1991年であった。

ここで両言語の特徴を見よう。その起源から両者の文法構造はよく似ている。文中の他の語との関係を表すのに、語形を変化させる典型的な屈折語であるが、ウクライナ語は、現在も呼格を残す（ロシア語にはない）こと、大過去形を残すことなど、音声面、形態面、統語面など各領域でロシア語よりも古い特徴を保っている。語彙面では、基礎語彙はほぼ一致するが、抽象度の高い語彙になるとず

地図　州別母語話者比率（上がウクライナ語、下がロシア語、%）

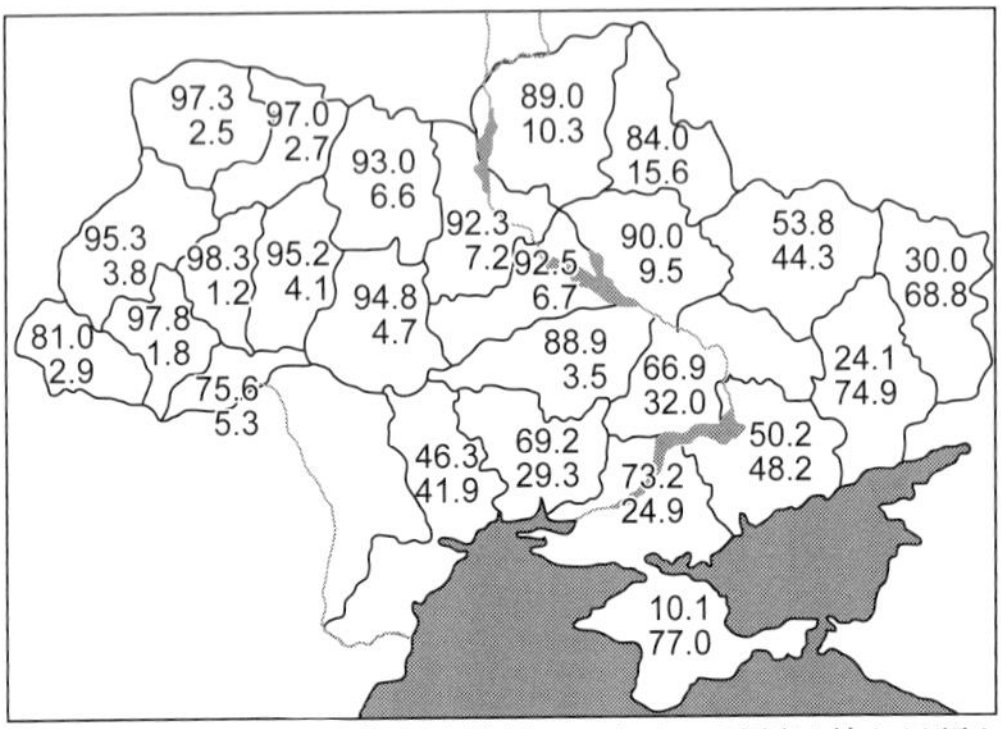

*2001年ウクライナ国勢調査結果。これら2言語以外を母語とする者もいるため、合計は100%にならない。なお、ウクライナ全体ではウクライナ語67.5%、ロシア語29.6%。

れが大きくなる（「運動」ウクライナ語 рух ルーフ、ロシア語 движение ドヴィジェーニエ）。なお、ウクライナ語はスラヴ語中、音素数が最多で音的に敏感な言語と言える。

さて1991年のウクライナ独立は状況をどう変えたであろうか。独立後は、ウクライナ語復権の動きとそれと対照的なロシア語の地位確保の動きの対比で捉えられる。これをウクライナ語の分布・広がりと質の面から見よう。まず分布である。

ウクライナ語を母語とする人の比率（母語維持率と記す）は、歴史的にポーランド、オーストリア＝ハンガリーの影響下にあった西部で高く、ロシア支配の歴史が長い中部、およびロシアに編入され19世紀末から20世紀初頭にロシア人が大量に移民した東部、南部では低い（地図参照）。東西で母語維持率が著しく異なっているのである。

このような状況下で、ウクライナでは、独立期に民族文化、とりわけ母語復権の取組みが開始された。言語問題は民族性の維持・喪失と結び付き、その解決は、新生ウクライナにとって喫緊の課題であった。課題は、(1)ウクライナ語の普及、(2)その純化（ロシア語の影響排除）である。この(1)(2)は、(3)ロシア語話者の言語問題に直結する。ⓐ独立直前の1989年10月に最高会議がウクライナ語を国家語で

表　国勢調査でウクライナ語を「母語」と回答した住民の比率（%）

	1979	1989	2001
ウクライナ住民全体	65.6	64.7	67.5
うち、民族的ウクライナ人	89.1	87.7	85.2

あると宣言。これは、ⓑ１９９６年制定のウクライナ憲法第一章第10条「ウクライナの国家語はウクライナ語である」の規定に踏襲され、これらの法を現実化する法令・施策が教育面、マスコミの面で次々なされた。例えば、ⓒ２００７年1月、文化観光省のメモランダムにより、児童向け外国映画は１００%、大人向けは50%ウクライナ語の吹き替え・字幕付きでないと許可されなくなった。

これら法、施策の結果は、各種研究によると現在徐々に明らかになりつつある。就学前教育の場では、ウクライナ語による教育が66%（１９９５年）から84・６%（２００６年）に増加し、反比例的にロシア語による教育の比率が減少した。

この事態に対してロシア語母語話者からロシア語公用語化への動きが出てきた。この動きは、憲法第一章第10条の規定――ウクライナにおいてはロシア語その他民族的少数者の言語の自由な発展、使用、保護は保障される――およびウクライナが２００５年に正式批准した「ヨーロッパ地方言語・少数言語憲章（European Charter for Regional or Minority Languages, ECRML）」――国内の特定地方や少数者のみによって伝統的に使用されかつ公用語と著しく異なる言語を保護・促進する――に依る。この動きの端的な表れが、２０１２年7月最高会議によって可決された法「国家言語政策の原則について」である。これは、ある地域の住民の10%以上が母語とする言語を、その地域の公用語として認定するというものである。

それに対して、ロシア語は、上記憲章によって規定される言語に該当するか否か、ロシア語公用語化の決議は合憲か否かのなどの議論が行なわれ、言語問題は半ば政治問題と化した。この種の議論は今後とも様相を変えて続く可能性がある。

最後は、質の問題である。母語維持率の高い西部ですら、ウクライナ語の会話に、ウクライナ標準語の規範を逸脱したロシア語的要素が混入することがままある。これが混交語、混ぜこぜ語（суржик スールジク。ライ麦と小麦等の混ぜ物と言われる）である。例えば、ウクライナ語の会話中に да ダー（ロシア語で yes の意味）が多用され、語形変化でウクライナ語の назвеш（ナズヴェーシ命名する）でなくロシア語 назовёшь ナザヴョーシになるなど、混交は、音声、語彙、形態、統語、語法など、言語の全領域に及んでいる。成人への調査では、西部2・5％、中央部14・6％、東部から中央部21・7％、東部9・6％、南部12・4％（キエフ国際社会学研究所2003年調査）の成人がスールジクを用いている。書店ではスールジク対策の書籍が常時散見される。

そもそも両言語は表記にキリル文字を用い、系統的に極めて近く、一方の言語はグラデーションをなして他方の言語へと徐々に変化をしている。中間帯では住民の母語自体が規範から見ればスールジクとも言え、この現象は隣り合う親戚の言語間の宿命であろう。スールジクはコトリャレフスキーの作品にも見られるのに、これが近年特に問題視されることは、ウクライナにおいてウクライナ標準語の規範が確立しつつあることの何よりの証左とも言える。

ウクライナ語は様々な問題を抱えながらも復権し、現在、着実に国語化しつつあるのである。

（中澤英彦）

＃ ウクライナ語のあいさつ表現 ＃

Добрий день! ／ドーブルィ・デーニ〔こんにちは〕
Доброго ранку! ／ドーブロホ・ラーンクゥ〔おはよう〕
Добрий вечір! ／ドーブルィ・ヴェーチル〔こんばんは〕
На добраніч! ／ナ・ドブラーニチ〔おやすみなさい〕
Дякую ／ヂャークユ〔ありがとう〕
Привіт! ／プルィヴィート〔やあ〕
До побачення ／ド・ポバーチェンニャ〔さようなら〕
Будь ласка ／ブーヂ・ラースカ〔お願いします〕
Смачного! ／スマチノーホ〔どうぞ召し上がれ〕
Будьмо! ／ブーヂモ〔乾杯〕
Пробачте ／プロバーチテ〔ごめんなさい〕
Як ся маєте? ／ヤーク・シャ・マーィエテ〔ごきげんいかがですか〕
Добре ／ドーブレ〔良いです〕
Погано ／ポハーノ〔悪いです〕
Чудово ／チュドーヴォ〔素晴らしい〕
Де? ／デー〔どこに〕
Коли? ／コルィー〔いつ〕
Що? ／シチョー〔なに〕
Хто? ／フトー〔だれ〕
Як? ／ヤーク〔どうやって〕
Чому? ／チョムー〔どうして〕
Як Вас звати? ／ヤーク・ヴァース・ズヴァーティ〔お名前はなんといいますか〕
Мене звуть.... ／メネー・ズヴーチ〔私の名前は〜です〕
Дуже приємно ／ドゥージェ・プルィエームノ〔はじめまして〕
Ласкаво просимо! ／ラスカーヴォ・プロースィモ〔ようこそ〕

作成：中澤英彦

18

ウクライナ、ルシン、レムコの多層的な関係

★国家の隙間に生きる人々と言葉★

ウクライナ語はウクライナで用いられている。改めてこう述べると、「何をあたり前のことを」と思う人もいるだろう。確かに、ウクライナ語はウクライナの公用語として、法律的にも確たる地位を占めている。しかしそのような理屈が無くとも、ウクライナという国の言語がウクライナ語というのは当然のことではないか？

ところが、言語と国家の関係は「○○語―○○国」と一義的に結び付けられるほど単純なものではない。内部で複数の言語が用いられている国家（例：インド）、あるいは逆に、国境を超えて用いられている言語（例：英語）の存在は決して珍しいものではないからである。むしろ、国境という政治的境界線と言語の用いられる範囲を無意識に結合させるマインドセットこそが、国民国家という近代以降の概念に大きく影響されたものと言える。

言語と国家の関係を考えると、民族の問題が常に付きまとう。民族とは概して、人種的・地理的出自を同じくし、宗教、伝統、歴史、言語などを共有する集団と定義される。「同じ言葉を話す／書く」という認識は、民族を形成する重要な要素なのだ。

民族というものが実際に存在するのか、それとも単なる概念に過ぎないものなのかという議論はさておき、民族と国家の関係もまた一筋縄ではいかない。多民族国家の存在はその典型であろう。ヒトとモノの流動性が著しく高い今日の世界では、「○○人」、「○○民族」という単純な定義すら実は難しい。いずれにせよ、言語と国家と民族は決して、自然と結び付くものではない。しばしば聞かれる「母国語」という表現は、国家的区分を言語的区分と混同した誤解の産物なのである。

よって、国家の枠組みでは捉えきれない、いわば「国家の隙間」に生きる人々がいることは想像に難くない。本章で解説するルシン人も、そのような「国家の隙間」に存在している。ルシン人と呼ばれる人々は、現代のウクライナ、ポーランド、セルビア、クロアチア、スロヴァキア、ハンガリーなどに居住している。彼らの言語はウクライナ語に非常に近く、ルサニウスキー編『ウクライナ語百科事典』（2000年、キエフ）では「ザカルパッチャ地方におけるウクライナ語の変種」、つまりウクライナ語の方言と定義されている。もっとも、ルシン語の言語学的な位置付けにはいくつかの立場がある。『ウクライナ語百科事典』のように、ウクライナ語の「方言」と見なす立場が一つ。もう一つは、ロシア語、ウクライナ語、ベラルーシ語と並ぶ東スラヴの「言語」としてルシン語を捉える考え方である。この立場を代表するものとして、ポーランドから刊行された『スラヴ諸語概説書シリーズ・ルシン語』（2004年、オポレ）、および三谷惠子『スラヴ語入門』（2011年、三省堂）が挙げられる。

ルシン人という呼称の指すところは時代と地域に大きく左右され、一義的には決められない。ルシン人は、カルパチア・ルシン人という別名が指すように、カルパチア（カルパート）山脈に定住し、ウクライナ語に近い言葉を用いる、現在で言えば「民族」に相当する諸集団を指していた。つまり、カルパチア山脈の東スラヴ系の人々を漠然と指す呼び方だったのである。しかしポーランド分割（1772〜1795年）の前後を境に「ルシン人」の意味が変質する。『ウクライナ百科辞典』（1993年、トロント）によると、当時のハプスブルク帝国領土内（ハリチナー、ブコヴィナ、ザカルパッチャ）のウクライナ人を「ルシン人」と呼ぶようになった。これは俗称ではない。当時の帝国内の少数民族の名称として公に認められた呼称だったのである。

19世紀後半からのナショナリズムの勃興はルシン人にも影響を与えた。ルシン人の知識人層の間で、ルシン語の正書法を整備しようという傾向が生まれてくるのである。この傾向は、ルシン人の間に民族意識が高まったことを示している。ところが、ルシン人は歴史上一度も「国家」に相当する政治単位を構成することがなく、各国で少数民族として定住していた（この状態は現在でも基本的に同じである）。さらに各地域のルシン語は、それぞれの居住国の言語の影響を受け相互に大きく異なっている。結果として、ルシン語の歴史において「標準ルシン語」と呼ぶべきものは誕生しなかった。上に挙げた『スラヴ語入門』ではこの事実に鑑み、ルシン語を四つの地域変種の集合として捉えている。

(1)ザカルパッチャ変種（ウクライナ）
(2)ヴォイヴォディナ変種（セルビア、クロアチア）
(3)プレショウ変種（スロヴァキア）
(4)レムコ変種（ポーランド）

地域変種とは、方言という意味に近い。しかしルシン語は、その歴史の中で標準語（中心）にあたるものを持つ契機がなかった点に注意が必要である。方言という概念は、標準語（中心）との対立関係においてはじめて成立する。「標準ルシン語」が存在しない以上、「方言」という表現はルシン語に馴染まない。地域変種というのは、ルシン語の置かれた複雑な状況をよく反映する用語なのである。

とは言え、各地に離散しているルシン人の間には交流もある。世界各地（ウクライナ、セルビア、クロアチア、スロヴァキア、ポーランド、ルーマニア、ハンガリー、北米大陸など）に居住するルシン人らは、言語と文化の保護を目的として「世界ルシン人会議」を隔年で開催している。公式統計の数値を合計すると、各国に居住するルシン人の数は10万人ほどと見られている（『東欧を知る辞典』〔新版〕、2015年）。

世界各国に居住するルシン人は、隔年で「世界ルシン人会議」を開催している。写真は、ウクライナのウージュホロドで行なわれた第12回大会（2013年）の１枚である（「レムコ人連盟」公式ウェブサイトより）

　この中で、ポーランドのルシン人はやや特異な位置を占めているので詳しく説明したい。現在のポーランド国内に居住するルシン人は、実はルシンとは呼ばれておらず、自他共にレムコ人と呼ぶ。2011年国勢調査によるとレムコ人の数は約1万人である。またレムコ人は、ロマ人やタタール人と並び、ポーランド政府によって「民族的マイノリティ」と認定されている。

　「レムコ人」とは本来的には、ルシン人の中の集団の一つを指す蔑称だった。しかし19世紀半ばから「レ

ポーランド在住のレムコ人が組織するレムコ文化・言語振興団体「レムコ人連盟」が発行する隔月誌 Бесіда (Besida) の表紙（2011年11/12月号）。タイトルの Бесіда (Besida) とは、レムコ語で「語らい」を意味する。表紙には「クリスマスと新しい2012年、おめでとう！」と書かれた文が見える（筆者所有）

ムコ」を自称として用いるルシン人が現れ始め、それが民族名として、主にポーランドのルシン人の間で定着したのである。ごく簡単にまとめると、レムコとは「ルシンという名前のポーランドにおけるヴァリエーション」と言えるであろう。

言葉の問題についても考えてみたい。レムコ人の話す言葉は「レムコ語」なのか、それともウクライナ語やルシン語の方言と考えるべきだろうか。この問いには大きく三つの「回答」が考えられる。

①ルシン語の地域変種
②ウクライナ語の方言
③ルシン語ともウクライナ語とも異なる、独立した言語

①は先述の『スラヴ語入門』などが採用する立場である。「地域変種」と「方言」はやや意味合いが異なることは先述のとおりである。②の見解はウクライナ方言学の伝統的な見方である（ルサニウ

スキー編『ウクライナ語百科事典』など）。③の立場はポーランド国内のレムコ人が主に支持する立場であり、1990年代から「レムコ語」の名を冠した書籍が出版されている。また、ポーランドのマイノリティ法（2005年）もレムコ人を民族的マイノリティと定めており、レムコ人の言葉を独立の言語「レムコ語」として扱っている。いずれの見方が正解ということはない。視点が変われば、言語と方言の分け方も違って見えてくるのである。

「〇〇民族―〇〇語―〇〇国」という単純な図式は、強力な政治意識の下にのみ成立する特殊な考え方である。ところが「国家」を中心とした見方にばかり慣れていると、その特殊性に思いが至らない。ウクライナ、ルシン、レムコの不安定な関係性は、民族と言葉、国家の結び付きが一様なものではなく多層的であることをよく現しているのである。

（貞包和寛）

19

三つの正教会と東方典礼教会

★交錯するキリスト教世界★

ウクライナには様々なキリスト教の宗派が存在するが、代表的なものとしてウクライナ正教会・キエフ総主教庁、モスクワ総主教庁系のウクライナ正教会、ウクライナ独立正教会の三つの正教会と東方典礼教会が挙げられる。

このうち、ウクライナの正教会の起源は、988年にキエフ大公国のヴォロディーミル（ウラジーミル）一世（不明〜1015）が洗礼を受けてキリスト教を受容したことに遡る。その後、キエフに府主教座が設けられて教会制度が整備されるが、1240年にキエフ大公国はモンゴルの侵攻を受けて瓦解した。1648年から1657年にかけてウクライナ・コサックのヘトマン、ボフダン・フメリニツキー（1595〔6〕〜1657）が主導した反乱、ウクライナ・コサックとモスクワ公国の合同を経て、1686年にキエフ府主教はモスクワ総主教に服属して、ウクライナの正教会はロシアの正教会に包摂された。ウクライナの正教会の聖職者はギリシャ式典礼を知悉していたので、17世紀のニーコンの教会改革を担ったエピファーニィー・スラヴィネツキー（17世紀初め〜1675）や18世紀のピョートル大帝期にロシア正教会の改革を進めたフェオファン・プロコポーヴィチ（1681～1736）などの人材を輩出して、ロシア正教会の改革に大きな役割を果たした。18世紀から19世紀にかけてロシア帝国がクリミア・ハン国やベッサラビア、右岸ウクライナなどを併合し西方に進出していくのに伴い、ウクライナでは正教会が伸張していった。

1917年のロシア革命から1922年のソ連邦成立にかけてウクライナ独立正教会が創設され、ロシア正教会からの自立が試みられた。まず、1918年7月9日、全ウクライナ教会会議はウクライナ自治正教会を創設するが、ロシア正教会のモスクワ総主教はこれを容認せず、1921年10月にウクライナに総主教代理を設置した。それに対抗して1921年10月、キエフで全ウクライナ人教会会議が開催され、モスクワ総主教庁からの独立が宣言されてウクライナ自治独立正教会が成立した。しかし、1927年以降、スターリン（1879～1953）指導部は同教会の聖職者と多くの信徒を逮捕、処刑し、1930年には臨時教会会議を開催させてウクライナ自治独立正教会の閉鎖に追い込んだ。

1941年に独ソ戦が勃発すると、1942年から1944年にかけて、ドイツの占領下でウクライナ自治独立正教会を復興させる動きが見られた。司祭が聖別されたり、全ウクライナの総主教の選出が決定されたりするなど組織の再建が進められた。しかし、1944年から翌年にかけて赤軍がウクライナを再占領すると、ウクライナ自治独立正教会の聖職者は弾圧され、ロシア正教会のウクライナ総主教代理の管轄下に組み込まれていくことになる。

1991年のソ連邦の崩壊とウクライナの独立は、ウクライナの正教会にとり大きな画期となった。まず、ウクライナ自治独立正教会がソ連末期の1990年に合法化され、ムスティスラフ（1898～1993）が「キエフと全ウクライナの総主教」に選出された。さらに、ウクライナのロシア正教会がモスクワ総主教座から独立を果たしていく。1990年10月、教会会議でウクライナ正教会は独立正教会の地位を獲得して、フィラレート（1929〜）がキエフ総主教に選出された。しかし、ウクライナ正教会内部ではフィラレートに対する不満が生じ、1992年5月のハルキフの教会会議でヴォロディーミル（1935〜2014）が総主教に選出された。それに対し、フィラレートは6月、新たにキエフ総主教座を創設し、ウクライナの正教会はフィラレートを総主教に戴くウクライナ正教会・キエフ総主教庁とヴォロディーミルを府主教とするモスクワ総主教庁のウクライナ正教会に分裂した。

正教会は現在のウクライナの宗教界に大きな位置を占めていて、民間の研究調査機関のラズムコフ・センターが国内で18歳以上の人々を対象にした調査によると、2018年時点で67・3％が正教会に帰属意識を抱いている。このうち、ウクライナ正教会・キエフ総主教庁が28・7％、モスクワ総主教庁系のウクライナ正教会が12・8％、ウクライナ自治独立正教会が0・3％を占めている。同センターの2010年の調査では、キエフ総主教庁系が15・1％、モスクワ総主教庁系が23・6％であり、8年の間に両者の勢力が逆転したことがうかがえる。

東方典礼教会は、正教会や東方諸教会の典礼を用いつつも、ローマ・カトリック教会の教義を受け入れてローマ教皇の首位権を承認している教会である。東方帰一教会、東方カトリック教会、東方典礼カトリック教会、合同教会、ユニエイト教会など様々な呼称を持つが、ウクライナの教会についてはウクライナ東方典礼カトリック教会、ウクライナ・ギリシャ・カトリック教会などとも呼ばれる。

ウクライナの東方典礼教会の成立は、1596年のブレスト合同に遡る。当時ウクライナはポーランド＝リトアニア共和国の版図にあったが、1596年10月9日にブレスト（現在のベラルーシ領）の大聖堂で教会合同会議が開催され、ルテニア（現在のウクライナ・ベラルーシ）の正教会とローマ・カトリック教会の合同が宣言されて東方典礼教会が成立した。新たに誕生した東方典礼教会は、ローマ教皇の首位権を受け入れつつも教皇に対する独立的地位が認められ、スラヴ語の典礼（奉神礼）の実施と財産が保障された。さらに正教会の教区に加えて、その教会建物、領地、修道院を接収した。

ブレスト合同後、17世紀から18世紀にかけて東方典礼教会はウクライナで大きな勢力を築いた。1702年にルーツク府主教区が統合されて、ポーランド領内のウクライナでは、正教会から東方典礼教会への再編が完了した。18世紀の三度にわたるポーランド分割により、東方典礼教会が優勢な地域はオーストリアとロシアの版図に入った。ロシアでは1839年にポロツク（現在のベラルーシ領）で宗教会議が開催され、ロシア帝国内の東方典礼教会は閉鎖されて教会の財産はロシア正教会に移され、約700万人の信徒はロシア正教に改宗させられた。一方、オーストリアに編入されたハリチナーでは、ポーランド人貴族を牽制するためにローマ・カトリック教会と対等の権利が東方典礼教会に付与されたほか、ウィーンとリヴィウに神学校が設立されるなど東方典礼教会の教育振興も進められた。19世紀以降、東方典礼教会の聖職者はハリチナーで文化活動や政治運動の中心的役割を担っていくことになる。

ハリチナーは第一次世界大戦後、再興されたポーランドの支配を受けたが、第二次世界大戦後にはソ連の領土に編入された。ソ連により東方典礼教会はロシア正教会に移管され、活動を禁止された。1946年、リヴィウでソ連政府の主導下で宗教会議が開催され、1596年のブレスト合同の無効

表　ラズムコフ・センターによる宗教団体への帰属意識の調査（%）

	2010 年	2013 年	2014 年	2016 年	2017 年	2018 年
正教会	68.1	70.6	70.2	65.4	68.2	67.3
ローマ・カトリック教会	0.4	1.3	1.0	1.0	1.0	0.8
東方典礼教会	7.6	5.7	7.8	6.5	7.8	9.4
プロテスタント諸教会	1.9	0.8	1.0	1.9	0.8	2.2

と東方典礼教会のロシア正教会への「合流」が宣言された。東方典礼教会は非合法となり、聖職者たちは地下活動に入って秘密裏に祈禱や秘蹟など宗教活動に従事していく。1960年代から1970年代にかけて、テルノーピリやコロムイヤで秘密裏に神学校が開学され、リヴィウでは女子修道院が開設されて当局に摘発された。こうした活動は政府の弾圧の対象となり、地下で宗教活動に携わった聖職者や信者は逮捕された。

1980年代に入るとローマ教皇ヨハネ・パウロ二世（1920〜2005）が東方典礼教会への支援を表明するなど、国際世論が同教会に同調するようになっていく。1989年12月、ソ連共産党書記長ゴルバチョフ（1931〜）は東方典礼教会に活動を公式に許可して、同教会は復権した。しかし、東方典礼教会は1946年以来喪失した教区と財産の回復を求めて正教会との対立を深めて暴力行為や紛争が頻発し、ローマ教皇庁とモスクワ総主教座との対立にまで発展していくる。

ラズムコフ・センターの調査によると、表に見るとおり、2018年時点で9・4%の国民が東方典礼教会に帰属意識を持っていた。また、同センターの調査では、東部、中部、南部では東方典礼教会に帰属意識を持つ者は、それぞれ0・2%、0・1%、0・0%であるのに対し、西部では39・7%を占めていて、東方典礼教会の基盤は西部に偏っている。

（柳沢秀一）

20

ウクライナ人ディアスポラ

★遠い祖国への熱き想い★

21世紀初め、ウクライナの人口は約4500万人であるが、ポーランドやロシアなど近隣国にも、ウクライナ人が数多く住んでいる。さらにヨーロッパから遠く離れた南北アメリカ大陸、オセアニアにもウクライナ人あるいはウクライナ系住民がまとまって住む国がいくつかある。在外ウクライナ人が最も多いのはロシア連邦で約300万、次いでカザフスタン約200万、モルドヴァ50万、ウズベキスタン15万、キルギス10万、ラトヴィア9万、ベラルーシ5万、ジョージア（グルジア）に5万人ほどが住んでいる。旧ソ連以外の近隣国では、ポーランド50万、スロヴァキア10万、ルーマニア9万、旧ユーゴスラヴィア6万、チェコ5万、ギリシャ3万5千人などである。

19世紀後半から第一次世界大戦にかけての世界的な大規模移民の時代に、ハプスブルク帝国下の西ウクライナから約50万人以上が、新大陸に向かった。アメリカ合衆国に移住したウクライナ人は、炭鉱夫や、自動車工などの都市部の工場労働者として働くことが多かった。現在でもアメリカ東部のフィラデルフィア、ペンシルヴァニア、ニューヨーク、ミシガン、ニュージャージー、マサチューセッツ、イリノイ、オハイオ、そして西部ではカリフォルニアにウクライナ人が多く定住している。現在、ウクライナ系アメリカ人は約1000万人だが、これはアメリカの総人口において約0・3％と他の移民グループに比べてそれほど大きな存在ではない。

アメリカよりも一足遅れて西部開拓が始まったカナダでは、酷寒の西部を開拓する農民として約57万人のウクライナ人が移住した。カナダへの農業移民を推進した移民担当大臣は、ウクライナ移民について「羊の皮のコートをまとい、大地に生まれ、十世代続く農民の家系で、たくましい妻と半ダースの子どもを持つ屈強な農民」と称賛した。

しかし、当時の北米社会において、東欧移民に対する人種的な偏見は強かった。同じキリスト教徒とはいえ、プロテスタントやローマ・カトリックと異なるウクライナ・カトリックや東方正教会の宗教行事、独特の民族衣装、言語、食生活、習俗はイギリス流儀と英語を重んじるカナダ社会の中では蔑視された。第一次世界大戦時には、敵国オーストリア＝ハンガリー帝国の出身移民に対する排斥ムードが高まり、ハリチナー（ガリツィア）出身のウクライナ人は敵性外国人として強制収容所に送られた。今日、毎年世界中から観光客が訪れるカナディアン・ロッキー山脈の高速道路は、このとき強制労働に駆り出されたウクライナ系カナダ人が建設したものである。

社会的な差別に苦しみながらも、過酷な自然環境と戦いながら農地開拓に貢献したウクライナ人の苦労話や、カナダ西部の農村に建設されたウクライナ教会、ウクライナ系カナダ人の画家ウィリアム・クレリーク Willuam Kurelek（1927～77、邦訳ではクアレックとも）の作品は、ウクライナ人のカナダへの歴史的貢献を今に伝えている。今日、ウクライナ系カナダ人は約120万人、民族別の人口規模では第九位のエスニック・グループである。ウクライナ風ロールキャベツ、ボルシチ、ピロシキ、民族舞踊、ピーサンキ製作などのウクライナ文化は現在ではカナダの多文化社会を象徴するものとして、ウクライナ系以外の人々にも広く親しまれている。

カナダ西部のウクライナ教会

第二次世界大戦終了後、戦争難民（DP）として南北アメリカ各国やオーストラリアに到着したウクライナ人は、それまでのウクライナ農民とだいぶ趣の異なる人々であり、移民社会に大きな変容をもたらした。戦後のウクライナ移民の中には、独ソ戦時にオストアルバイターとしてドイツに連行されていたソヴィエト・ウクライナ人、西ウクライナのウクライナ蜂起軍の闘士など、様々な社会的背景を持つ人々がいた。彼らは高い教養と専門的知識を備え、移民先での積極的な政治活動も厭わなかった。

スターリン体制下のソ連の抑圧社会を経験したウクライナ移民の到着によって、それまで北米の共産主義者や左派勢力が漠然と抱いていたソ連社会に対するユートピア幻想は打ち砕かれた。冷戦という国際情勢も作用して、北米のウクライナ系コミュニティは反共産主義、反ソ連の姿勢を鮮明に打ち出していった。

北米のウクライナ系移民は、故国への思いではどの移民集団にも劣らないほどの強い愛国心で知られる。それは、なにより、祖国ウクライナでのたび重なる独立運動の失敗の経験から、ウクライナ語とウクライナ文化を抑圧するソヴィエト・ロシア国家に対して、ウクライナ文化と歴史の真実を伝えなくてはならないという使命感に満ちていたからである。この使命感が原動力となって、北米のウクライナ人は、あらゆる場面で積極的に社会に参加し、政治をつき動かそうと努力してきたのである。

今日のウクライナ研究が「学問」として大きく発展したのは、冷戦時代のこのような社会状況によるところが大きかった。西側世界におけるロシア・東欧研究の発展は、冷戦体制下におけるソヴィエトロジー確立という戦略的意図が大いに働いていたが、ウクライナ研究の発展もこれと無関係ではなかった。すでに移民先で財を成していたウクライナ系移民からの潤沢な財政援助によって、ハーバード大学ウクライナ研究所、カナダのアルバータ大学ウクライナ研究所、ウクライナ文書館などが設立されていった。ここで行なわれた研究活動、学術出版、史料集の刊行が北米におけるウクライナ研究の礎となった。

さらにカナダでは、ウクライナ人の愛国心と文化保護への熱意は政治家をも動かした。１９７０年代、フランス語圏のケベック州で独立運動が高まる中、フランス系移民への和解策として採用された「英仏二言語主義」政策に対して、強い反対の意を唱えたのがウクライナ系カナダ人であった。「西部カナダの開拓者」を自任するウクライナ系カナダ人は、偏狭な「英仏二言語主義」ではなく「多文化主義」を強く求めたのである。

その結果、世界で初めて導入された多文化主義は、カナダに存在するすべてのエスニック・グループの文化遺産を尊重し、語学教育、多文化共存を実践することを国策として定めた。ウクライナ系コミュニティは、政府が進める英仏二言語教育に加えて、移民の継承語（母語）教育として、ウクライナ語・英語バイリンガル教育にどの移民集団よりも熱心に取り組んだ。今日、日本を含む世界の言語教育者が、カナダの多文化教育、バイリンガル・マルチリンガル教育を模範としているが、そこには、ウクライナ系移民が、長年にわたり努力してきたウクライナ語教育への熱い思いが込められているのである。

北米のウクライナ系の人々は、社会の様々な分野で活躍している。著名なウクライナ系カナダ人と言うと、国民的英雄にして史上最高のホッケー選手といわれるウェイン・グレツキー（1961〜）や、2015年に発足した自由党ジャスティン・トルドー内閣のフリーランド外務大臣もウクライナ系カナダ人の系譜に属する。2004年のオレンジ革命で時の人となったユーシチェンコ元大統領夫人のカテリーナ・チュマチェンコ（1961〜）は、ウクライナ系アメリカ人である。彼女の両親は、第二次世界大戦中、ナチスのソ連侵攻後、強制連行されたドイツで出会い、戦後DPとしてアメリカに移住した。

1991年、ソ連崩壊によって誕生したウクライナの独立を世界で最初に承認したのは、カナダであった。念願の独立を果たしたことで、在外ウクライナ人の思いとアイデンティティの模索も、ひと段落ついたかに見えた。しかし、その後2004年のオレンジ革命、2014年のマイダン革命、そしてクリミア危機の勃発など、ウクライナをめぐる情勢はいまだ非常に不安定である。祖国に平穏のまなざしを向けるのはまだ先のことになりそうだ。

（光吉淑江）

♯ウクライナ語のアルファベットについて♯

ウクライナ語は、ロシア語、ベラルーシ語、ブルガリア語などと同じく、アルファベットとしてキリル文字を使用していますが、その表記や発音には、ウクライナ語ならではの特徴があります。

以下は、ロシア語との比較におけるウクライナ語アルファベットのおもな特徴です。

①ロシア語にない字母 Ґ ґ ［ゲー］、І і ［イー］、Ї ї ［イィー］、Є є ［イェー］がある。
②ロシア語の字母 Ы ы ［ウィー］、Э э ［エー］、Ъ ъ（硬音符）、Ё ё ［ヨー］がない。
③ロシア語と同型だが発音が違う字母 Г г［ヘー］、Е е［エー］、И и［ウィー］がある。
④ロシア語と同型の字母 Й й［ヨット］は、ロシア語では「イー・クラートコエ」（「短いイー」の意）とも呼ばれる。機能は同じで、半母音字として基本的に母音字の前後に置かれるが、ウクライナ語では子音字の前に置かれることもある（例：чай ［チャイ：お茶］、йогурт ［ヨーフルト：ヨーグルト］、ймовірно (=імовірно) ［イモヴィールノ：おそらく］）。
⑤ 33 種類の字母とは別に、直前の子音と直後の母音を分けて発音させる際に ’（アポストロフィ）が用いられ、ロシア語における Ъ ъ（硬音符）の役割を果たす（例：здоров’я ［ズドローヴヤ：健康］）。また、アポストロフィは Ь ь（軟音符）をローマ字表記する際にも用いられる（例：ukrayins’ka mova (=українська мова)［ウクライィンスィカ・モーヴァ：ウクライナ語］）。

字母（大文字／小文字）	カタカナによる近似的呼称	ローマ字による表記	字母（大文字／小文字）	カタカナによる近似的呼称	ローマ字による表記
А а	アー	A a	Н н	エン	N n
Б б	ベー	B b	О о	オー	O o
В в	ヴェー	V(W) v(w)	П п	ペー	P p
Г г	ヘー	H(G) h(g)	Р р	エル	R r
Ґ ґ	ゲー	G g	С с	エス	S s
Д д	デー	D d	Т т	テー	T t
Е е	エー	E e	У у	ウー	U u
Є є	イェー	Ye(Je) ye(je)	Ф ф	エフ	F f
Ж ж	ジェー	Zh zh	Х х	ハー	Kh kh
З з	ゼー	Z z	Ц ц	ツェー	Ts ts
И и	ウィー	Y y	Ч ч	チェー	Ch ch
І і	イー	I i	Ш ш	シャー	Sh sh
Ї ї	イィー	Yi(Ji) yi(ji)	Щ щ	シチャー	Sch(Shch) sch(shch)
Й й	ヨット	Y(J) y(j)	Ь ь	（軟音符）	’
К к	カー	K k	Ю ю	ユー	Yu(Ju) yu(ju)
Л л	エル	L l	Я я	ヤー	Ya(Ja) ya(ja)
М м	エム	M m			

作成：原田義也

III

ウクライナの歴史

21

スキタイ

★黄金に魅せられた騎馬民族★

ウクライナの地は北部が森林で覆われている。中部は森林と草原が混じっている。南部は草原、いわゆるステップだ。ステップ地帯では森は少ないので、馬で速く、しかもどこまでも行くことができる。冬には川も厚く凍るので、大河でも馬で渡ることができる。こうしてウクライナのステップでは、古代から幾多の民族が騎馬で主に東から西へ、時には西から東へ駆け抜けた。他方、中・南部の草原はその気候上の特徴から黒土という きわめて富沃な腐食土が覆っており、肥料を施さなくとも作物が実ると言われてきた。ウクライナが後世「ヨーロッパのパン籠」と言われたのもそのお蔭であるが、古代からの穀倉地帯であった。スキタイ民族はそのような風土の中で栄えた。

スキタイ人は、匈奴などと並び、遥か北東アジアから中央アジアそして黒海沿岸まで続く草原地帯の騎馬民族の一つである。しかし同じ遊牧民族でも、スキタイ民族ほど後世に強烈な印象を与えた民族は少ないだろう。それは「歴史の父」と言われた古代ギリシャのヘロドトスがその著『歴史』の中でスキタイを極めて個性的に描き出したことと、ウクライナに残ったスキタイ人の古墳から出てきた黄金の副葬品があまりにも美しいことによる。

スキタイ人は自分自身文字を残さなかった。しかし、ヘロドトスの伝える彼らの神々の名前や今に残る地名を研究した結果、彼らがイラン系だったことが分かっている。ペルシャではスキタイのことを「サカ」と呼んでいた。中国の史書『漢書』に現れる「塞」（サイまたはソク）族もサカ・スキタイと同系統とされる。

スキタイ人は、紀元前7世紀後半にカスピ海東岸から黒海東北岸に現れ、先住のこれもイラン系と思われるキンメリア人を駆逐してその地の主となった。そしてクリミア半島から現在のウクライナの黒海沿岸そして内陸部まで広がった。

彼らは主として遊牧民であり、牛、ヒツジ、馬を主体としていた。移動には幌馬車のような車に家財道具を積み込んで牛や馬に引かせていた。

スキタイ人が草原地帯を席巻できたのは、その優れた騎馬と騎射の技術によるものであった。その衣装は、騎乗・騎射に便利なように、筒袖で短めの上着を着てベルトを締め、ズボンと長靴を履いていた。ズボンはスキタイ人の発明と言われている。騎馬技術の点では、轡《くつわ》を使用し、馬の背には座布団か枕を左右に振り分けたような軟らかい鞍を敷いてまたがった。騎射技術の点では、馬上ですぐ使えるよう短い湾曲した弓を使い、しかも背に背負うのではなくて、ゴリュトスと言われる弓と矢を一つに納めたケースを腰のベルトに吊るしていた。この機動性で他を圧倒していたのである。

スキタイ人はその勇敢さの点でも抜きん出ていた。ヘロドトスは自身黒海北岸のギリシャ植民都市にも住んだことがあり、実際にスキタイ人を知っていた。ヘロドトスによれば、彼らは最初に倒した敵の血を飲む。また戦闘で殺した敵兵は、ことごとくその首級を王の許へ持参する。そうしないと戦利品の分け前にあずかることができないからである。彼らは首級の頭皮を剝がし、一種の手巾《ハンカチ》を作ってそれを自分の馬勒《ばろく》（轡《くつわ》を固定するため、馬の頭につける革紐《ひも》）に架けて誇る。この手巾を一番多く持っている者が最大の勇士とみなされた。

紀元前6世紀、ペルシャのダレイオス大王がギリシャ攻撃の前哨戦も兼ねてスキタイの地に侵攻した。スキタイ人は正面からぶつかっては敵《かな》わないとして、焦土作戦をとり、撤退にあたり井戸や泉を埋め、作物を根絶やしにしていった。そしてペルシャ軍が奥地に深入りするとゲリラ戦法で彼らを悩ませ、ついにはペルシャ軍を撤退させた。これがスキタイの武名を一層とどろかせた。

スキタイの胸飾り

もう一つの点でスキタイが現代人に強烈な印象を与えるのは、彼らが古墳に残した武器、馬具、儀器、装飾品などの副葬品のすばらしさである。副葬品でとりわけ目立つのは、黄金と動物意匠への偏愛だ。動物意匠で特徴的なのは、ライオンや豹、グリフォン（ライオンと鷲《わし》を合体させた伝説上の生き物）など獰猛な肉食動物が他の動物を襲って食らいついているような一見残酷なものである。しかしそれが、筋肉の緊張を瞬間的にとらえた臨場感と躍動感は古代の作とは思えないほどである。その中でも最高傑作は、ドニプロペトロフスク州のトウスタ・モヒーラ古墳から発見された胸飾りである。これは幸運にも盗掘を免れた。純金製で約1キログラムあり、直径30センチほどのものであるが、その細工は精巧を極めている。これは、現在キエフにあるウクライナ歴史宝物博物館に所蔵されているが、世界の古代美術の最高傑作の一つだ。

この動物意匠が好まれたのは、やはりスキタイ人の尚武の精神と関係があるだろう。それら動物の強さが自分の身に乗り移ることを願ったと思われる。例えば、「リュトン」と呼ばれる角形の儀式用の酒器がある。上部の広口から酒を入れ、下部の尖った先にある流出口から注いで盃に受けた。リュトンには動物の形となっているものがあり、その動物の体内を通る酒を飲むことによってその動物の精気が乗り移ると考えられていたらしい。

スキタイ人がこのような精巧な工芸品を自ら作ったとは考えられていない。それはギリシャ人がスキタイ人の注文に応じて作ったものと考えられている。ギリシャ人は紀元前7世紀頃からボスフォラス海峡を越えて黒海沿岸にも植民をするようになり、現在のウクライナの地にも多くの植民都市ができた。ギリシャ本国では恒常的に食料が不足しており、豊かなスキタイの地はギリシャの「パン籠」となった。紀元前4世紀のアテネでは輸入穀物の半分が黒海沿岸から来たものであった。こうしてスキタイ人とギリシャ人との間には共生の関係が長く続いた。

紀元前5世紀前半には、クリミア半島西端のパンティカパイオン（現ケルチ）を中心にギリシャ人

クリミア・シンフェローポリにあるスキタイの遺跡「ネアポリス」(撮影：服部倫卓)

のボスポロス王国が成立し、ギリシャ本国から独立した。またクリミア半島西端のケルソネソスも栄えたが、そこには現在もその壮大なギリシャ建築群が残っている。紀元前63年には同王国はローマの支配下に入った。

長く栄えたスキタイも、一方ではギリシャとの接触で次第に尚武の精神を喪失していき、他方では新たなイラン系遊牧民族サルマタイ人の浸透で少しずつ土地を追われていった。ついには、クリミア半島に閉じ込められ、そこでボスポロス王国と争いながらも生き延びていたが、紀元3世紀半ばのゴート族のクリミア侵入により滅亡した。

(黒川祐次)

22

キエフ・ルーシとビザンツ帝国

★ウクライナの前史★

東西教会分離の兆候は、ルーシがローマではなくコンスタンティノープルからキリスト教を受容した988年にはすでに、明瞭に見えていた。キリスト教の教義は、三位一体を教義として定めたニカイア・コンスタンティノープル信条（381年）、イエス・キリストを完全なる神であり完全なる人であるとするカルケドン信経（451年）を経て確立されたが、東西両キリスト教会は、聖像破壊運動（イコノクラスム）をつうじて別々の道を歩むことになったからである。神と人間を峻別するイスラームの出現によってキリスト教につきつけられた課題は、人知に及び難いはずの神を画像に描くことは許されるのか、という根源的で苛烈なイスラームからの批判への対応であった。より東方に位置し、対イスラームの最前線に立ったビザンツ帝国は、聖画像の否定と肯定の間で激しく揺れ動くことになる。

ビザンツで最終的に聖像擁護派が勝利したとき、理論的支柱になったのはカルケドン信条であった。聖像擁護派の論客、ダマスクスのヨハンネスは、「不可視の神は像化できないが、キリストは神が人として現れたものであるゆえ像化できる」と聖画像崇敬を正当化したが、ギリシャ教会のこのイコン神学は、

年表

862	リューリクのルーシへの招聘
988	ウラジーミル聖公によるキリスト教正教への改宗
1015	ウラジーミルの死、スヴャトポルクによりボリスとグレープ暗殺
1019	ヤロスラフ賢公の即位
1051	ルーシ人で最初のキエフ府主教、イラリオンの登位
1054	ヤロスラフ賢公の死
1072	ルーシ最初の聖者、ボリスとグレープの列聖
1097	キエフ・ルーシ諸公、リュベチ会議で内争の終結を合意するが、実効性はなく、12 世紀前半にかけてキエフ・ルーシから北東ルーシ（ウラジーミル）へ権力の中心が移動する
1147	ユーリイ・ドルゴルーキーによるモスクワ建設
1164 〜 1168	アンドレイ・ボゴリュブスキーによるウラジーミル諸教会の造営
1169	アンドレイ・ボゴリュブスキーのキエフ遠征
1174	アンドレイ・ボゴリュブスキー暗殺
1223	カルカ川の戦い
1238	バトゥによる沿ヴォルガ遠征、ルーシの壊滅

西方教会に属するカロリング朝の神学者たちには正しく理解されなかった。つまり、コンスタンティノープルの東方教会は、カルケドン信条よりも一歩踏み込んだかたちで、キリストの人性を強調する立場を取った。ルーシは、イエス・キリストの人性を強調する（人だから描ける）ビザンツのキリスト教を受け入れることになったが、キリストにおける人性の強調という思潮は、12世紀キエフ・ルーシの宗教思想家、トゥーロフのキリルによって、さらに発展した。

キエフ・ルーシとビザンツはこうした文明的環境の中で交流した。キエフ・ルーシ最初の年代記『過ぎし年月の物語』は、両者の関係の変遷を次のように伝えている。

リューリクの招聘によるルーシの建国以来、指導者が変わるたびにキエフ・ルーシの支配者たちはコンスタンティノープルに略奪に出かけて行った。略奪の根底には、きらびやかな文明に対するキエフ・ルーシの側の羨望があったが、コンスタンティノープルの富に魅せられたルーシ人も略奪の中で学びを重ねていく一方、ビザンツ人も野蛮なルーシ人の意外な賢さに気付くようになった。自らをだまして毒殺しようとするビザンツ人の奸計を、ルーシの指導者オレーグは見破った。驚いたビザンツ人たちは、オレーグを聖デメトリオスの生まれ変わりであると信じた（907年）。ルーシの摂政オリガは、自分を妻にしたいと望むビザンツ皇帝の下心を見抜き、皇帝を代父としてキリスト教の洗礼を受けたうえで、娘と結婚するのは許されないと主張してその求婚を退けた。皇帝は、「見事に私を欺いたな、オリガよ」と笑ってオリガに贈り物をあたえたうえで帰した（955年）。

イーゴリとオリガ夫妻、その息子スヴャトスラフの時代に、その支配領域を飛躍的に拡大させたキエフ・ルーシは、多民族統治の基盤として宗教に注目した。キエフ・ルーシは何らかの一神教による領域の統合を必要としたが、この当時、そうした一神教として、フランクの西方キリスト教、ビザンツの東方キリスト教、ハザール帝国のユダヤ教、ヴォルガ・ブルガール族のイスラムが存在していた。彼らは次々とキエフ大公ウラジーミル（ヴォロディーミル）のもとへ改宗を勧誘する使節を送った（986年）。『過ぎし年月の物語』でも、東西両キリスト教会はあたかも別の宗教のごとく扱われている。

キエフ大公ウラジーミルは、それぞれの使節の言い分を十分に吟味したうえで、自らも調査団を組織してこの四つの一神教それぞれに派遣した（987年）。調査団によれば、コンスタンティノープルのキリスト教が最もすぐれていた。なぜなら、その宗教儀礼は美しく、儀式の間、彼らは自分たちが地上にいるのか、天上にいるのか分からなかったからである。一方、ヴァルダス・フォカスの乱で苦しむビザンツ皇帝、ヴァシレオス二世もウラジーミルの援兵を必要としており、妹アンナを蛮族であ

パントクラトール　キエフ　ソフィア大聖堂（出典：*Собор Святої Софії в Києві*: [Альбом]. К.: Мистецтво, 2001.）

るウラジーミルに妻としてあたえる代償を払って、ルーシにキリスト教への改宗を約束させた。

　ビザンツ帝国の統治者概念「アウトクラトール＝サモジェルジェッツ」も、キエフ・ルーシとビザンツ帝国の関係に微妙な影響をあたえた。アウトクラトールとは、ビザンツ史家の渡辺金一によれば、天上の唯一全能の神（パントクラトール）の、地上における代理者としての唯一の全能の皇帝（アウトクラトール）という統治者概念であり、ビザンツ皇帝を特徴付けている。アウトクラトール概念は、ローマ教皇という宗教的権威と、諸王、神聖ローマ皇帝という世俗権力の間の、言わば政教分離を実現させた西方世界と、ビザンツ世界を分ける本質的な相違点でもある。

　キエフ・ルーシが、キリスト教を国家統合の基本原理として採用していたことは、キエフ府主教イラリオンの説教において、ルーシをキリスト教化したウラジーミル大公が、最初のアウトクラトールと言うべきコンスタンティヌス大帝に準えられたことに表れている。しかしながら、類比はそこまでで、キエフ・ルーシにおいては、アウトクラトール概念はもっぱらビザンツ皇帝にたいして用いられ、自らの統治者キエフ大公に適用される事例は、一つの例外を除いて存在しなかった。

唯一の例外とは、12世紀後半のアンドレイ・ボゴリュプスキー公（「神に愛されたアンドレイ」の意、1111ころ〜74）である。アンドレイ公は、キエフから遠く離れた北東ルーシのウラジーミルに居を定め、数々の壮麗な教会（ウスペンスキー大聖堂、ドミートリイ聖堂、ポクロフ・ナ・ネルリ聖堂など）を建設してウラジーミルに首都の威容を調えた。1169年、キエフを攻め、略奪、占領したが、すぐに放棄し、北東ルーシに引き上げた。キエフ大公として君臨する意図はまったくなかったのである。これはキエフ・ルーシの終焉を告げるメルクマールと言える。

アンドレイは野望実現のために、ロストフ主教座の傀儡化を図った。自らの腹心である聖職者フェオドルをむりやりロストフ主教につけ、政教一致のビザンツ的統治体制を確立させようと画策したのである。当時の代表的な聖職者で偉大な説教者であったトゥーロフのキリルは、アンドレイとフェオドルを諷《ふう》する説教『人間の魂と肉体について』を書いて、この試みに絶対反対の立場を貫いた。最終的には、この試みは頓挫した。フェオドルはロストフ主教を追われたのち、舌を切られて言語を絶する苦しみのうちに息絶え、アンドレイ公は中央集権化を嫌う配下の貴族によって暗殺された。ビザンツ化の試みが失敗したのち、ルーシはなすすべもなくモンゴル勢力に席巻されることになる。

（三浦清美）

23

コサックとウクライナ

★ウクライナ独立を求める戦いの始まり★

「コサック」とはテュルク系の言語に語源を持ち、元々は「群れを離れた者」を意味し、組織化された正規の軍から離れて勝手に行動する「自由な戦士」たちのことであったという。最初に「コサック」と呼ばれたのは、語源となったテュルク・タタール系の民族であったが、15世紀終わり頃から現在のウクライナ出身と見られる民族の中にも「コサック」と言及される者たちが現れた。彼らはおおむね語源の通り、武力を基盤として生活を営む自由な戦士たちのことであった。

ウクライナ系コサック出現の背景としては、13世紀、ウクライナがその支配下に置かれることとなったキプチャク・ハン国（タタール）との関係が重要である。彼らの支配の主たる目的は徴税と徴兵であったが、まず第一点として、この徴兵制度を通じてウクライナにはタタール流の戦術に通じた戦士が少なからず帰還していたという背景がある。1363年、ウクライナを支配下に置いたリトアニア大公国は、キプチャク・ハン国衰退後に興ったクリミア・ハン国とは同盟関係にあったが、1475年に同国がオスマン帝国の属国になると関係は一変し、彼らはキエフやその周辺、すなわちウクライナに毎年のように来襲

第23章
コサックとウクライナ

し人々や家畜を連れ去った。これが第二点目の背景である。このタタールの襲撃に抗戦するため、ウクライナの大貴族は臣下のほか、ウクライナの農民、都市民、聖職者、周辺諸国から傭兵も動員して軍隊を組織したが、その動員対象のカテゴリーの一つとして「コサック」の名称が出てくるのである。同時に、大貴族によって組織された軍隊に参加するという形ではなく、来歴不祥の人物をリーダーとしたコサック軍の動きも見られるようになる。これらの傭兵のような役割を果たした集団と自主独立した軍事集団とが、ウクライナ系コサックの始まりである。

彼らはウクライナを襲撃したタタール軍を撃退するだけでなく、自らタタール・オスマン領を襲撃し、連れ去られたスラヴ人奴隷を解放し、略奪品を持ち帰るようになる。とりわけ、自主独立した軍事集団としてのコサックの成長はめざましく、彼らはウクライナとタタール・オスマン領の国境地帯をなすドニプロ川下流域に「シーチ」と呼ばれる本営を築き、遠征のための突撃基地、そしてドニプロ川や黒海での漁業や周辺のステップ地帯での狩猟のための拠点とした。漁業や狩猟はコサックたちが自ら消費するためだけではなく、ウクライナに持ち帰って売るためにも行なわれ、ウクライナの経済にとっても重要な意味を持っていた。最も一般的な商品は干し魚であったが、当時から貴族に珍重されていたチョウザメの卵キャビアや、ビーバーやリスの毛皮などの高価な商品、加えてタタール・オスマン領やこの地を通る使節団や商人キャラバンを襲撃して奪った金品などを持ち帰るコサックは、経済的に比較的富裕でもあり、ウクライナの住民たちにある種の羨望をもって見られていたようである。また、戦士の常として荒々しく、武器も携行するその姿はときに恐怖の対象であるものの、タタール・オスマンの襲撃からウクライナを守ってくれる軍事力として頼らざるを得ない背景もあり、ウクライナ社会の中で経済的・社会的影響力を持つ存在だったようである。

ちなみに、ドン川流域にもモスクワ（ロシア）からの逃亡者によってコサック集団（ドン・コサック）が16世紀末頃から形成されたが、彼らは完全なる逃亡者であり故郷との関係は断たれていたという。それに対して、ウクライナのコサックが故郷との関係を密に保っていたことは、ドン・コサックと異なる特筆すべき特徴であり、それがその後のウクライナのコサックおよびウクライナの歴史に大きな影響を及ぼすことになる。

さてシーチは、ドニプロ川のいくつもの激しい早瀬を越えた先の下流域に建設されたため、この自主独立したコサック集団は、ザポロージジエ（『早瀬の向こう側』の意味、現在のザポリッジャ）・コサックあるいは下流コサックなどと呼ばれた。シーチでは身分的な出自についての差別はなく、貴族も農民も商人も、そして聖職者も、シーチに来れば一人のコサックとして扱われたという。シーチのリーダーである「オタマン」の選出をはじめ、略奪遠征の計画、略奪品の分配、漁業・狩猟区画の割り当てなど様々な決定が行なわれた集会「ラーダ」には、コサック全員が参加することができ、19世紀から20世紀初頭のナショナリズム高揚期の歴史家たちの多くはそれを民主的な社会と表現した。

シーチは、16世紀後半には、遠征も漁業・狩猟もオフシーズンとなる冬季には数名の見張りだけを残し、他は故郷へ帰るという程度の規模であったが、16世紀末にはオスマン・タタール領への遠征時には数千人のコサックを動員、収容できるまでの規模に拡大していた。同時に軍事力の上でも強大化し、当時のヨーロッパを震撼させたオスマン帝国に対して成功裡に遠征を繰り返すザポロージジエ・コサックに周辺諸国が注目しないわけがなかった。折しも、ヨーロッパ諸国では傭兵全盛の時代である。

ザポロージエ・コサックの元にはハプスブルク家やバチカン、モスクワ（ロシア）などから傭兵を募る使節が訪れることもあり、ヨーロッパ諸国で傭兵として勤務していたことが知られている。

しかしウクライナにおけるコサックの軍事的影響力は、傭兵という範疇の中にとどまるものではなかった。ポーランドによる支配の時代に導入された「登録コサック」制度は、ウクライナ社会の中で特権階級として振舞う経験をコサックに与え、対オスマン帝国戦において数々の戦功を残した名高いコサックの指導者ペトロ・サハイダーチヌイは、「正教の守護者」という位置付けをコサックに与えた。そしてカトリック国ポーランドと正教のウクライナという当時における対立の構図の中で正教徒の聖職者や貴族らの間でウクライナ民族意識が覚醒していく過程で、ポーランド化したカトリック貴族にとって代る「身分」としてのコサックが正教徒の貴族とともに支配者層として君臨する「国家」をウクライナに建設しようというプランが生じた。そしてそれは、「ヘトマンシチナ」（正式名称は「ザポロージエ・コサック軍」）と呼ばれる、コサックのリーダー「ヘトマン」を首長とするコサック軍の制度に基づい

ペトロ・サハイダーチヌイ（版画、1622年）

た国家の建設によって現実のものとなった（1654年）。コサックの軍事力は、ウクライナ民族の国家建設という政治的影響力にまで及んだのである。

ウクライナのコサックは、ザポロージエを活動の拠点としつつもウクライナ社会と不可分な関係の中で成長し、ウクライナ社会の中でその民族意識の覚醒や国家建設について先導的役割の一部を担うに至り、ついにはウクライナの地にウクライナ民族の国家「ヘトマンシチナ」が建設された。その一方で、ザポロージエのシーチはヘトマンシチナ成立後も従来通りの略奪や傭兵としての勤務などを続ける、勝手気ままなコサック集団社会として存続し、両者の関係や政治的方向性の乖離は明白になっていった。つまりヘトマンシチナは、ザポロージエのコサック集団が国家化されたものではなく、ウクライナ、すなわちポーランドにおけるルーシに由来する正教徒地域が、その一部ではあるがコサックの下に国家として統合されたものということである。その事実はウクライナ史におけるコサックの役割を考える上で一つの重要なヒントとなるだろう。

（栗原典子）

コラム2

コサックの伝統・文化
——ウクライナ人はコサックの一族？

栗原典子

どの国民も、自分たちの国や国民像について何らかの歴史的シンボルを持っているものである。例えば日本の場合、サッカー男子日本代表「サムライブルー」、野球男子日本代表「侍ジャパン」の愛称が示す通り、そのシンボルの一つは侍、すなわち武士の伝統、文化であり、その姿なのであろう。

ウクライナの場合、そのシンボルの一つはコサックと言えるだろう。日本人が全て武士にルーツを持っているわけではないのと同様、ウクライナ人もまた全員がコサックだったわけではない。ウクライナにも、コサックの他に農民がいて、商人や職人がいて、聖職者がいて、貴族がいた。また、イメージの中で描かれるコサックは、おおむね陽気で豪快で、お酒や音楽、踊りを好み、コサック以外のウクライナ住民と仲良く暮らす、強くて優しい姿である。だが一方で、実際にはウクライナを常に戦乱にさらし、時にはウクライナの一般住民に対してすら横暴もはたらく恐怖の対象だったという史実もある。しかしながらそれも、日本の武士もまた庶民にとっては畏怖、恐怖の対象でもあったという面から考えれば、ウクライナでコサックがその歴史的シンボルとみなされていることになんら不思議はない。

ウクライナがコサックをそのシンボルとして重要視していることは、ウクライナ国歌「ウクライナ未だ死なず」の歌詞の中に「我らはコサックの一族」と謳われていることに容易に見て取れる。また、現在ウクライナで発行されている9種の紙幣のうち、2種はウクライナ・コサックの指導者の肖像が描かれている（5グリブナ：ボフダン・フメリニツキー、10グリブナ：イヴァン・マゼーパ)。そしてウクライナ全土には数多くのコサック像や記念碑が建てられ、通りの名称にもコサックの名前を冠したものが多数ある。「フメリニツキー通り」は、おそらくどの都市にもあるのではないだろうか。

こういった国家によるシンボル化の動きだけでなく、スーパーマーケットを覗けば、コサックの肖像画やイラスト化されたコサックをイメージ・キャラクターとしたスナック菓子や冷凍食品、ホリルカ(ウクライナの蒸留酒)などの商品が並び、街角やバスの車体広告、テレビのコマーシャルや番組の司会にもコサックのキャラクターやコサックの装束を着た人物が多数起用されている。ウクライナを訪れれば、Tシャツ、マグカップ、チェス、人形などコサックをモチーフとしたウクライナ土産の多さに驚くことだろう。

また、日本では弓道や剣道、居合い切りなどといった形で、武士の武芸文化の伝統が残され

ウクライナ国立アカデミー・コサック歌唱・舞踊アンサンブルのステージ(撮影:服部倫卓)

ているが、ウクライナ・コサックの場合、「ホパーク」という、いわゆるコサック・ダンスがそれである。ホパークはウクライナの民族舞踊の一つにも数えられるが、実はコサックの軍事鍛錬がもとになっているという。近年では、舞踊とは別にスポーツ、武道としてのホパーク競技も生まれ、これを専門に教える教室もあるらしい。

このようにコサックはウクライナの歴史的シンボルの一つとして国民の中に根付いている。ウクライナ・コサックの、そしてウクライナの歴史は、18世紀末、ロシア帝国によるウクライナ完全併合に伴い、一端途切れている。そして軍事力としてのコサックの喪失は、ロシアに対する政治的闘争の原動力の喪失も意味し、ロシアへの同化政策の中でウクライナの民族性の維持は危機に立たされた。だが民族性発現のための文化的運動が活発化する中でコサックの歴史の集成が行なわれ、コサックによる国家「ヘトマンシチナ」の歴史はウクライナによる国家再建の主張の歴史的根拠ともされた。その他、コサックに関するフォークロアの収集、文学作品や絵画の創作等も行なわれ、コサックのイメージは民衆の中にも浸透し、ウクライナの国家再建のシンボルとして、ウクライナの歴史的シンボルの一つとして受けとめられてきたのである。

24

リトアニア・ポーランドによる支配

★大国の狭間における自主の萌芽★

キエフ・ルーシ公国が衰退した後、ウクライナは、東はモンゴル帝国、西は主にリトアニアとポーランド、そしてカルパチアを征服したハンガリー、さらに北ブコヴィナを占領したモルダヴィアなどに支配されていた。この中でリトアニアは特に強力な新興国であった。

バルト海からドニプロ川までの広大な地域を支配したリトアニア大公国は、14世紀後半にモンゴル軍を破ったあと、東スラヴ地域に積極的に進出していった。その広大な領土の大半はかつてのキエフ・ルーシ公国と重なった。ヨーロッパ最大の国家の一つなったリトアニアだが、支配下に置いたルーシ地方の法律、正教会、社会制度を侵犯することなく、むしろルーシの制度と文化を自らのものにしていった。現地語化した教会スラヴ語が、リトアニアの国家語の役割を果たした。キエフ・ルーシ時代からの貴族は、リトアニア貴族と婚姻関係を結ぶことで、リトアニアの貴族となり大土地所有者としての地位を維持した。

しかし王位継承や、東方進出を図るドイツ騎士団との対立などに端を発し、リトアニアとポーランドが急接近していく。1385年、リトアニア大公はカトリック教会に改宗して、ルテニア（今日のウクライナ・ベラルーシ領に当たる西ルーシ）を含むリトアニア領土はポーランドの支配下に入った（クレヴォの合同）。1569年、リトアニアとポーランドの結合はさらに強化され、ウクライナ地方のヴォルイニ、ポジッリヤ、キエフなどはポーランドの直轄に移った（ルブリンの合同）。

合併したポーランド・リトアニア共和国は、複雑な社会構造の複合多民族国家であった。ポーランド国王や貴族が所有する都市が発展し、ドイツ人、ポーランド人、ユダヤ人の移住は奨励されたが、正教徒のウクライナ人は、婚姻等を通じてポーランド・カトリック社会に同化しないのであれば、社会経済的に排除される傾向にあった。

16世紀、西ヨーロッパの人口増加を受けて穀物需要が高まると、ポーランドは「ヨーロッパのパン籠」の役割を担うようになった。ポーランド貴族は、穀物貿易によって利益を得るため、特権化した政治的立場を利用して再版農奴制と領主直営農場を導入した。農民階級の大半を占めていたウクライナ人は移動の自由を失い、農奴化していった。さらに、ポーランド人不在地主に代わって領地を管理したユダヤ人と、その管理下のウクライナ農民との社会的、宗教的関係も緊張していった。

西ヨーロッパに吹き荒れた宗教改革の嵐も、ウクライナに少なからぬ影響を及ぼした。ポーランドのカトリック教会が大規模な反宗教改革に着手したからである。1596年、カトリック教会の反宗教改革の圧力と、正教会の内紛によって、ルテニアの正教会の一部がローマ・カトリック教会との合同声明に署名した（ブレストの合同）。正教会のビザンチン典礼を保持しつつも、ローマ法王の宗主権を受け入れるウクライナ・カトリック教会（ユニエイト教会、合同教会）の誕生である。後に西ウクライナ地方の民族アイデンティティ、民族運動の拠りどころとして機能するようになるウクライナ・カト

リヴィウの聖ユーリ教会

リック教会だが、発足当初、正教徒の多くは教会合同に反対していた。教会スラヴ語で聖書を刊行したヴォルイニのオストリヒ・アカデミーや、キエフのモヒラ・アカデミーは、カトリック教会に対して正教会の宗教的権限を擁護する抵抗活動でもあった。

ポーランドに対する農民の経済的不満、カトリック教会に対する正教会の反発が強まる中、このような不満を吸い上げていったのが「コサック」と呼ばれる軍事集団であった。

コサックとは、もともとはポーランドの支配から逃れた農民や下層貴族からなる集団で、ステップ地帯から黒海北岸で集団社会を形成し始め、テュルク系タタール人の襲撃と対峙する中で独特の軍事共同体を築いていった。ポーランド政府は、自由な民であるコサックをポーランド軍の一部として登録して、ロシアやトルコとの戦争に利用していた。しかし、人員や影響力を増加させて強力な軍事集団に成長したコサックは、時にポーランドに対して反乱を起こすこともあった。その過程でコサックは、ポーランドに対する社会的、経済的、宗教的不満を持つウクライナ農民と正教会の守護者としての権威を備えていった。

その最大の反乱が、１６４８年のボフダン・フメリニツキーの乱である。小競り合いから始まった反乱は、瞬く間にドニプロ・ウクライナ（現ウクライナ中東部）まで拡大し、社会的、政治的、宗教的大義を持つ大規模反乱に成長し、各地でポーランド軍に対する勝利を収めた。有能な軍人であったフメリニツキーは政治家、偉大な民族的指導者になっていった。ポーランド支配に対するコサックの抵抗として始まった反乱は、地主に対する農民反乱となり、またカトリック、ユニエイト、ユダヤ教会に対する正教徒の宗教戦争の様相を呈していった。特にユダヤ人はフメリニツキーの乱の最大の被害者であった。ポーランド貴族とウクライナ農民の狭間に立つユダヤ人は、農民搾取の手先とみなされ、最大約10万人が犠牲になったと推定されている。

1649年に休戦が成立し、ポーランド・リトアニア共和国のウクライナ地方三州はフメリニツキーの支配下に置かれた。これはヘトマン国家（ヘトマンシチナ）と呼ばれる独自の軍隊と外交を備えた事実上のウクライナ政府、コサックの自治国家の誕生であった。ポーランドの支配は排除され、農民は自由を回復した。

ヘトマン国家は、近代的な意味での国家ではなかったし、その構成員も、ウクライナ人としての民族アイデンティティを備えていたとは言い難い。それでもフメリニツキー反乱は、大きな社会的、文化的変革をもたらし、後のウクライナ民族闘争、国家建設の先駆となるものを提供したと高く評価されている。

しかし、ヘトマン国家の平安は長続きしなかった。ポーランドとの戦争が長期化する中、新たな協力相手を模索するフメリニツキーは、モスクワ大公国との同盟に踏み切った。1654年、コサックの自治を認めつつもロシア帝国のツァーリ宗主権を認めたペレヤスラフ協定は、ウクライナとロシアの「永遠の友好」の原点として帝政ロシアとソ連時代を通じて肯定的に評価されてきた。しかしウクライナ側では、二国間の軍事同盟がロシアによるウクライナ併合の第一歩として利用された、と否定的に解釈されている。

ウクライナをめぐる近隣国家の軍事的駆け引きは長期化し、1667年、ポーランドとロシアはヘトマン国家の領域を分割することで合意した。アンドルソヴォ講和によってポーランドはドニプロ右岸地域を、ロシアはドニプロ左岸地域とキエフを獲得した。ポーランド領内のヘトマン制度は間もなく廃止された。ロシア統治下のヘトマン国家は独立を守ろうとしたが、少しずつロシア政府によって自治権を制限されていった。ロシアへの事実上最後の抵抗を試みたのが、ヘトマン・イヴァン・マゼーパ（マゼパ、マゼッパとも）であった。マゼーパは、北方戦争でスウェーデン王カール十二世と同盟して、ピョートル大帝率いるロシアに戦いを挑んだが、ポルターヴァの会戦で敗退した。その後コサックの自治権はさらに制限されていった。

ロシア政府は、コサックの上層部と下層民衆の緊張関係を巧みに利用し、ちょうどルーシの貴族がポーランドに同化していったように、コサック将校をロシア帝国の階級制度に取り込んでいった。18世紀末、エカテリーナ二世は、農民の移動の自由を禁止して、事実上の農奴にし、コサック将校にはロシア貴族と同様の特権を与えた。ヘトマン国家の正教会はモスクワの総主教に合同し、ウクライナ出身の聖職者はロシア正教会で高位に就くようになった。こうして、コサック制度とヘトマン国家の社会構造は消滅した。しかしながら、コサックの記憶は、地元貴族の間で生き続け、19世紀半ばになると、ロシア帝国下で成長するウクライナ民族運動において蘇ることになる。

（光吉淑江）

25

ロシア帝国下のウクライナ

★「小ロシア人」から「ウクライナ人」へ★

19世紀、ウクライナ人の居住地域のほとんどは、ロシア帝国かハプスブルク帝国の支配下にあった。18世紀末までポーランド王国下にあったハリチナー（ガリツィア）地方は、ポーランド分割によってハプスブルク領になり、右岸ウクライナはロシア帝国に編入された。ウクライナ人とルーマニア人が拮抗していた北ブコヴィナは、トルコからハプスブルクに譲渡された。さらに、ハンガリー王家の支配下にあったザカルパッチャ地方も、オーストリア＝ハンガリー二重帝国の成立によってハプスブルクの間接統治に入った。

20世紀初めに約２６００万人と言われる（ロシア帝国側に２２４０万人、ハプスブルク帝国に３８０万人）ウクライナ人は、ヨーロッパ最大の民族少数派の一つで、ロシア人に次いで二番目に多いスラヴ人であった。と同時に、ウクライナ人であるということは、基本的に農民であることを意味していた。ロシア帝国でも、ハプスブルク帝国でもウクライナ語を話す人々の約九割が農民だったからだ。

ロシア、ハプスブルク両帝国下のウクライナ人は、当時「小ロシア人」「ルテニア人」と呼ばれており、彼らの歴史的経験は著しく異なり、その違いは今日に至るまでウクライナ社会の多様性、東西分断の根源として議論される。しかしながら、支配帝国の違いを乗り越えて、「ウクライナ人」という一つのアイデンティティが生まれたのも、この時代であった。

ロシア帝国におけるウクライナ人の民族運動は、文化や言語を共有する「民族」という概念に基づいて活動した知識人によって始まった。ロマン主義の影響を受けた文学者や歴史家は、過去の民間伝承や歌謡、コサックの栄光を探求して、それを文学、詩歌、史書、絵画、音楽で表現することでウクライナ人意識を訴えた。イヴァン・コトリャレフスキー（1769～1838）の『エネイーダ』は、滅亡したコサック国家を再建する物語で、近代ウクライナ文学の幕開けとなった。この文化運動は、詩人タラス・シェフチェンコ（1814～61）の登場によって頂点に達した。ロシア帝国への敵意とウクライナへの愛情に溢れる詩を歌い上げたシェフチェンコは、ウクライナの国民詩人であった。シェフチェンコは、歴史家ミコーラ・コストマーロフ（1817～85）や、作家パンテレイモン・クリーシ（1819～97）らと近代ウクライナ史上最初の政治結社であるキリル・メトディ（キリロ・メフォーディ）団を結成した。彼らは農奴制廃止と、ロシア帝国をスラヴ諸民族の平等で民主的な連邦へ編成することを訴え、ウクライナ政治思想の基礎を築いた。しかし瞬く間にメトディ団は逮捕され、シェフチェンコは中央アジアで十年間の流刑生活を送らねばならなかったのである。

19世紀後半、ロシア帝国全体が改革の気運に包まれていた頃、ウクライナの運動も新たな段階に入った。この時の運動を担ったのはキエフの「フロマーダ（共同体）」であった。旧メトディ団のメンバーが集ったフロマーダは、農民への啓蒙活動を開始した。作曲家ミコーラ・ルイセンコ（1842～1912）

表１　ロシア帝国下ウクライナにおける民族別人口（1897年）

民族名	人数	%
ウクライナ人	**17,040,000**	**71.5**
ロシア人	2,970,000	12.4
ユダヤ人	2,030,000	8.5
ドイツ人	502,000	2.1
ポーランド人	406,000	1.7
ベラルーシ人	222,000	0.9
タタール人	222,000	0.9
ルーマニア人	187,000	0.8
ギリシャ人	80,000	0.3
ブルガリア人	68,000	0.3
チェコ人	37,000	0.2
その他	71,000	0.3
計	23,833,000	100.0

表２　ロシア帝国下ウクライナ都市部の民族別住民数（1897年）

民族名	数	%
ロシア人	1,050,000	34.0
ウクライナ人	**937,000**	**30.3**
ユダヤ人	830,000	27.0
その他	268,000	8.6

出　典：P.R. Magosci, *A History of Ukraine*, Tronto, 1996.

はウクライナ各地の民俗歌謡を収集してウクライナ語オペラを制作した。彼らが特に力をいれたのは農民への教育活動であった。日曜学校で農民にウクライナ語を教え、ウクライナ語の唄を歌い、コサックの歴史を教えることでウクライナ人としての自覚を高めようとしたのである。

しかし、ウクライナ人の民族意識の高まりに警戒心を募らせたロシア政府は様々な制約を加え始めた。１８６３年、ロシア帝国政府はウクライナ語出版の禁止令を発布して、ウクライナ人がロシア語以外の言葉で教育を受けるのを禁止した。この法令は１８７６年に「エムス法」として強化され、あらゆる分野でのウクライナ語出版が禁じられた。ロシア帝国では、ウクライナ語の出版活動は事実上、１９１７年のロシア革命まで不可能になったのである。ロシアでの活動を制約された知識人の多くが、比較的リベラルな政治風土を謳歌していたハプスブルク帝国下の西ウクライナに活動の場を移していった。

東西それぞれの帝国によって分断されていた「小ロシア人」と「ルテニア人」が、一つの「ウクライナ人」というアイデンティティを形成することができたのは、言語と宗教、慣習を同じくする人々の集団を「ウクライナ人」という近代民族として認識し、それを国境を越えて普及しようと努めた東西知識人の交流によるところが大きかった。ポルターヴァ地方出身の思想家ミハイロ・ドラホマーノフ（1841〜95）は、亡命先のスイスからハリチナーのウクライナ語雑誌に投稿し、リヴィウ大学のウクライナ人学生に影響を及ぼした。その一人、リヴィウの作家イヴァン・フランコ（1856〜1916）は、労働ストライキの指導をするなどハリチナーの政治運動の中心人物となっていく。1894年、キエフのミハイロ・フルシェフスキー（1866〜1934）が、リヴィウ大学で初めてウクライナ史講座を任されると、リヴィウにおけるウクライナ史研究やウクライナ語出版は活況を呈していった。フルシェフスキーは、それまでロシア史の一部として扱われていたコサックやキエフ・ルーシの歴史は、ウクライナの歴史であり、ウクライナ史とロシア史は別個のものだと主張した。

さらに、コサックの歴史が東西に分断されていたウクライナの人々を一つにする役割を果たしたことにも注目すべきであろう。ロシア帝国下のウクライナ知識人は、消滅したヘトマン国家への関心を呼び起こし、ウクライナの過去の栄光を象徴する存在として理想化した。シェフチェンコはコサックを称え、それを、本来コサック制度が存在しなかった西ウクライナの人々に伝えた。コサックは、西ウクライナでもウクライナ人のアイデンティティ構成要素になっていったのである。シェフチェンコ自らがハリチナーを訪れたことはなかったが、彼は東西のウクライナ人すべてにとって「ウクライナ」を代表する詩人、精神的支柱になっていった。

しかしながら、ロシア帝国下のウクライナ人は、ウクライナ・アイデンティティを育みながらも、ロシアとの強い歴史的絆を放棄することはなかった。ウクライナ民族主義の泰斗と言われるドラホマーノフは、ウクライナ語とロシア語両方で執筆を行ない、その主張はウクライナ民族主義であると同時に民主的社会の確立、社会革命を求めるものであった。コストマーロフやクリーシらロシア帝国下の知識人はロシアとの決別姿勢は唱えず、スラヴ全体、ロシア全体の枠組みにおいてウクライナの特質を強調するという理論展開を行なっていた。

世紀転換期、ロシア帝国下のウクライナ人による初の政党が登場したが、大衆の支持基盤を確立するには至らなかった。主な理由は、エムス法によるウクライナ運動への徹底した抑圧政策にあったと言えよう。ほぼ自由な文化活動が享受されていたハプスブルク帝国下のウクライナ人の状況と比べると、ロシア帝国のウクライナ農民は、自分たちがロシアともポーランドとも異なる言語や宗教、習慣を持つ存在であるという認識はあったものの、それを「ウクライナ人」という近代民族として強く認識する段階には達していなかったのである。

ウクライナ人意識の浸透を阻んだもう一つの要因は、ロシア帝国のウクライナで、特に労働者の間でロシア化が進行していたことである。19世紀後半、ウクライナ南部では工業化が進展し、ドンバス、クリヴイリフ（クリヴォイログ）では炭鉱や冶金産業が成長していた。そこではロシア語文化に同化した労働者階級が誕生し、彼らはロシア政党に参加し、大規模ストライキの組織化にいち早く成功していた。

専制君主制と抑圧を特徴とする帝政ロシアと、議会政治の伝統を持つハプスブルク帝国という異なる体制下に置かれた東西のウクライナ人の違いは、第一次世界大戦、第二次世界大戦、ソ連時代から独立後に至るまで、ウクライナ社会に大きな爪痕を残す。この違いは、時にウクライナ社会の多様性を語り、時に国民統合の困難さ、分断する社会の根源として指摘され続けている。

（光吉淑江）

26

ハプスブルク帝国下のウクライナ

★多民族国家の縮図ガリツィア★

今日のウクライナで、かつてハプスブルク家の支配下にあった地域は、ウクライナ西部である。こう聞くと、意外に思われるかもしれない。ハプスブルク帝国と言えば、オーストリアである。旧ソ連のウクライナとはたして何の関わりがあるのだろうか。

しかし、ヨーロッパの歴史に詳しい読者であれば、かつてオーストリア＝ハンガリー帝国が中欧の大国であったことは、よくご存じであろう。ウクライナの一部がハプスブルク家の版図に入ったのは、1772年の第一次ポーランド分割の結果、ウクライナ人が多数住むポーランド南部がハプスブルク領となったためである。オーストリアのウクライナ人は「ルテニア人」と呼ばれ、ロシア帝国側の「小ロシア人」とは区別されていたが、どちらも今日言うところのウクライナ人である。

このときオーストリアに編入された地方は正式には「ガリツィアおよびロドメリア王国」と呼ばれたが、「ハーリチ地方」を意味する「ガリツィア」（ハリチナー）に加えて、「ロドメリア」というのは、実は、ヴォロディーミル公国というかつてのルーシの公国に由来する名称で、そのほとんどの地域は実際には当時ロシア帝国領内のヴォルイニ地方にあった。したがって、このときオーストリアに付け加わった地域は、通常は単に「ガリツィア州（Kronland Galizien）」と呼ばれることが多い。1849年には、チェルニフツィを中心とする南部のブコヴィナ地方（ルーマニア系住人が多い）がガリツィア州から切り離され、ブコヴィナ州（ブコヴィナ公国）という別個の行政単位となった。また、ウクライナ人の居住するカルパチア（カルパート）山脈より西側の地域（今日のザカルパッチャ地方）は、ハンガリーのいくつかの県に組み入れられた。

ガリツィア州内ではクラクフを中心とする西部（現ポーランド領）にはポーランド人が多く、リヴィウを中心とする東部（現ウクライナ領）にウクライナ人が多かった。しかし、これは非常に単純化した言い方であって、ガリツィア内での民族構成は実に複雑であった。

まず、農民だけに注目すれば、確かに西部はポーランド人が多数、東部はウクライナ人が多数の地域であったと言える。しかし、東部でも都市の住民はポーランド人が多数派で、ガリツィア全体の支配層はポーランド人貴族（シュラフタ）であった。都市の住民にはまた、ドイツ人や、ユダヤ人、さらにはアルメニア人もいた。都市の外にはウクライナ人農民の世界が広がっていて、ウクライナ文化の海の中に、孤島のように都市が点在し、ポーランド文化、ドイツ文化、ユダヤ文化が並行して存在していたわけだ。さらにブコヴィナも含めて考えるならば、ルーマニア系の人々の文化もあった。

多民族国家ハプスブルク帝国の民族統計は、言語によって民族を規定していた。したがって、ドイツ人というのは日常的にドイツ語を使用する人という定義だったので、いわゆるドイツ語圏のオーストリア人が統計上「ドイツ人」に分類されたのは当然として、ドイツ語を日常語とさえしていれば、チェコ系でも、ユダヤ系でもドイツ人と見なされた（イディッシュ語はドイツ語と見なされたので、民族としての「ユダヤ人」というカテゴリーは、統計上存在しなかった)。マゾヒズムで有名なドイツ人作家レオポルト・フォン・ザッハー・マゾッホ(1836～95)はリヴィウの生まれで、母親はウクライナ人だったが、ドイツ人とされるその父親は、実はチェコ系であった。マゾッホの父はリヴィウの警察署長であったが、ガリツィアの「ドイツ人」の多くは官吏で、ドイツ化したチェコ人が多かった。

リヴィウのような大きな都市ではポーランド人が多かったが、小さな町の場合はユダヤ人が半数以上を占める場合もしばしばであった。そうした町をイディッシュ語で「シュテットル(shtetl)」と呼ぶ。シュテットルではユダヤ伝統文化の世界が繰り広げられていた。ホロコーストによって消え去った世界である。

複雑な多民族構成のガリツィアではあったが、その中で最も重要なのは、ウクライナ人とポーランド人の関係であった。

かつては黒海からバルト海までを支配していたポーランド・リトアニア共和国(以下ポーランド)も、17世紀中葉から次第に衰えていった。トルコによる第二次ウィーン包囲(1683)の際に、ウィーン防衛戦で大活躍したポーランド王ヤン三世ソビエスキ(1629～96、在位1674～96)の統治下で一時盛り返しはしたが、18世紀には戦乱が相次ぎ、ついには三度にわたるポーランド分割により消滅した。その後、ナポレオン戦争の時代には「ワルシャワ公国」が、また、ウィーン会議後にはごく小さな「クラクフ共和国」が短い期間存在していたが、1830年のポーランド蜂起(11月蜂起)失敗後には、結局クラクフ共和国もオーストリアに編入されてしまい、ポーランド国家は地図から完全に姿を消した。19世紀を通じて、ポーランド人は民族国家の回復を目指してたびたび蜂起したが、その悲願が達成されるのは、ようやく第一次世界大戦後のことである。

ガリツィア東部は都市を除けば基本的にウクライナ人の居住地域であったが、支配層はポーランド人（もともとはウクライナの貴族であったのに、言語的・文化的にポーランドに同化していった者たちも含まれる）であった。これはどういう事態を生んだか。

オーストリアの支配は、まず、マリア・テレジアとその子ヨーゼフ二世（1741～90、神聖ローマ帝国皇帝としての在位1765～90）の啓蒙君主的政策以降、ガリツィアにも一定の改革をもたらした。1772年からヨーゼフ二世が逝去する1790年までに実施され、ウクライナ人に益をもたらした政策としては、例えば、賦役（ポーランド時代には過酷なものであった）の軽減、耕していた小土地の所有、領主の同意なしに結婚できる権利などが挙げられる。ガリツィアのウクライナ人の状況は、全般的に、ロシア帝国領内のウクライナ人の状況よりもずっとよかったと言われる。しかし、多民族国家を維持していかねばならないオーストリア帝国にとっては、その地方の伝統的支配者層たるポーランド貴族との宥和を旨とするのは、当然の成り行きであり、シュラフタの支配は温存された。そして、シュラフタは、自分たちの支配を維持するために、徹底的にウクライナ人を押さえつける政策を取った。州政府はポーランド・シュラフタが掌握していて、特に州の教育制度において、ウクライナ人には高い教育を受けさせないように、様々な障壁を設けた。

ウクライナ人は教育を受けていない農民ばかりだったので、当初は政治的勢力としてウィーンの中央政府に認知されていなかったが、19世紀後半には、障壁を乗り越えて、高い教育を受ける者が現れ始めた。例えば、現在でもウクライナの国民的作家として敬慕されているイヴァン・フランコ（18

リヴィウ大学。オーストリア帝国時代にはガリツィア州議会の建物だった。

56～1916）である。『鉛筆』（1885）という彼の有名な短編があるが、そこには村の小学校教師（当時の教員養成の統計を見れば、教員の大部分はポーランド人）による凄まじい暴力が描かれている。フランコは、その文筆活動を通じて、ガリツィアのウクライナ人の現状を訴え続けた。学校時代にドイツ語で教育を受けたため、ドイツ語に恐ろしく堪能で、ジャーナリストとしてウィーンの新聞に多くのドイツ語の記事を寄稿してもいる。

フランコはリヴィウ大学での学生時代に、キエフからやってきたミハイロ・ドラホマーノフ（1841～95）から友人らと共に親ウクライナ主義の薫陶を受けた。ロシア領内ではウクライナ語での出版が禁止されていたので、ロシア側のウクライナ人著作家らは、しばしばリヴィウでウクライナ語の書物を出版した。このように、リヴィウという都市は、ガリツィアのみならず、ウクライナ全体の歴史の中で特別な位置を占める。ロシア領内においてもオーストリア領内においても、19世紀後半から20世紀の初頭にかけては、ウクライナ人の民族文化復興運動が進展していった時期であるが、国境により民族が分断されていても、このように協力関係が築かれていたのである。（小粥　良）

27

第一次世界大戦とロシア革命

★帝国の崩壊と独立闘争★

1917年2月、帝政ロシアが崩壊するとウクライナでは再び民族運動、文化活動が活性化し、キエフはその中心になった。ウクライナの民族主義諸政党や労働団体はキエフに集い、ウクライナを代表する権力機関としてウクライナ中央ラーダを結成し、その議長にミハイロ・フルシェフスキー（1866～1934）を選出した。フルシェフスキーは、ロシア史とは別個のウクライナ史を構築した歴史家だが、革命の指導者としては、ロシアとの連邦制に基づくウクライナの主権を唱えていた。この考えを共にし、より社会主義路線を志向したのが作家のヴォロディーミル・ヴィンニチェンコ（1880～1951）、前二者に対して、ロシアではなく連合国との関係強化を望んだのがウクライナ軍創設に尽力したシモン・ペトリューラ（1879～1926）であった。このように、ウクライナの進むべき道について、指導者たちに確固たる合意形成がなされていたわけではない。ロシア国内の自治に始まり、連邦国家、社会主義共和国、君主制、軍事独裁に至るまで、指導者たちは錯綜する内外情勢に翻弄されながら、多様な国家構想と主義主張を展開していた。ロシア革命が、レーニン率いるソヴィエト権力と、ケレンスキー率いる臨時政府の二重権力状態から出発したのに対して、キエフの政治地図はソヴィエト、臨時政府、中央ラーダのそれぞれが権力を志向する三重権力状態から出発したのである。

中央ラーダは、ウクライナ民族大会、教育大会、軍人大会、農民大会を通じてウクライナ語教育、ウクライナ人部隊の創設などの決議を採択して、ウクライナのすべての社会階層を代表する機関として拡大強化し、ウクライナの自治を宣言した。中央ラーダがウクライナにおける事実上の政府として機能していくにつれて、その影響力を無視し得なくなった臨時政府は、中央ラーダをウクライナの実質的な自治政府として承認した。

しかし十月革命後、レーニン率いるボリシェヴィキ・ソヴィエトが政権をとると、中央ラーダの交渉相手は臨時政府からボリシェヴィキになった。中央ラーダは、民主的なロシアとの平等な連邦を目指すとして、ウクライナ人民共和国の成立を宣言した。一方ボリシェヴィキは、ハルキフでウクライナ・ソヴィエト共和国の樹立を宣言し、ウクライナには二つの権力が存在することになった。1918年1月、ボリシェヴィキは革命遠征軍を派遣し、キエフで中央ラーダ部隊と激しい市街戦が始まった。ロシアと連邦の枠組みで独立するという中央ラーダの展望は失われていった。劣勢に立たされたウクライナ側は、軍事支援を約束するドイツとの講和に踏み切り、ウクライナ人民共和国の完全独立を宣言してロシアと決別した。

1918年2月、中央ラーダ政府と同盟国政府との間にブレスト講和条約が締結された。敗退していた中央ラーダは、同盟国軍の支援をうけてキエフに帰還し、ボリシェヴィキはウクライナから撤退した。しかしウクライナとドイツの蜜月も長続きしなかった。食糧調達のために講和を締結したド

ウクライナ人民共和国によって発行された紙幣

イツ軍は、ウクライナ全土で穀物徴発を開始した。1918年4月、ドイツは、社会主義に傾くウクライナ政府を追放し、旧帝政ロシア軍将校のヘトマン・パヴロ・スコロパツキー（1873〜1945）を首班とする新政府を成立させた。

コサックを先祖に持つスコロパツキーのヘトマン国家は、ドイツの軍事力に依存した傀儡政権、もしくは帝政復活を目論む君主主義者と評価され続けてきた。しかしながら、革命期のウクライナにあって、スコロパツキー政権は外交、教育、文化において貴重な成果をあげていた。ロシア語話者の官僚、将校、地主、資本家、中間層は保守的君主制の国づくりに参加して行政を立て直し、ヨーロッパ諸国と外交関係を樹立した。ウクライナ語学校、ウクライナ研究所、劇場、文書館など現存するウクライナ文化施設の端緒を開いたのもスコロパツキーであった。ただし、こうした行政再編や市民的秩序を重視した国家建設の手腕が注目されるのは、だいぶ後のことである。ウクライナ各地の農村で過酷な穀物徴発を続けるドイツ軍に対する農民反乱や暴力行為は、ヘトマン体制を根底から揺るがすほどの規模になっていた。

第一次世界大戦が終結すると、ドイツ軍を後ろ盾とするスコロパツキー政権は崩壊した。ヴィンニチェンコとペトリューラはウクライナ人民共和国の復活を宣言し、再びウクライナの政治の実権を握ったかに見えた。しかしウクライナをめぐる内外情勢は、ますます複雑かつ困難になっていった。

この時期までに、ウクライナ各地で分裂していたボリシェヴィキ組織は統一されて、ウクライナ共産党が成立し、ウクライナにおけるソヴィエト政権の最終的確立を目指して武装蜂起を指導していた。アナーキストのネストル・マフノ（1888～1934）が率いる農民反乱が、ウクライナ各地で起こっていた。連合国の支援をうけて、帝政ロシアの復活を目論む白軍勢力の動きも本格化していた。

さらに、西ウクライナでは、ハリチナー（ガリツィア）の支配をめぐってウクライナ人とポーランド人が戦っていた。1918年10月、ハプスブルク帝国が崩壊すると、リヴィウのウクライナ人は西ウクライナ人民共和国を設立し、1919年1月22日に、キエフのウクライナ人民共和国との統一を宣言した。しかしこれを認めず、ハリチナー全土を含めた国家再建を目指す新生ポーランド国家と、西ウクライナ共和国との全面戦争が始まった。ハプスブルク時代のリベラルな政治風土で育まれた西ウクライナの指導者が、社会革命を目指すヴィンニチェンコらキエフ政治家に感じた温度差はもとより、東西ウクライナ国家の存立を何よりも脅かしたのは、東のロシア、西のポーランドというウクライナの支配を目指す二大国家であった。

ウクライナ人民共和国の内部ではロシア・ソヴィエト政権との協力関係を推し進めて社会主義的な政策を掲げるヴィンニチェンコと、ロシア以外の諸外国との同盟関係によって独立を達成すべきであるというペトリューラの対立が先鋭化していった。1919年2月、ソヴィエト軍の攻勢を受けたウクライナ政府はキエフを撤退した。その後はペトリューラによる亡命政権と軍事活動が続くが、それはもはや団結した民族運動とは言い難く、無秩序な農民反乱やユダヤ人に対するポグロムが発生する中で展開した。1920年、ウクライナ人の宿敵にしてポーランド建国の父ピウスツキ将軍と同盟を組んだペトリューラは、キエフを奪還するが、これも短期間に終わった。ペトリューラ自身は、その後パリでユダヤ人に暗殺された。彼の名は「反ユダヤ主義者」の烙印を押されながらも、ウクライナ民族闘争の殉教者として英雄視された。

最終的に、西ウクライナの大半はポーランドの下に、東ウクライナはウクライナ・ソヴィエト社会主義共和国としてソ連邦を構成した。北ブコヴィナはルーマニア王国に割譲され、ザカルパッチャ地方は新チェコスロヴァキア共和国の統治下に入った。

分断されていた東西のウクライナを統一し、独立国家を求めたウクライナ人の夢は潰えた。しかしながら、ウクライナという意識、民族アイデンティティは、革命を経て確かなものとなった。再びウクライナの支配者となったポーランドもソヴィエト・ロシアもこの事実を無視することはできなかった。1920年代、ソ連共産党は民族共産主義者によるウクライナ文化の奨励政策、「ウクライナ化」に着手することになる。

独立国家の樹立を求めたウクライナ人の試みは、今日では「ウクライナ革命」と呼ばれているが、ソ連時代は「ブルジョワ民族主義、分離主義」として否定的に扱われてきた。しかしソ連崩壊後は、正式にウクライナ歴史学の一部となり、現ウクライナ政府は、国家の伝統と継続という点で、短命に終わったウクライナ人民共和国の後継者を自任している。現在、ウクライナ最高会議や内閣府の建物が集まりドニプロ川を見下ろす風光明媚なキエフの一角は、ウクライナ人民共和国初代大統領を称えてフルシェフスキー通りと呼ばれている。

（光吉淑江）

28

大飢饉「ホロドモール」

──★ウクライナを「慟哭の大地」と化した「悲しみの収穫」★──

ウクライナはヨーロッパにおいて有数の穀倉地帯であるが、ソ連時代には1921～1922年、1932～1933年、1946～1947年の三度にわたり大規模な飢饉が発生した。それぞれの飢饉は、旱魃などの天候不順や政府による強制的な穀物調達の他に、その他様々な要因が加わり引き起こされた。このうち、1921～1922年の飢饉と1946～1947年の飢饉は、戦争や内戦による社会混乱が大きく関わっている。1921～1922年の飢饉はウクライナだけではなく、ヴォルガ沿岸地域でも発生したが、1917年のロシア革命後に誕生したソヴィエト政権が「戦時共産主義」の下で農村から強制的に穀物調達を進めていたことに加えて、第一次世界大戦、ロシア革命とその後の内戦による社会混乱が複合して農村が疲弊していたことが、飢饉の被害を拡大させた。一方、1946～1947年の飢饉はウクライナ、モルドヴァ、ロシア中央で被害を出したが、第二次世界大戦の戦災を受けて農村が混乱して穀物の貯蔵が不充分であったにもかかわらず穀物調達が強行されて、旱魃などの天候不順も相俟って発生した。

1932年から翌1933年にかけて発生した飢饉は、他の二つの飢饉と比べると、戦争など外的要因による社会的混乱が飢饉の発生に作用したわけではない。1929年に本格的に始動した農業集団化の過程で、「クラーク」と呼ばれた「富農」の追放による農村の混乱、穀物生産の落ち込み、政府による強制的な穀物調達の実施などが相俟って、ウクライナ、ロシア（ドン地域、クバン地域、ヴォルガ沿岸地域）、カザフスタンで飢饉が生じたのである。

ソ連政府はこの間、工業化を実施していくために必要な外貨を獲得するため、穀物が不作であるにもかかわらず穀物輸出を強行するなど、飢餓輸出を敢行していた。また、国内で飢餓が蔓延して被害が拡大していたにもかかわらず、ソ連指導部は国際的威信の失墜を懸念して、イギリス、カナダ、スイス、オランダなど諸外国、国際連盟や国際赤十字など国際組織の救援の申し出に応じず、効果的な救済策を講じなかった。このようなソ連指導部の失策が飢餓の被害を拡大させた点から、飢饉に関して人為的原因が濃厚であるというコンセンサスが研究者の間で得られている。

1929年に農業集団化が始まり、個人農が加入してコルホーズ（集団農場）への組織化が進むと、ウクライナのコルホーズには過重な穀物調達が課せられた。秋蒔き穀物の調達量に関して、1930年はソ連国内の総収穫量の34％、1931年は39・2％、1932年は54・6％を占めた。1930年に「労働日」がコルホーズに導入されて、コルホーズ員の報酬は労働日に基づいて割り当てられることになったが、コルホーズの生産物の大半が国家に調達された。1933年3月の時点で、ウクライナ全体の48％のコルホーズでコルホーズ員に報酬が支払われず、100万人ほどのコルホーズ員に自己消費分の穀物さえ残っていなかった。すでに、農業集団化が本格化する前に、農民たちはコルホーズ加入に抵抗し、家畜を濫費して、家畜数が8分の1に激減していた。

表　1930年代前半のウクライナの穀物調達（100万トン）

		1929年	1930年	1931年	1932年	1933年
収穫高	個人農	16.5	13.6	5.8	2.2	2.7
	コルホーズ	0.6	8.2	10.6	9.2	16.9
	ソフホーズ	0.5	1.0	1.3	1.4	2.6
	合計	17.6	22.8	17.7	12.8	22.2
穀物調達量	個人農	4.4	4.1	1.6	1.6	0.9
	コルホーズ	0.3	3.3	4.9	4.8	3.2
	ソフホーズ	0.2	0.4	0.4	0.3	0.6
	合計	4.9	7.8	6.9	6.7	4.7
	収穫高に対する比率	27.8%＊	34.2%	38.9%	52.3%	21.2%

＊筆者による修正。
（出典）Литвин, В. М. (гол. ред.), *Історія українського селянства* т. 2 (Київ, Наукова думка, 2006), с. 186

ソ連指導部は穀物調達を遂行するにあたり農村の統制を強めた。１９３２年10月22日、全連邦共産党（ボリシェヴィキ）中央委員会政治局は非常委員会を設置して、ウクライナには政治局員のモロトフが派遣された。穀物調達の不履行に対してコルホーズ員が野外の公開裁判で裁かれるだけでなく、コルホーズ議長、現地の党や行政の職員も弾圧されるなど強制措置が適用された。また、１９３２年８月７日には、党と政府の決定により、すべての農産物は人民に所属するとされ、穀物の取引、落ち穂拾い、穂の刈取まで「人民の財産の収奪」として10年の禁固刑が科せられた。さらに、１９３２年12月27日には国内パスポート制が導入され、コルホーズ員は移動を制限された。こうして、ウクライナの農村では、人間の死体や死亡した家畜、犬や猫などの愛玩動物が食用にされるなどの凄惨な光景が展開し、チフスなどの疫病が蔓延した。

１９３２〜１９３３年の飢饉は、ウクライナ農村部の人口動態に決定的な影響を与えたが、ソ連邦崩壊後、旧ソ連諸国で資料が開示されて、飢饉の実態について解明が進められている。飢饉の犠牲者数に関して、研究者により２５０万から

７５０万人までの見解がある。すでに、ソ連邦解体以前から研究者の間で２５０万人から５００万人の数値が示されていたが、旧ソ連諸国で公開された資料から、１９３１年から１９３３年にかけて飢饉を原因とする超過死亡者数は１８０万人、人口減少数については２７０万人が確認されている。非公式の統計を加味して調整すると、前者は２８０万人から４８０万人、後者は３７０万にから６７０万人にまで拡大される。一方、ウクライナの研究者の間では人口統計を利用して飢饉の犠牲者数について３００万人から３５０万人までの数値が算出されていて、ウクライナ科学アカデミーの人口統計・社会問題研究所も約３９４万人と算出している。

　ウクライナでは、１９３２〜１９３３年の飢饉は、飢饉を意味する「ホロド」と「疫病」を表す「モール」を合わせて、「ホロドモール」（飢餓による殺人）の呼称が付されている。さらに、ウクライナにおける被害が甚大であった経緯から、当時の飢饉についてウクライナ人を対象とした「大量虐殺《ジェノサイド》」であったとする見解をウクライナは堅持している。ウクライナ最高会議（国会）は２００３年５月15日に可決した決議と、２００６年11月28日に採択した法案「ウクライナにおける１９３２〜１９３３年のホロドモールについて」で、当時の飢饉を「ウクライナ人に対するジェノサイド」と認定した。さらに、翌２００７年、ユーシチェンコ（１９５４〜）大統領は第二次世界大戦中のドイツによるユダヤ人虐殺と併せて、当時の飢饉を公式に否定した者に罰金や禁錮となど刑事責任を問う法案を最高会議に提出したが、否決された。

　ホロドモールを「ジェノサイド」とする見解は、すでにソ連時代に欧米社会で現れていた。１９５３年９月、アメリカのポーランド系弁護士ラファエル・レムキン（１９００〜59）が、１９３２〜１９

33年の飢饉をソ連による「ウクライナ民族の殺戮」と非難して、「ソ連政府による古典的なジェノサイドの一例」と断じた。これを契機に、当時の飢饉をウクライナ人に対する「ジェノサイド」とする見解が主に西欧社会で流布した。1988年、米国ではウクライナの飢饉を調査した政府委員会が、1932〜1933年にスターリン指導部がウクライナ人に対して「ジェノサイド」を組織したとする見解を示した。その後、1993年にエストニアとオーストラリアの議会が、1932〜1933年の飢饉を「ジェノサイド」とする決議を採択し、欧米と南米の15カ国の議会が同種の決議を採択した。

一方、ロシアでは1932〜1933年の飢饉が及ぼした被害の悲惨さに関する事実認識に同調するものの、飢饉の被害がウクライナ人だけではなく、ロシア人やカザフ人にも及んでいる点が強調されて、飢饉の解釈をめぐりウクライナとロシアとの間で歴史問題が生じている。ロシア政府は、特定の民族を対象とする「ジェノサイド」は存在しなかったとする見解を堅持している。2008年4月2日、下院で「ソ連国内の1932年〜1933年飢饉の犠牲者追悼」に関する決議が採択され、特定の民族を対象にして飢饉が組織された歴史的証拠は存在せず、当時のソ連国内の農業地域に居住していた数百万人に及ぶ諸民族を飢饉の犠牲者とする見解が明らかにされた。ウクライナでも、ユーシチェンコ大統領の後任のヤヌコーヴィチ（1950〜）大統領が2010年4月27日、1932〜1933年の飢饉はウクライナ人に対するジェノサイドとみなすことができず、むしろ飢饉を当時のソ連国内の諸民族の悲劇と強調して、飢饉に関する見解を修正した。また、ヨーロッパ議会は、1932〜1933年の飢饉についてのスターリン指導部の責任を認めているが、飢饉をウクライナ人に対するジェノサイドとする見解には慎重な姿勢を示している。

（柳沢秀一）

29

第二次世界大戦とウクライナ

★大国に挟まれた流血の大地★

第二次世界大戦が開始されてから2年後の1941年6月22日、ドイツ軍は突如ソ連領内に侵攻し、独ソ戦が勃発した。ドイツ軍は東進して、1941年6月30日にリヴィウ、9月19日にキエフ、10月25日にハルキフをそれぞれ陥落させ、枢軸側の同盟国のルーマニア軍が10月16日にオデッサを陥落させて、10月中にウクライナは南西部とクリミア半島を除く領域が枢軸国側の占領下に置かれた。ドイツはウクライナを分割して、リヴィウを中心とするハリチナーをポーランド総督府に編入して、その他のドニプロ地方を中心とする地域には帝国管区ウクライナを創設した。一方、北ブコヴィナとオデッサ周辺の南西地域はルーマニアが管轄して、トランスニストリア県を設置した。

ドイツは占領開始当初、社会政策や文化政策でウクライナ人に対して融和的な姿勢を示していた。教育をはじめとするウクライナ系文化団体が各地域で誕生し、ウクライナ語の学校も再開され、正教会聖職者も宗教活動を承認された。さらに、ウクライナ語の新聞も創刊された。また、帝国管区ウクライナでは地方行政機構や警察が設立されてウクライナ人が雇用された。この他に、ドイツはウクライナへの自治導入と土地の私有化の意向を示していた。このようなドイツの政策はウクライナ人の支持を獲得した。

しかしドイツの対ウクライナ政策は、1941年後半から翌年初めにかけて変化していく。帝国管区ウクライナでは、社会生活と文化活動においてウクライナ人に制限が加えられた。ウクライナ各地でトラム（路面電車）などの交通機関や医療機関の利用がドイツ人に限定され、ウクライナの大学が閉鎖されたほか、4学年以上のウクライナ人の教育が廃止された。また、ドイツは本国とドイツ軍の食糧の需要を満たすため、ウクライナから農作物を最大限獲得することに努めた。独ソ戦期を通じて500万トンの穀物をウクライナから供出させた。また、安価な労働力を確保するために230万人のウクライナ人を「東方労働者《オストアルバイター》」として強制的に徴発し、ドイツ国内の労働現場に派遣した。一方、ポーランド総督府では、ウクライナ人をポーランド人に対抗させるべく帝国管区ウクライナよりも若干穏健な社会政策と文化政策を実施していた。ウクライナ人は下級行政機構に雇用され、ウクライナ人の共同体と教育機関が再開されてウクライナ人の文化活動を復興させた。

こうしたドイツの占領政策に対してウクライナ人側の対応には協力と抵抗の諸相が交錯していた。内戦期のソヴィエト・ポーランド戦争に参戦した軍人など民族主義勢力を糾合して1929年に創設されたウクライナ民族主義者組織（OUN）は、ウクライナ独立国家を建設するべく、ドイツとの提携を深めた。OUNは、第一次世界大戦末期からロシア革命後の内戦期にかけてのウクライナにおける独立国家建設の経験に鑑み、ハプスブルク帝国軍のウクライナ人部隊が果たした役割に注目してウクライナ人部隊を創設して、ドイツとの提携を深めていく。この構想は、1941年4月にドイツ軍が「ナハティガル」と「ローランド」の二部隊を創設して結実し、前者は6月のドイツ軍のソ連侵攻に参加してリヴィウを占領した。ＯＵＮはリヴィウで国民議会を開催して、6月30日に独立宣言を発するが、ドイツ側の峻拒に遭った。ゲシュタポはステパン・バンデラ（１９０９～59）やヤロスラフ・ステツコ（１９１２～86）の二人の指導者を逮捕して宣言の撤回を求めるが、両者とも拒否したため、二人を拘禁した。

ＯＵＮの独立宣言を契機にドイツはウクライナの民族運動の弾圧に傾斜していく。１９４１年8月に前線から「ナハティガル」と「ローランド」の二部隊を撤収させ、一個の守備部隊に再編して１９４２年末までにベラルーシに配置した上で解体し、両部隊のウクライナ人将校の大半を逮捕した。その後ＯＵＮは独自に部隊を形成していった。１９４１年以降ヴォルイニとポリッシャでタラス・ブーリバ＝ボロヴェッツ（１９０８～１９８１）が部隊を創設して活動していたが、１９４２年春にウクライナ蜂起軍（ＵＰＡ）と名称を変更して、ドイツへの攻撃を本格化させた。ＯＵＮはウクライナ北方でドイツと戦闘を展開していたが、ＯＵＮはＵＰＡを吸収して、「ナハティガル」部隊の将校であったロマン・シュヘーヴィチ（１９０７～50）の指揮下に組み入れた。ＵＰＡは4万人の勢力に拡大し、赤軍とドイツ軍との戦闘に傾斜していった。

一方、ヴォロディーミル・クビヨーヴィチ（１９００～85）は１９３９年にウクライナ中央委員会を創設して、ドイツ占領体制下でもポーランド総督府からその存続を承認されていた。ウクライナ中央委員会は社会福祉組織としての性格が強く、児童や飢饉の被害者、１９３９年のドイツ軍のポーランド侵攻によるウクライナ人戦争捕虜の救済に携わったが、教育や出版など文化活動にも従事した。ドイツ占領当局との提携関係を深めながら、ポーランド総督府の支配地域におけるウクライナ人の利益

表　人口統計学による第二次世界大戦期（1939年〜1945年）のウクライナの人的損失（単位は千人）

		男女合計	男性	女性
「直接的損失」	軍　人	2,820	2,810	10
	民間人	5,143	2,897	2,246
	合　計	7,963	5,707	2,256
「間接的損失」		2,400	1,234	1,166
総　　計		10,363	6,941	3,422

(注)「直接的損失」は、実際の死者数と、戦争が勃発しなかったと仮定した場合に推計した死者数との差を指す。「間接的損失」は、実際の出生数と、戦争が勃発しなかったと仮定して推計した出生数の差を指す。

（出所）Яременко, В. М. (упор.), *Українська Друга світова: Матеріали міжнародної наукової конференції до 70-ї річниці перемоги над нацизмом у Другій світовій війні* (5 травня 2015 р., м. Київ). - Київ: К.І.С., 2015. - С. 205.

を守ることに努めた。

１９４３年のスターリングラード戦で独ソ戦の戦局がソ連に有利に転換すると、ドイツはウクライナ人の戦力としての利用を検討して、ドイツ国防軍内にウクライナ人の志願部隊創設が構想されていく。クビヨーヴィチが中心になってウクライナ人部隊の募集を組織し、１９４３年４月にはガリツィア（ハリチナー）知事のオットー・ヴェヒター（１９０１〜１９４９）が第14ＳＳ武装擲弾兵師団ガリーツィエンＳＳガリツィア部隊の形成を宣言し、８万２千人のウクライナ人が部隊に志願して1万3千人が選抜された。１９４４年７月に西ウクライナのブローディの戦闘でＳＳガリツィアは赤軍に粉砕されたが、１９４４年から翌年にかけてスロヴァキアの民衆蜂起の鎮圧に派遣された。１９４５年には現在のオーストリアとスロヴェニアの国境地域に派兵され、ユーゴスラヴィアのパルチザン部隊と戦闘した。

第二次世界大戦期、ウクライナは東部戦線の最前線に位置していたため激しい戦闘が行なわれ、膨大な人的損害を被った。ヤレメンコによると、第二次世界大戦でウクライナが受けた人的損失は約１０４０万人で、そのうち民間人が約５１０万人、軍人が約２８０万人を占める（表参照）。ソ連全体での独ソ戦の被害は軍人と民間人を合わせて２０００万人から３０００万まで諸説があるが、いずれにせよウクライナの損害が占める割合はきわめて高く、ウクライナでの激戦の実態が窺える。

また、ウクライナはウクライナ人の他にユダヤ人、ポーランド人、ロシア人、ドイツ人など諸民族が混住する多民族地域であり、大戦期にはユダヤ人に対するホロコースト（大量虐殺）やウクライナ人とポーランド人との間の民族衝突など様々な悲劇が見られた。1941年9月29日から翌日にかけてドイツの保安警察と保安部が組織した特別行動部隊、「アインザッツグルッペ」Cがキエフ州のバービイ・ヤールで3万3771人のユダヤ人を処刑した。独ソ戦期を通して、ウクライナでは140万人から150万人のユダヤ人がホロコーストの犠牲となった。

その一方で、第二次世界大戦中にソ連が西方に進攻していくに伴いウクライナ人の居住地域の大部分が統合され、現在のウクライナの領域が確立された。1939年8月23日に締結された独ソ不可侵条約付属秘密議定書に従って、9月1日のドイツ軍のポーランド侵攻に続いて、9月17日には赤軍がポーランドに侵攻すると、ソ連はポーランド東部地域を占領して、ヴォルイニ、ハリチナーの両地域を国内の構成共和国であるウクライナに編入した。さらに1940年6月28日、ソ連はルーマニアに最後通牒を発してベッサラビアと北ブコヴィナを割譲させると、北ブコヴィナをウクライナに加えた。独ソ戦期、ヴォルイニとハリチナーはドイツに、北ブコヴィナはルーマニアにそれぞれ占領されるが、戦後これらの地域を奪取して再びウクライナに組み入れる。1944年10月にはチェコスロヴァキア領であったザカルパッチャに入城して、翌1945年、ウクライナに新たに編入した。こうして、ソ連邦の枠内で、ヴォルイニ、ハリチナーなどの歴史空間が他のウクライナ人の居住空間と統合されてウクライナの歴史的領域が現出された。

（柳沢秀一）

30

シベリア抑留とウクライナ

★ユーラシア大陸を横断した日本人捕虜★

厚生省社会・援護局監修の『援護五十年史』によれば、満洲・朝鮮・樺太・千島等の地で1945年の終戦を迎え、ソ連軍の捕虜とされた日本の軍人・軍属・民間人の総数は約57万5千人、このうち抑留中に死亡したと認められる者が約5万5千人とされている。

日本人捕虜が送り込まれた収容所は、北は北極圏から南は中央アジアやカフカス、東はカムチャツカ半島から西はウクライナに至る広大なソ連邦領土のみならず、モンゴルや朝鮮半島にまで遍在していた。それはシベリア抑留ではなく、実にソ連圏抑留とでも呼ばれるべきものであった。

ウクライナ方面（ロシア・タガンログ地区を含む）の収容所に移送された日本人捕虜の多くは、終戦後最初の冬を北朝鮮の三合《さんごう》里《り》や古茂山《こもさん》、柳亭里《りゅうていり》等の収容所で過ごし、翌年の初夏、つまり1946年5月ないし6月に日本海側の興南港を出帆、ソ連領沿海地方のポシエト（ポシェット、ポセットとも）、ウラジオストク、ナホトカ等に入港した。上陸後は最寄りの中継地で他の大隊の残置者や病弱者と合流し、一個大隊に数十個部隊を編合する混成作業大隊となって、牛馬のように60トン貨車に詰め込まれ、延々1万キロを超える1カ月前後のシベリア鉄道抑留行を経たのち、ウクライナ東部や黒海・アゾフ海沿岸の収容地区に到着した。

この他、同じく1946年の夏に、バイカル湖南方の収容地区に入所していた奉天編成の数個作業大隊の一部が、モンゴル国境に近いジダにて一個作業大隊に編合され、ウクライナのザポリッジャ地区へと移送された例や、モロトフ（現ペルミ）の収容所で最初の冬を越した千島編成の将校大隊の一部が、本隊から分離され、満洲からの憲兵・警察・特務機関出身者等を乗せた貨車と合流しながら、タガンログ地区へと移送された例を、元捕虜の証言や手記によって確認することができる。

日本人捕虜が入所したウクライナ方面の収容所は、ハルキフ・ドンバス地区（ハルキフ、クラマトルスク、ホールリフカ、リシチャンスク、ヴォロシロフフラード［現ルハンスク］等）、沿ドニプロ地区（ザポリッジャ、ドニプロペトロフスク［現ドニプロ］、ドニプロゼルジンスク［現カミヤンスケ］等）、沿アゾフ地区（タガンログ、クリミア半島等）の三地区に大別できる。平和祈念事業特別基金発行の『戦後強制抑留史』によれば、これらの地区への日本人捕虜の入所人員は6556名、死亡人員は227名、死亡率は約3・5％と推計されている。この数値は決して確定的なものではないが、ソ連圏全体での日本人捕虜の平均死亡率が約一割であったことを踏まえれば、ウクライナ方面の収容所は、とりわけその都市部において、施設・衛生・給養等の条件が相対的に恵まれていたものと推定される。ただし、他地域と同様、戦後の慢性的な食料難に加えて、1946年から47年にかけての冬にはウクライナでも記録的な寒波が発生しており、収容所生活というものが概して人間を肉体的にも精神的にも極限状況に追い込む過酷な環境であったことは、ウクライナにおいても当然例外ではなかった。

ドンバス地方の遠景

ウラル地方と並んでソ連産業の根幹を担う東部ウクライナの大工業地帯に連行された日本人捕虜は、シベリアや中央アジアにおけるのと同様に、採鉱、建設、製造、農作業等、当地でもあらゆる労働に従事させられた。ドンバスや沿ドニプロ地域は石炭や鉄鉱石の世界的産地として有名であるが、シベリア地域と比較した場合のウクライナでの収容所労働の特徴を敢えて挙げるとすれば、バイカル＝アムール鉄道（第二シベリア鉄道、通称バム鉄道）開通のためにシベリアで行なわれた森林伐採や鉄道敷設の代わりに、ここウクライナでは独ソ戦によって残された瓦礫や残土の整理、工業地区における各種コンビナート・発電所等の大工場での作業が行なわれたという点であろう。

そして、ウクライナは黒土の広がる豊かな穀倉地帯でもある。ドンバス地区の収容所を転々とした熊谷不二夫は、早朝から農作業に駆り出された時のことを『捕虜体験記III――ウラル以西篇』の中で回想しているが、この情景がとても印象的なので以下に引用する。「朝早く三名ずつトラックに分乗し、途中でロシア人女性を四、五名乗せて朝靄の平原を突走る。彼女らはかん高い声で「カチューシャの歌」を繰り返し歌う。遥かな地平線に歌声が浸み透る。髪に巻いた赤い布がなびいて陽焼けした顔が輝く。「ヤポネツ、スピワイ」と、われわれに合唱しようとたたく。われわれも合唱したが声量がない。トラックは一面のセーミチカ（向日葵）畑へ乗り入れた。

見たこともない大きな直径四〇センチほどの向日葵の実に黒い種が一杯はじけている。この実をトラック一杯に積み込むのだが、ここでもわれわれはロシア人女性にかなわない。陽が傾くころラーゲルに帰る」。捕虜生活の厳しい現実を描写しているはずのこの情景がどこか微笑ましさをも感じさせるのは、女たちが口にした「スピワイ（歌ってよ）」という親しげな言葉がロシア語ではなくウクライナ語であったことと、決して無縁ではあるまい。

最後に、労働作業の内容以外で、ウクライナにおける収容所生活を特徴付けていると思われる要素をいくつか挙げてみよう。シベリアでかじられていた松の実は、ウクライナではヒマワリの種に取って代わられた。いずれも天然の良質なタンパク源である。また、ドンバスの炭鉱地帯に収容された捕虜は、そこでボタ山の連なりを目にするのだが、案の定、飲用とされた水は鉄分を含んで赤茶けており、下痢の慢性的原因になった。

劣悪な水環境とは対照的に、多くの捕虜たちの生命を繋いだドンバスの大地の「賜物」がある。先の熊谷に続いて自らの捕虜体験を綴っている由井友二によれば、絶対的な栄養不足に苦しんだ彼らは、作業場への道すがら、食べられそうな野草（アカザ、ヨモギ、ナズナ、セリ、タンポポ等）を片っ端から摘み取って雑嚢に詰め込み、昼休みに大急ぎでそれを洗い、空き缶に入れて蒸気の出る所で茹で、握り飯ならぬ握り草を作って、塩をまぶして食べた。蒸気の出ない時には、塩揉みにした。まったく味気のない野草の塊など、食べられたものではなかったからである。ただ、毒草に当たって中毒を起こし、重篤に至る者も少なからず出たようで、それはまさに生き残るための命がけの行為でもあった。

さて、問題はその塩なのだが、彼らは一体どこでそれを手に入れたのか？　実はドンバス一帯は、石炭の他にも古くから岩塩の一大産地として知られており（「ソレダール（塩の賜物）」という名前の都市があるほどだ）、当時由井が収容されていたスロヴャンスクにも、当然の如く塩工場があった。そうした工場で作業を担当した捕虜たちが、こっそり飯盒に塩を拝借して収容所に持ち帰り、仲間に分け与えたのだという。

ところで、ウクライナの南東に位置するアゾフ海は、シベリアのバイカル湖、極東の日本海と並んで、ソ連圏に抑留された日本人たちの特別な思慕の対象となった汀《みぎわ》の一つであろう。かつて自身が強制労働に服したタガンログの地を再訪し、アゾフ海の浜辺に立った佐藤恭一は、アゾフ会発行『続・われ等の記録』の中で次のように述懐する。「引揚げてからこの三〇年、幾度か夢にみたアゾフの海だ。抑留当時この海の水も、地中海を経て大西洋、太平洋を越えて、東京湾にも通じているんだなと、海水に手を入れて感触を味わった、あの時のアゾフの海がいま目の前に、おだやかにゆっくりと横たわっている」。

「シベリア＝ソ連圏」抑留は、言うまでもなく20世紀の悲しい歴史の一ページである。しかし、そこで起こった出来事の意味を、当事者の観点から世界史的な文脈の中で丹念に読み解き、失われた多くの生命への哀悼の念をつねに胸に抱きつつ、その教訓を謙虚に将来への糧とすることができたなら、日本と、ウクライナを始めとする旧ソ連諸国との精神的距離は、かつてなかったほど近づくであろうし、抑留史をめぐる記憶は、拭い去ることのできない悲しみの重さを湛えたままで、平和を希求する人間が真摯に顧みるべき「警世の碑」として、その意義をこれからも増し加えていくことと信ずる。

（原田義也）

31

ソ連体制下のウクライナ

★雌伏の時を経て独立へ★

　1922年、ウクライナ社会主義ソヴィエト共和国はロシア、ベラルーシ（白ロシア）、ザカフカスと同盟条約を結びソ連邦を形成した。連邦全土で共産党はコレニザーツィアと名付けられた民族主義政策（民族語・文化の普及と民族エリートの登用）を採用したが、特に農民反乱を経験したウクライナでは、ウクライナ語話者が多い農村を体制に組み入れる必要性から、ウクライナ語化・ウクライナ文化の普及とウクライナ人の登用が強力に推進された。しかし、1928年に開始された文化革命で民族批判が強まり、1934年以降の大粛清によりウクライナ化は終わりを遂げた。一方で、五ヵ年計画（1928〜）で、ウクライナは、ソ連全体の投資の20％を受け、ドニプロ水力発電所、製鉄所のザポリジスターリ、ハルキフ・トラクター工場等、今日も存続する巨大な工業施設が建設され、工業国へ変貌した。

　ウクライナは第二次世界大戦で甚大な被害を蒙り、工業生産高は戦前の26％、農業生産高は40％にまで落ち込んでおり、第四次五ヵ年計画（1946〜50）では、ウクライナに全ソ連予算の19％が投じられた。その結果、1950年に工業生産高は戦前を15％上回り、1950〜60年代を通じてウクライナはソ連平均より高い成長率を記録した。一方で、編入された西ウクライナが新たに農業集団化されたが、農業投資の優先度は低く、第五次五ヵ年計画中においても大戦前の水準を回復できなかった。人口が増加するウクライナにとり、農業不振は大きな足枷となった。

大戦により民族構成も大きく変わった。ユダヤ人は激減し、ドイツ人、クリミア・タタール人は追放された。ウクライナはヨーロッパ側に16・5万㎢余り領土を拡大し、それに伴って住民交換でポーランド人約100万人、チェコ人約5万人が移出し、ウクライナ人200万人が移入した。ソヴィエト支配を嫌う住民は国外に脱出し、ウクライナ蜂起軍（UPA）の家族とみなされる者50万人がシベリアや中央アジアに強制移住させられた。労働力不足を埋め、そして全土の復興、新たに獲得した領土のソ連化・工業化を担ったのが、ロシア人の流入だった。ウクライナ全人口に占めるロシア人の割合は戦前の400万人（13％）から1959年には700万人（17％）へ上昇し、ソ連末期1989年には1100万人（22％）に上昇した。また、ウクライナは国際連合47原加盟国の一国となった。1944年のソ連憲法改正で各共和国に外交権が復活していたが、そのような権利を実際に付与されたのはウクライナとベラルーシのみであり、スターリンが如何に戦勝に貢献したウクライナに配慮していたかが伺える。

大戦中、動員の必要性から全ソ的に緩和されていたナショナリズムは、戦後、再び引き締めの対象となった。ウクライナ・ナショナリズムの温床であった西ウクライナの編入は、ソ連当局がウクライナ民族主義を直に管理することを目的としていたとも言われており、上記のロシア人流入と相まって、ウクライナ・ナショナリズムが抑えられ、ロシア化が進行していった。1954年のクリミアのウクライナへの移譲も「ウクライナ・ロシア合同300年」を記念したものであり、「ロシア人とウクライナ人は同根で将来的に一つの民族になる」という公式民族政策の反映でもあった。

スターリンの死とフルシチョフによるスターリン批判、そして1958年の全ソ教育改革はナショナリズムに再び火を付ける契機となった。それに加え、1963年にペトロ・シェレスト（1908〜96）がウクライナ共産党第一書記に就任すると、ウクライナ化が公式に進行した。ウクライナ化は、1960年代に表れた異論派と呼ばれる知識人・文化人だけでなく、作家同盟の文学者と協同し、ウクライナ文化の復興の担い手となった。しかし、シェレスト自身が「プラハの春（1968）」時に強硬派であったことが示すように、当局のウクライナ化の意図は、ソ連体制内でウクライナの地位を引き上げることであり、民主化や自由化、ひいては連邦からの独立は念頭になく、ウクライナ民族主義者組織・ウクライナ蜂起軍（OUN-UPA）も許容されなかった。

1970年代に入るとウクライナの成長は鈍化し、ソ連平均を下回り始めた。1960年代の雪融けは全連邦的な引き締めですでに退潮傾向にあったが、「過度の地方主義とナショナリズム」を問われたシェレストの更迭（1972年）でウクライナ化停止は決定的となった。ブレジネフ閥（ドニプロ・マフィア）であったヴォロディーミル・シチェルビツキー（1918〜90）が後を継いだが、ソ連の投資予算は他の開発に向けられ、ウクライナ工業の設備老朽化が深刻化し始めた。また、都市化の進行で農村人口が減じ、農業は立ち遅れたままであった。出生率はソ連で最低を記録し、ウクライナ語による出版、ウクライナ語による教育はロシア語にとって代わられた。こうしたウクライナ社会の危機の中、異論派は1975年の全欧州安全保障協力会議におけるヘルシンキ宣言を契機に「ウクライナ・

ヘルシンキ・グループ」を創設した。ソ連を含むほぼすべての欧州国が調印したヘルシンキ宣言内の「人権と自由の尊重」原則に立脚したこの組織は、ＯＵＮ流の偏狭で排他的なナショナリズムではない、民主主義・人権という普遍的価値と国際的な連帯を打ち出していた。彼らの運動は、当局の弾圧を受けつつ、チェルノブイリ原発事故、グラスノスチを経て政治運動へ発展していった。

１９９０年に行なわれたウクライナ最高会議選挙では、ヘルシンキ・グループの旧メンバーらが中心となった非共産党系「民主ブロック」が3分の1近い議席を獲得した。残り3分の2は共産党系で占められた。前者はソ連からの独立を、後者はソ連内で共和国の権限を拡大することを志向しており、まず同年6月16日に主権宣言が採択された。最高会議議長は、ウクライナ共産党書記レオニード・クラフチューク（１９３４〜）が担った。西ウクライナ出身でウクライナ共産党のアジプロ畑でキャリアを重ねたクラフチュークは、住民との対話が重要となったペレストロイカ期にその職能を認められて異例の昇進を遂げていた。当初、クラフチュークは、独立に慎重な立場を採っていたが、１９９１年

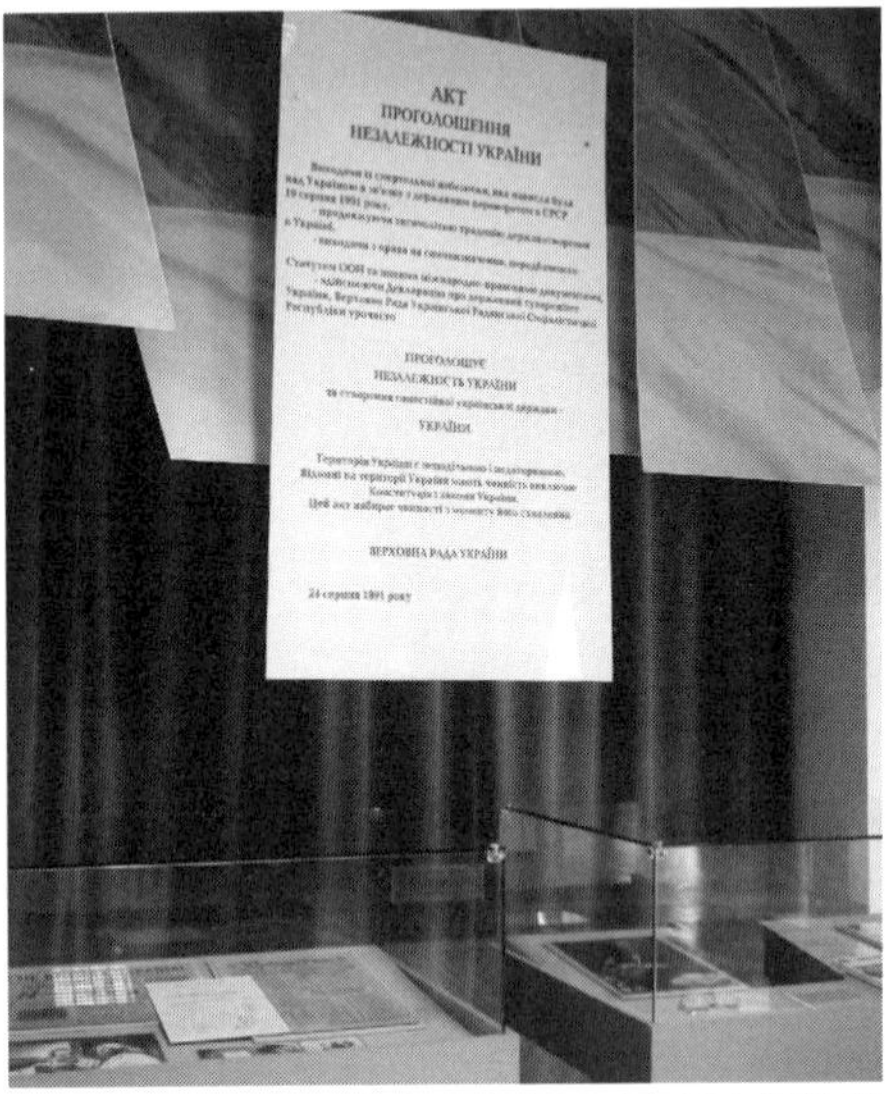

ソ連からの独立に関するウクライナ歴史博物館の展示（撮影：服部倫卓）

8月のモスクワにおける保守派クーデター失敗後、独立へ舵を切り、8月23日に独立宣言を行ない、「独立を問う住民投票」と「ウクライナ大統領選挙」を12月1日に設定した。独立投票において、ウクライナ全土で90％の賛成票が投じられたが、特にクリミア、セヴァストーポリを含むすべての地域で賛成が半数を超えていたことはロシアを含む周辺国の領土要求を抑える意味でも重要であった。ウクライナ全土ではすでに連邦からの給料・年金の遅配・欠配が常態化しており、知識人や学生、民族主義者たちだけでなく、ウクライナ領内のほとんどの住民にとって「ソ連に残る」選択肢は事実上、消滅していたのであった。

この投票結果に驚愕したのがエリツィン・ロシア大統領であった。ロシアにとってウクライナ抜きのソ連邦は有り得ず、急遽、ゴルバチョフ・ソ連大統領の目が届かないベラルーシのベロヴェージでスラヴ3共和国首脳による会談が開かれた。住民投票の結果と大統領当選の勢いを駆るクラフチュークには、如何なる連邦（Union）条約も締結する意図がなく、ウクライナ独立の現実をロシア側に理解させることのみが目的であったが、協議の結果、ロシア、ベラルーシとともに連邦解体後の共同体（Commonwealth）の創設に合意した。同時に、スラヴ三国首脳は、原加盟国としてソ連の消滅を宣言し、ソ連邦の歴史に幕が降ろされたのであった。

（藤森信吉）

32

あの人もウクライナ出身

★文学者、芸術家、政治家★

ウクライナ出身の人物は、と問われても日本人にはなかなか思いつかないのではないだろうか。それもそのはず、ウクライナは、20世紀末まで主権国家を持つことがなかったので、それ以前に、類まれな才能を発揮して世界的に活躍した人物がウクライナの大地で生まれ育ったとしても、当時ウクライナを支配していたロシア、オーストリア、ポーランドなど近隣諸国出身の人物として紹介されてきたからだ。その代表格が、ロシアの文豪ニコライ・ゴーゴリ（1809〜52）である。ウクライナ・コサックの末裔としてポルターヴァに生まれたゴーゴリは、ウクライナを題材に多くの作品を残しているが、ロシア語で執筆したロシア文学者として名を残している。

帝政ロシアからソ連へと変わる激動の時代は、芸術文化にも大きな影響を及ぼし、芸術家たちは変革への期待、喜び、あるいは戸惑い、不安を作品に表した。巨匠と称賛された人々が、ロシアそしてソ連から登場するのだが、その中には、ウクライナ人、ウクライナゆかりの人々が少なからず存在している。

ロシア最大の画家イリヤ・レーピン（1844〜1930）は、ハルキフ出身のロシア人だ。モスクワのトレチャコフ美術館に所蔵されている「思いがけなく」で画中画としてウクライナの革命詩人タラス・シェフチェンコを登場させ、自由を求めるウクライナの闘士への強い連帯を表明した。ロシア・アヴァンギャルド芸術のカジミール・マレーヴィチ（１８７９〜１９３５）は、ロシア帝国領ウクライナのキエフ近郊の村にポーランド人両親の下に生まれた。伝説の舞踊家ヴァーツラフ・ニジンスキー（１８９０〜１９５０）はキエフ生まれのポーランド人である。

今日ではその割合は少ないが、ウクライナの歴史と社会を語るのにユダヤ人の存在、その影響力、重要性は欠かせない。彼らは独特の才覚と芸術性によって経済、社会、文化に重要な役割を果たした。「屋根の上のバイオリン弾き」は、日本でもなじみの深いミュージカルであるが、原作者ショーレム・アレイヘム（１８５９〜１９１６）は、キエフ出身のユダヤ人で、キエフやオデッサでジャーナリストとして活動した後アメリカに移住した。ウクライナ地方のユダヤ人の苦境を描いた同作品が大ヒットミュージカルになったのには、お隣ベラルーシ出身のユダヤ人画家マルク・シャガールが描いた絵画「屋根の上のバイオリン弾き」の貢献度も高かった。

ウラジーミル・ホロヴィッツ

20世紀最高のピアニスト、ウラジーミル・ホロヴィッツ（１９０３〜89）は、ジトーミル州で生まれ、キエフ音楽院で学んだウクライナ系ユダヤ人である。おなじく20世紀を代表するピアニスト、スヴャトスラフ・リヒテル（１９１５〜97）もジトーミル出身で、ドイツ人の父親とロシア人の母の下に生まれ、オ

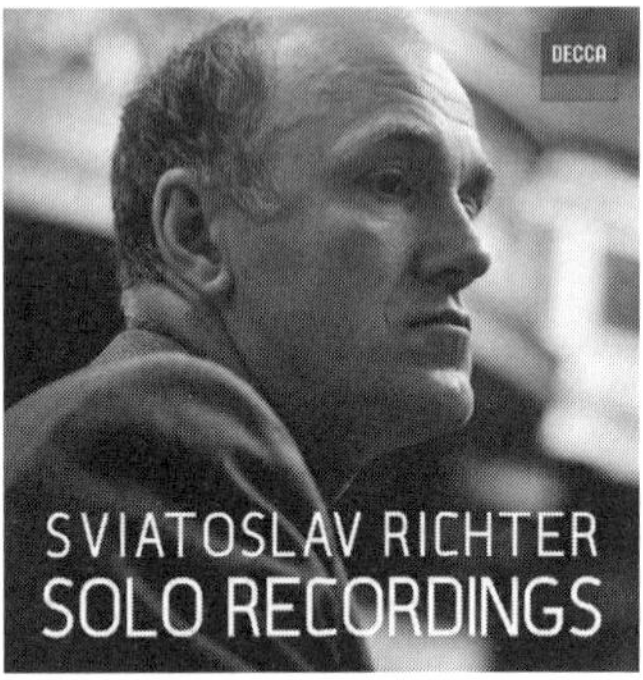

スヴャトスラフ・リヒテル

セルゲイ・プロコフィエフ

デッサの音楽学校に学んだ。エミール・ギレリス（1916〜85）、ナタン・ミルシテイン（1903〜92）、ダヴィド・オイストラフ（1908〜74）も、オデッサ出身のウクライナ系ユダヤ人だ。

セルゲイ・プロコフィエフ（1891〜1953）はドネツク州出身のロシア人で、サンクトペテルブルグ音楽院で学んだあと、革命後は、パリやアメリカで20年近く過ごす。1936年ソ連に帰国したあとは、ショスタコーヴィチやハチャトゥリアン、カバレフスキーらと共に、社会主義国ソヴィエトを代表する作曲家として活躍する。その作品には故郷ウクライナを題材とするものが多い。

ソ連文学『巨匠とマルガリータ』で有名なミハイル・ブルガーコフ（1891〜1940）は、キエフ生まれのロシア人である。キエフ大学で医学を学び、ロシア革命時には白軍の軍医として従軍した。その経験をもとに執筆した長編小説『白衛軍』は、ウクライナに対する彼の思いが滲み出ている。

ミハイル・ブルガーコフ

アメリカ・ポップ・アートの代表アンディ・ウォーホール（1928〜87、本名アンドリュー・ヴァルホラ）の両親は、第一次大戦期にチェコスロヴァキアからアメリカに移住したウクライナ系ルシン人であった。ヴァルホラ一家は、ピッツバーグの東欧移民コミュニティで、ほぼ毎日ルシン語で生活し、ギリシャ・カトリック（合同教会）教会に足しげく通っていたという。ウクライナ人の一部なのか、別個の東スラヴ人なのかと議論の対象になるルシン人について、ウォーホールは、移民社会アメリカにおけるルシン・アイデンティティという興味深い研究素材を提供してくれている。

ソ連時代、ウクライナから二人のソ連最高指導者が登場した。ニキータ・フルシチョフ（1894〜1971）は、民族的にはロシア人であったが、スターリンの後継者になるまで、長い間ウクライナで党活動に従事したウクライナ共産党第一書記であった。その素朴で朴訥な人柄は、ウクライナ人以上にウクライナ人らしいと語り継がれている。

フルシチョフの後を継いだレオニード・ブレジネフ（1906〜82）もウクライナで生まれ育ち、党活動を開始し、その後モスクワで出世したロシア人であった。ブレジネフは一時期、自らをウクライナ人として登録していたこともある。ブレジネフは、ソ連の最高指導者の地位にあった17年の間に、自分の部下や仲間でソ連全土に人脈ネットワークを張り巡らせて「ドニエプロペトロフスク・マフィア」と呼ばれた（ドニエプロペトロフスクは、ウクライナ語ではドニプロペトロフスクで、現在はドニプロに名を変えている）。

21世紀に活躍しているウクライナ系の人々と言うと、サッカー選手のアンドリー・シェフチェンコ（１９７６～）、あるいはウクライナ民主化のオレンジ革命をなしとげたヴィクトル・ユーシチェンコ元大統領（１９５４～）などであろうか。ハリウッド女優のミラ・ジョヴォヴィチ（１９７５～）は、ロシア人とセルビア人の両親の下、アメリカへ移住する5歳までキエフで生まれ育った。同じく女優・モデルのオルガ・キュリレンコ（１９７９～、ウクライナ語オリハ・クルィレンコ）はウクライナ人とロシア人の両親の下、ウクライナ南部のベルジャンスクに生まれた。十代半ばからモスクワやパリでモデル活動をした後、２００８年に００７映画シリーズのボンドガールとして抜擢され、世界的女優として有名になった。

ロシアの反体制派ジャーナリスト、アンナ・ポリトコフスカヤ（１９５８～２００６）もウクライナとゆかりの深い人物であった。彼女の父親ステパン・マゼーパはチェルニーヒフ出身のウクライナ人で、ソ連時代、ウクライナ・ソヴィエト共和国の国連代表を務めていたとき、アンナ・マゼーパがニューヨークで生まれた。長じて彼女は、世界的なジャーナリストとして活躍して、プーチン政権とチェチェン紛争の闇を暴いた。２００６年の暗殺時には北米在住のウクライナ人からも深い哀悼の意が寄せられた。

（光吉淑江）

Ⅳ

ウクライナの芸術と文化

33

国民詩人 タラス・シェフチェンコ

★ウクライナ民族の魂★

２０１４年3月にタラス・シェフチェンコの生誕二百年祭がキエフの独立広場で盛大に催された。旧政権を倒したマイダン革命の直後とあって、闘いの余韻が漂う広場を埋め尽くした大群衆は、市民運動の勝利と詩人の誕生日という二重の歓びに沸いていた。死後１５０年以上経た今日でもなお、ウクライナの国民的英雄として、民族独立の象徴として人々の精神的支えであり続けるタラス・シェフチェンコとはどのような詩人だったのだろうか。

シェフチェンコはウクライナがロシアの一部であった時代の１８１４年2月25日（新暦3月9日）キエフ南方の村で農奴の子として生まれた。父は当時の農奴としては珍しく読み書きに通じていて、息子タラスを村の教会付属の学校（寺子屋）で学ばせた。しかし9歳で母が、11歳で父が亡くなった後、寺子屋に生徒兼下男として住みこんで働くことになる。この時期に彼は教会スラヴ語の初等読本だけでなく、祈禱・聖歌集、詩篇にも精通し、補祭（下級聖職者）の代理を務めるほどの力をつけた。寺子屋での辛い仕事と補祭の虐待に二年間耐えた末、ついに逃げ出して、一時期村の牧童をしていた。１８２９年、15歳の時地主エンゲリガルトのカザチョーク（部屋付きの少年の召使）に選ばれてヴィリノ（現ヴィリニュス）に連れて行かれた。幼い頃から画家になる夢をいだいていた彼は、主人の目を盗んでは絵を描き、厳しく折檻されたこともある。翌１８３０年フランスで起きた七月革命の波がロシアの支配下にあったポーランド、リトアニアにも波及した。老齢のために辞職した総督とともに、副官であったエンゲリガルトもペテルブルグに引き揚げることになった。

ペテルブルグでは、室内装飾家シリャーエフのもとに徒弟奉公に出された。彼の運命を劇的に変えたのが、１８３５年にウクライナ出身で当時ペテルブルグ美術アカデミーの学生であったイヴァン・ソシェンコ（１８０７～１８７６）との出会いである。ソシェンコはシェフチェンコの並外れた絵の才能を認めてウクライナ出身の作家やペテルブルグの友人たち、さらに美術アカデミーの教授たちに引き合わせた。錚々《そうそう》たる文化人たちがこの有能な農奴の青年の解放のために立ち上がった。皇室とかかわりの深かった詩人のヴァシーリィ・ジュコーフスキー（１７８３～１８５２）の肖像画を画家カール・ブリュローフ（１７９９～１８５２）が描いて、皇室内で競売にかけ、シェフチェンコを農奴身分から解放するための資金の調達がなされた。

１８３８年4月22日シェフチェンコは24歳で晴れて自由の身となり、美術アカデミーに入学を許可された。「いまだに信じられないのだが、こういうことが実際に起こったのだ。ボロをまとったつまらないわたしが、汚れた屋根裏部屋から美術アカデミーのまばゆいホールに降り立ったのである」と彼はのちに回想している。ブリュローフの愛弟子として画業に勤しむかたわら、自由に出入りすることを許された師の書斎で膨大な書物に読みふけった。農奴身分から解放され、画家としてスタートを切ろうとする、まさにこの時期に彼の心の中にそれまで封印していたことば、ウクライナ語が甦り、伝説のコサックの英雄たちが生き生きとした姿で現れてきた。２年後の１８４０年にシェフチェンコはウクライナ語で綴った詩集『コブザール』を出版する。コブザールとはウクライナの伝統的民族楽器コブザを弾きながら民謡を歌い、物語を語る吟遊詩人のことであるが、ウクライナのコブザールであろうとする決意をこめて、彼は最初の詩集を『コブザール』と名付けた（以降現在に至るまで彼の詩集は『コブザール』という名が付けられている）。８篇からなる詩集の中で最も注目すべきは物語詩「カテリーナ」である。ロシア人将校に棄てられたウクライナの農村の娘が私生児を生み、両親からも家を追い出されて絶望の果てに身投げする。遺された息子は盲目のコブザールの道案内人として糊口をしのぐ。シェフチェンコは晩年に至るまでしばしばポクルイトカ（未婚の母）を主人公とする詩を書いたが、「カテリーナ」はその最初の作品である。社会のひずみを一身に背負わされる弱い者、虐げられた存在に対する限りない同情と共感が彼を衝き動かす最大の動機でありテーマであった。

詩集のもう一つの重要なテーマは、コサックがウクライナを統治していた時代の誇り高い自治の伝統を描くことである。エカテリーナ二世によってザポロージエのコサックが壊滅させられ、ウクライナの自治は絶えた。ウクライナはロシアの一部となり、多くの農民が農奴身分に落とされて呻吟《しんぎん》していた。ウクライナ文化はロシア文化に比べて一段と劣った文化であり、ウクライナ語は劣ったことば、農民のことばとみなされて、文語の地位を完全にロシア語に譲り渡していた。シェフチェンコはウクライナ語でコサックの活躍を生き生きと描くことによって、ウクライナ人に民族の歴史と誇りを取り戻させたのである。コサックの歴史を題材とした作品は、翌年発表された長編叙事詩『ハイダマキ』

に結実する。

『コブザール』は故郷ウクライナと首都に住むウクライナ人たちの魂を激しく揺り動かした。アカデミーに在学中の1843年、故郷の支援者の招きでシェフチェンコはウクライナを訪れている。農奴としてウクライナを後にして以来14年ぶりの帰郷であった。首都で成功をおさめた画家・詩人を人々は熱狂的に歓迎し、地主たちは競って彼を招待した。しかし、彼は想像を絶するウクライナ農村の惨状と農民の貧しさに大きな衝撃を受ける。旅行の末期からペテルブルグに帰った時期にかけての3年間に綴った詩を1冊のノートに清書したのが詩集『三年』である。この詩集にはウクライナを疲弊させ、悲惨な状況に突き落としたロシアの支配者とそれに加担するウクライナの地主たち、さらに支配者に無言で従う農民に対する絶望的とも言える深い嘆きと憤りが表現されている。

1845年にアカデミーを優秀な成績で卒業した彼は、ウクライナに住むことを決意して再び帰郷した。キエフ大学の絵画教師に推薦されて将来の展望も開けた。そのころ秘密結社「キリロ・メフォーディ」団のメンバーを紹介される。結社の目的は、神の前の絶対的平等という理念に基づいて農奴制を廃止すること、およびスラヴ諸民族の対等な関係を基礎とするスラヴ連合を形成することであった。やがて、メンバー全員が逮捕されて、ペテルブルグの皇帝直属官房第三部の厳しい取り調べを受けた。シェフチェンコが結社の一員であるという証拠は見つからなかったが、所持品の中の手書きの詩集『三年』の内容が厳しく詮議され、

シェフチェンコ　1845年の自画像

有罪とされた。ウクライナの過去の栄光の歴史と今日の窮状を対比させることで民衆の「反ロシア感情」を煽った罪、および「夢」という作品で皇帝ニコライ一世夫妻を侮辱した不敬の罪により、他のメンバーとは比較にならない重い罰を科せられることになった。「一兵卒としてオレンブルク独立大隊に派遣する。（中略）煽動的で誹謗に満ちた著作の執筆を不可能ならしめるため、最も厳重な監視下に置く」という判決文に、皇帝は自らの手で「書くことと描くことを禁止して最も厳重な監視下に置くこと」と書き加えている。

ふたたび自由を奪われて、南部国境地帯のオレンブルクに送られ、オルスク要塞での勤務が始まった。アラル海探険の際には、画家として同行を命じられて公然と絵を描く機会を得たが、軍隊での生活は非常に厳しいものであった。彼は隠し持っていた紙片にひそかに詩を綴り、のちに小さな手帳に清書している。この時期の詩には絶望とかすかな希望との間を揺れ動きつつ故郷を想う気持や家族と共にある幸せに憧れる切々たる心情が吐露されていて心打たれる。シェフチェンコにとって唯一の心の支えは福音書であった。

1855年にニコライ一世が死去し、新しい皇帝によって1857年にようやく刑を免除されたが、首都への帰還は翌年3月まで待たなければならなかった。帰還後はアカデミーの一室を貸与されて、水彩画や銅版画、詩作や著述に携わる。

ドニプロ川を見下ろす故郷の丘の上に家を建てて住みたいという願いは、恩赦後も当局の監視下にある彼には許可されなかった。家庭の幸せも得られず、流刑地での生活に健康をむしばまれて、帰還から3年後の1861年2月26日（新暦3月6日）に自室で息を引き取った。死の7日前に農奴廃止

チェルカースィ州カーニフにあるシェフチェンコ文学記念館の展示（撮影：服部倫卓）

令が裁可されている。生前かなえられなかった夢は、死後ようやく実現し、シェフチェンコは今、ドニプロ川を見下ろすカーニフの丘に眠っている。シェフチェンコが本当に自由だったのは生涯でわずか9年に過ぎない。詩はシェフチェンコの人生に平安をもたらさなかったが、ウクライナの人々は彼の詩をウクライナ人への呼びかけと受け止め、彼の運命をウクライナの運命そのものと感じている。ウクライナでは今なお彼の詩が愛誦され、メロディをつけて歌われている。国歌に準じる扱いを受けている歌もある。シェフチェンコはウクライナに住む人々だけでなく、異国の地にあるウクライナ人にとって、さらに彼に共感するすべての人々にとって人間の尊厳と自由を守る闘いのシンボルであり続けているのである。

（藤井悦子）

34

ウクライナを愛した女性《ベレヒーニャ》たち

★民族と国家の狭間で★

2001年、独立後十周年を記念して、首都キエフの中心部にある独立広場に巨大なモニュメントが建立された。モニュメントは、バロック様式の教会堂を思わせる荘厳な台座の上に円柱がそそり立ち、その円柱の上に女性の立像が据えられたもので、女性像はウクライナの伝統的な民族衣装を身にまとい、オラント型の聖母像のように両手を広げながら、半円状にしなるカリーナ（ガマズミ属）の枝を頭上高らかにかざしている。

彼女に名前はない。しかし人々は誰ともなく彼女のことを「ベレヒーニャ」と呼んでいる。ベレヒーニャ（ロシア語ではベレギーニャ）とは、もともとスラヴ神話に登場する「竈《かまど》の女神」のことで、キエフ・ルーシがキリスト教を受容して以降は、雷神ペルーンと共に「異教の偶像」として排斥されることになった古代の神々の一人である。神話研究者

独立広場のモニュメント

のヴァレーリイ・ヴォイトヴィチ（1952～）によれば、ベレヒーニャは人々およびその住まいの守護神であり、幼子を病気や悪霊から遠ざけ、結婚生活の忠節を司る。ベレヒーニャのシンボルは家庭とその団欒で、人々はそこに平安や愛情、そして高邁な理想を見出すのである。

荘厳な台座と円柱の高みから独立広場を見守る配役に、ウクライナの人々は聖人でもなく英雄でもなく、素朴な民衆の女性を抜擢《ばってき》した。筆者は、モニュメントの主役にこの女性《ベレヒーニャ》を選んだ彼らの心意気に、大いに敬意を表したい気持ちに駆られている。その理由を以下に説明しよう。

ベレヒーニャという呼び名の由来は、「護《まも》る」ことを意味するウクライナ語の動詞ベレフティ（ロシア語ではベレーチ）である。では、なぜベレフティが「護る」ことを意味する動詞として用いられるようになったのか。

ベレヒーニャのイメージ(出所: Войтович Валерій. *Українська міфологія*. - К.: Либідь, 2002. С.26.)

ベレフティ（ベレーチ）の語源は、古代スラヴ語の brshti（気を配る）、およびスラヴ祖語の bergti（覆う、護る）であるとされている。さらにその起源を遡ると、印欧祖語で「保つ、護る」を意味する bhergh という語根に行き当たる。興味深いのは、この語根に「山、高台」という同音異義が存在することだ。これが印欧語族で「山、丘」を表す言葉の起源となり（古英語 beorg、ドイツ語 berg、デンマーク語 bjerg）、東スラヴ語群においても、スラヴ祖語のberg（切り立った岸、山）などを経て、海や川の「岸」を意味するウクライナ語ベーレフ、およびロシア語ベーレグとして現代に受け継がれている。

さて、ベレフティ（ベレーチ）の語源が「保つ、護る」を意味する印欧祖語の語根に辿り着くところまではいいが、その語根が「山、高台」という同音異義を有するという事実を、私たちはどう理解すればよいのだろうか。一説によると、山や丘はその巨躯《きょく》によって背後にあるものを「覆い隠す」ものであり、それゆえ「避け所」となることができる。ここから、「山」を表す言葉が「護る」ことをも意味するようになったのではないか、という。東スラヴ語群に受け継がれた「岸」という語意についても、同様に推測が可能である。つまり、水と陸との間にあって明確な境界を形成し、人々の暮らしを水際で守っているのは他ならぬ岸の「高さ」であり、それは一種の「山」として機能しているわけだ。

いずれにせよ、ベレヒーニャという呼び名を口ずさむ私たちは、同時に二つのイメージを心に思い浮かべることになる。一つは「護り手」のイメージであり、もう一つは「岸（＝山）」のイメージである。「岸」のイメージというと唐突に思われるかもしれないが、実はこの地理学的メタファーは興味深い解釈の可能性を秘めている。試しに、擬人化を施した「岸」（ここではとりわけ河岸）の属性について、思いつくままに列挙してみよう――それは、流れを育み、溢れ出すものを受け止め、どんな時も寄り添い、決して見返りを求めることなく、両手を広げて（河口のことである）水を大海原に送り届ける。このような奔放な解釈を許してくださる方なら、「岸《ベーレフ》」というものが豊かに湛える「同伴者」のイメージを、きっとリアルに想像していただけることと思う。

ウクライナを愛した女性たち

ウクライナの歴史を振り返ってみれば、そこには、苦しみや悲しみに打ちひしがれる人々のかけがえなき同伴者として自らの人生を生き抜いた女性《ベレヒーニャ》たちの、切なる思いと祈りが満ち溢れている。ザポリッジャ（ザポロージエ）・コサックが軍事共同体としての勢力を増し加えた時代、それはゴーゴリの小説『タラス・ブーリバ』にも描かれているように、周辺列強の狭間《はざま》で緊迫した戦時生活を余儀なくされた時代でもあったが、そうした逆境においても、キエフ兄弟団創設者の一人ハールシュカ・フレーヴィチヴナ（1575～1642）は、ウクライナ人徒弟のための教育機関の設立に奔走して後のキエフ・モヒラ・アカデミーの礎を築いたし、「ウクライナのサッフォー」として知られる半伝説的な歌い手マルーシャ・チュライ（1625～53）は、コサックの若者との悲恋や美しい農村風景を抒情的に歌い上げることで、コサック社会の内側から時代の凄惨《せいさん》さを逆説的に照らし出し、幸福や平和の尊さを広く人々に知らしめた。

ウクライナがロシア帝国に併合され、その大部分の地域が「小ロシア」「新ロシア」と呼ばれた時代にも、強権的な民族同化の圧力に抗《あらが》って自らの信念に忠実であり続けた女性《ベレヒーニャ》たちがいた。フリスティーナ・アルチェフスカ（1841～1920）は、官憲の制裁を恐れずに私設の日曜女学校をハルキフに設立して女子教育の充実に努め、その後成人初等教育のメソッドを確立、国際教育連盟の副総裁も務めた。奇しくもアルチェフスカと同じく帝政ロシア治下のチェルニーゴフ（チェルニーヒフ）県に生を受けたソフィヤ・ルーソヴァ（1855～1920）は、「母語や自文化の尊重と自由な育成を介してこそ人類普遍の価値観を涵養《かんよう》することができる」という、帝国政府にとってラディカルな教育理論を展開し、生涯をかけて児童教育や校外教育、さらには女性の権利の充実と拡大に身を捧げた、稀

写真左上から、フリスティーナ・アルチェフスカ、ソフィヤ・ルーソヴァ、ナターリヤ・コブリンスカ、左下から、オレーナ・プチールカ、レーシャ・ウクラインカ、オレーナ・テリーハ

代の啓蒙家であった。

19世紀後半、ウクライナ人やその言語文化に対する弾圧の嵐が吹き荒れる中で、民族としては勿論のこと、さらに女性としての平等な権利とその自己実現を力強く主張した女流作家たち、ナターリヤ・コブリンスカ（１８５５～１９２０）やオレーナ・プチールカ（１８４９～１９３０）の先駆性とヒューマニズムは、いくら強調してもし過ぎることはないだろう。他でもなく彼女ら二人が編纂したウクライナで最初の女性作家たちによる撰文集『最初の花冠』（１８８７）には、プチールカの娘で、後にイヴァン・フランコをして「ウクライナには現在、その才能の力強さと多面性において比肩する詩人はいない」と言わしめた、若きレーシャ・ウクラインカ（１８７１～１９１３）も参加している。

詩人オレーナ・テリーハ（１９０６～42）とその伴侶ミハイロは、第二次大戦期のドイツ軍占領下のキエフで、占領軍の厳しい検閲を受けながらも編者として文学週報にスターリン粛清の犠牲となったウクライナの詩人や作家の作品を掲載し、差し迫る身の危険を顧みずキエフに留まり、人々の魂を鼓舞し続けた。しかし遂に１９４２年２月９日、テリーハ夫妻は仲間と共にゲシュタポに逮捕され、同

22日にバービイ・ヤールにて銃殺された。夫のミハイロは拘束時、妻と運命と共にするために敢えて「作家」と自称するのだが、彼の究極の決断もまた、私たちの心を揺さぶらずにはおかない。

ここで言及してきた女性《ベレヒーニャ》たちの共通点——それは、彼女たちが言葉の本義における「同伴者」であった、ということだ。助けを必要とする人々に寄り添い、喜怒哀楽を分かち合い、しばしば身を挺して相手を庇おうとする彼女たちは、かけがえなき「護り手」であったにちがいない。同時に、権力や時代の趨勢《すうせい》に迎合せず、自らの信念と使命感に従って人間のあるべき姿を探求し続け、人々の歩むべき道筋を未来の方向から明るく照らすかのような言葉や足跡を残した彼女たちは、かけがえなき「導き手」でもあったのである。「護り手」でありかつ「導き手」である彼女たちをベレヒーニャと呼ぶことは、その語源的観点から映し出された意味のスペクトルと照らし合わせても、この上なく相応しいことのように思われる。なぜなら、ベレヒーニャという呼び名の中には「愛するとはどういうことか？」という永遠の問いを解く鍵が隠されており、この呼び名はウクライナの女性《ベレヒーニャ》たちの生き様をより的確に象徴しているからだ。

キエフの独立広場を訪れる機会があれば、モニュメントにまつわるこうしたエピソードを、ふと思い出していただけたら嬉しい。そしてベレヒーニャの、あらゆる命を慈しみ、惜しみなく愛情を与えようとする眼差しは、遍《あまね》く私たちにも注がれているのだ、ということも。

（原田義也）

35

現代文学

★現在ウクライナで読まれているジャンルや作品★

日本語に翻訳されているウクライナ文学はまだまだ少ない。今までに訳されたのはタラス・シェフチェンコ Тарас Шевченко（１８１４～61）の詩集、チェルノブイリについてのユーリー・シチェルバク Юрій Щербак（１９３４～）の作品、リュドミラ・スキルダ Людмила Скирда（１９４５～）の詩、アンドレイ・クルコフ Андрей Курков（１９６１～）の小説である。それに加えて、ウクライナが独立してから作家として成長した16人の短編集を挙げることができる（それはほとんど２０００年以降、またその直前のものが多い）。

そして２０００年以降のウクライナでは、幅広い範囲で、詩から小説、また子供の絵本まで、様々なジャンルの新しい作家も現れた。また年配の作家も新しい作品を出すようになった。そして２０００年以降のウクライナ文学を作家の世代で考えると、次のようになる。

文学の先達であり、１９５０年代後半から活躍し、80年代に最も有名な詩人となったリーナ・コステンコ Ліна Костенко（１９３０～）は、自身初めての小説である『ウクライナのキョウジン日記 Записки українського самашедшого』（２０１０）を出

リーナ・コステンコ『ウクライナのキョウジン日記』（2010、撮影：原田義也）

し、それが大変注目を浴びた。主人公の30代のプログラマーが、オレンジ革命を体験しながら、自らのアイデンティティ、家族関係、またウクライナの90年代、2000年代の社会・政治的な変化を考えながら語っている、とても面白い物語である。そして2011年に、同じく60年代から活躍した有名な女流詩人であるイリーナ・ジレンコ Ірина Жиленко（1941〜2013）は、自分の日記を出版した。『ホモ・フェリース Homo Ferries』（祭る人）というタイトルで、800頁もある本でとても面白く、最近50年間のウクライナの政治、社会、日常生活の事情を語る本である。ある意味で独立後の数少ない日記文学で、歴史の教科書にもなる本かもしれない。

「ウクライナのベストセラーの父」とも呼ばれるヴァシーリ・シュクリャル Василь Шкляр（1951〜）は今までに14冊の小説を出版し、2011年にシェフチェンコ賞も受賞した。一番有名な『黒いカラス Чорний ворон』（2009）は1920年代にソ連への反対活動をしていたウクライナ独立軍の話で、KGBが公開した資料を元に書かれた。

同じ世代のもう一人の有名な作家はユーリー・ヴィンニチューク Юрій Винничук（1952〜）で

ある。彼も12冊の小説を出版した以外に、短編集、児童書、そして地域の歴史、また百科事典の仕事に関わっている。『死のタンゴ Танго смерті』（2012）では、同時に二つの話を物語っており、第二次世界大戦時のウクライナ人、ロシア人、ポーランド人とユダヤ人の四人の友達の話と、今現在のウクライナとトルコでの話が、結末で結ばれる。英BBCはウクライナの書籍を対象として表彰を毎年行なっているが、この物語は、2012年の「その年の本」賞を受賞した。

もう一人の同世代の人気作家はヴォロディーミル・リース Володимир Лис（1950〜）で、最も有名な小説は『ヤキフの世紀 Століття Якова』（2010）と『ソロミヤのためのソロ Соло для Соломії』（2013）である。前者は自分の人生で五つの国と政権を経験してきたヤーコブの物語で、後者はソロミヤという女性の恋と人生をウクライナの第二次世界大戦を背景にした歴史の中に描いている。ちなみに、シュクリャルとリースの作品は学校の教育カリキュラムに入っている。

そして、比較的自由な風が吹いた1960年代生まれの作家で最も有名なのは、ユーリー・アンドルホーヴィチ Юрій Андрухович（1960〜）、前出のクルコフ、そしてオクサナ・ザブージュコ Оксана Забужко（1960〜）である。

アンドルホーヴィチは、有名な「ブ・バ・ブ Бу-Ба-Бу」という詩人のグループ出身で、ハンナ・アーレント賞を含め数多くの国際的な賞を受賞している詩人・エッセイストであり、6冊の小説の著者でもある。近年では、111カ所の町々を扱った『親密な町々の語彙 Лексикон інтимних міст』（2011）というエッセイ集と、様々な歴史的な事件を扱った『司法の恋人たち Коханці юстиції』（2017）という小説を出版した。

哲学部卒の文学評論家で、最も有名な女性作家であるザブージュコの作品も興味深い。彼女は独立後のウクライナにおける最初のフェミニストでありながら、深遠な歴史小説も書く人で、様々な賞の獲得者となり、多くの外国語にも翻訳されている。政治的なエッセイ以外に、最も有名な小説作品として『ウクライナ・セックスのフィールドワーク Польові дослідження з українського сексу』（1996）と、2010年に様々な賞を受けた832頁の大著『置き去られた秘密たちの博物館 Музей покинутих секретів』（2009）がある。数年前に「コモラ（納屋）」という出版社も設立した。

そして前出のクルコフも、20冊以上の作品を書き、脚本家でもあり、外国で最も知られる、主にロシア語で書いている同世代の作家の一人である。最近の小説では『シェンゲン・ストーリー Шенгенская история』（2016）があり、また2015年に出した『マイダン日記 Дневники Майдана』は日本語にも訳されている（邦題は『ウクライナ日記』）。

マリヤ・マチオス Марія Матіос（1959～）も、ほぼ同世代の代表的作家で、多くの作品を書いている。彼女の最も有名な作品で多くの賞を受けたものに、ソ連軍が占領した西ウクライナの村の生活を描いた『可愛いダルーシャ Солодка Даруся』（2004）がある。

それから2007年にジョセフ・コンラッド賞を受賞したタラス・プロハシコ Тарас Прохасько（1968～）も1960年代生まれの代表作家の一人である。彼の短編は綺麗な読みやすいウクライナ語で書かれ、同時にとても考えさせられる哲学的なものでもある。またニューヨーク在住のヴァシーリ・マフノ Василь Махно（1964～）の短編も、ウクライナの歴史と、現代のアメリカで生活しているウクライナ移民の生活が描かれながら、共通した話題を語っており、文学的価値の高い作品として2016年にBBCの文学賞を受賞している。彼と同じ世代でリトアニア在住のヤロスラフ・メーリニク Ярослав Мельник（1959〜）の短編も、神話的なイメージを取り入れながら心理学的なモチーフが多いもので、考えさせられる作品である。2012年に同じBBC賞を受賞した。

そして40歳以上の女性作家を一つのグループに分けることができる。その中で、イレン・ロズドブジコ Ірен Роздобудько（1962〜）は、よく映画化される20冊以上の人気サスペンスの著者である。そして作家で弁護士でもあるラリサ・デニセンコ Лариса Денисенко（1973〜）の『仮面の踊り Танці в масках』（2006）は韓国でのウクライナ人の物語であって、その年の国内の雑誌賞を受けた。また彼女の『マヤと彼女のママたち Мая та її мами』（2017）という題名の、多様化する現代家族についての子供向け物語も、大きな評判になった。また20世紀ウクライナの村や小さな町の日常と人間関係を描き、リュコ・ダシュワール Люко Дашвар というペンネームのイリーナ・チェルノヴァ Ірина Чернова（1957〜）の小説も読みやすくてとても人気があり、国内文学賞もよく受ける。

セルギー・ジャダン Сергій Жадан（1974〜）は、「停滞の時代」の1970年代に生まれた最も有名な詩人で作家である。彼は約10冊の詩集と5冊の小説を出している。また「ジャダンと犬たち Жадан і Собаки」というロックバンドでも歌っている。彼は東ウクライナ出身で、戦争で一時期国内難民になった人々向けのNGOにも携わっている。この世代で最も有名な詩人であり作家なので、彼の詩の朗読会はいつも満席である。

ソ連末期の1980年代生まれを代表する作家として挙げられるのは、かつて「神童」とも言われていたリュブコ・デーレシュ Любко Дереш（1984〜）だ。彼の最初の作品は18歳の時に出版され、今まで11冊の本を出している。最も有名な作品はファンタジー系で主人公が少年なので、同年代人に大変人気がある。同世代でオーストリア在住の哲学的な作品を書くターニャ・マリャルチューク Таня Малярчук（1983～）は、2016年にウクライナの歴史家ヴャチェスラフ・リピンスキー（1882～1931）について書いた本で、BBCの賞も受賞した。小説家で歌手でもあるイレーナ・カルパ Ірена Карпа（1980～）の小説の主人公には、家族の伝統や社会規範と戦っている人物が多く登場し、とても人気がある。この世代ではさらに、詩人で小説家としても活躍しながら、翻訳者としても頑張っているアンドリイ・リュブカ Андрій Любка（1987～）と、女流詩人で小説家、また児童作家でもあるカテリーナ・バブキナ Катерина Бабкіна（1985～）、そして映画監督で作家や詩人でもあるイリーナ・ツィーリク Ірина Цілик（1982～）も有名である。

最後に、まだ20代で旅行ブログを始めて、そして旅行日記も出版され、現代ウクライナ文学では最初のポルノ・スターの日記小説を書いたボグダン・ログヴィネンコ Богдан Логвиненко（1988～）も、ここ数年で注目を浴びている。

（オリガ・ホメンコ）

36

ロシア文学とウクライナ

★言語、民族、トポスの錯綜★

文学におけるロシアとウクライナとの関係史を語ることには、一定の困難が伴う。その理由のひとつは、両者が過去において、いつも明確に分かれて存在していたわけではないことだ。例えば『原初年代記』(12世紀初)や『イーゴリ軍記』(1187年頃)がロシア文学かウクライナ文学かを、現代の視点から遡及的に問うことには意味がない。当時はまだ両民族は分離しておらず、「ルーシの民」という意識が優越していたからだ。

もう一つの理由は、両者を分かつ基準が複数あることだ。作品の帰属を決める根拠としては、作者の民族・人種、自己認識、使用言語、作品の舞台のほか、様々な要因が考えられる。だが歴史上、民族的にはウクライナ人だがロシア語で執筆し、ロシア帝国(後にはソ連)への帰属意識を持つ作家も少なくなかったのである。

このように流動的で錯綜した「ロシア」と「ウクライナ」の文芸における関係を、以下に概観してみよう。

広義の文学においてロシアとウクライナの「関係」を論じることができるのは、17世紀からと言われている。この時期、キエフを中心とする地域とモスクワを中心とする地域の文芸の間に、明らかな相違が認められるようになったからだ。きっかけとなったのは、キエフ神学校でのラテン語教育の導入である。これを契機として、主にポーランド経由で西欧の文化がキエフに流入し、それが後にモスクワに影響を及ぼすルートが生まれた。ロシア文学に音節詩や戯曲といったジャンルが伝わったのは、このルートを通してである。文芸の世俗化が進み、西欧の騎士道物語の翻訳が人気を集めた。このようなロシア文学に対するウクライナの啓蒙的な役割は、18世紀初頭まで続いた。

だが、ロシアに対するウクライナの文化的な影響力は、18世紀を通して、しだいに弱まっていった。その理由の第一は、ピョートル一世（在位1682～1725）による西欧化の推進である。バルト海に面した首都サンクトペテルブルグの建設で、物資や情報をヨーロッパから直接入手する経路が確保されたことで、ロシア帝国におけるキエフの「西欧への窓」としての役割は相対的に低下した。またエカテリーナ二世（在位1762～96）は南下政策を推進し、オスマン・トルコとの数次の戦争によって黒海に至る現在のウクライナ領のほぼ全域を版図に加えたが、当時の帝国の国家理念においては、古典主義の影響もあって、ギリシャとその後継国家ビザンツ帝国がロシアの源流と考えられていた。ウクライナは帝国の辺境、またはニューフロンティアというふうに位置付けられた。

ウクライナがロシア文学の重要なトポスとなり、多くの作品の舞台となったのは、19世紀前半のことだ。その際に活躍したオレスト・ソモフ（1793～1833）とニコライ・ゴーゴリ（1809～52）は、どちらもウクライナの小地主階級出身である。ハリコフ（ハルキフ）大学を卒業後、1817年からサンクトペテルブルグで暮らしたソモフは、『キキモラ』『ルサールカ』（ともに1829）、『キエフの魔女たち』（1833）など、ウクライナの伝承や風土に根ざした短編を発表した。『鼻』（1836）、『外套』（1841）などのペテルブルグを舞台とした小説で後にロシア文学史上の巨人となるゴーゴリもまた、文学的出発は『ディカニカ近郷夜話』（1831〜32）や『ミルゴロド』（1835）など、ウクライナの民間伝承に取材したとされる幻想的な作品集だった。

この時期のロシア文学で、ウクライナが題材として関心を呼んだ背景には、ロマン主義の影響があった。ゴーゴリの「ウクライナもの」が必ずしも伝承に忠実でなく、むしろホフマン（1776〜1822）など、同時代のドイツ文学の影響が大きかったことは定説だが、伝承に注目すること自体は、同じくドイツで生まれた「民族」という概念の精粋を、民衆が語り継いできた物語に見いだそうとするナショナリスティックな志向の浸透の結果だった。特にウクライナの伝承が注目されたのは、キエフ・ルーシ以来の歴史から、この時期には、ウクライナこそロシア民族の源流であると考えられるようになったためだった。

実際、ソモフやゴーゴリには、自分がウクライナ民族であるという認識は希薄だった。ソモフは論文『ロマン主義の詩について』（1823）で、ロシア帝国の多様な風土がいかにロマン主義という新しい詩学に適しているかを力説したが、ウクライナは広大な帝国の版図の一地域として以上には論じられていない。17世紀を舞台にザポロージエ・コサックのポーランドとの闘争を描いたゴーゴリの歴史小説『タラス・ブーリバ』（1835）では、コサックたちはくり返し「わがロシアの国土」と口にし、自分たちに「ロシア人の感情」が漲《みなぎ》っていることを誇る。ロシア文学におけるウクライナ・トポスの興隆は、ウクライナ・ナショナリズムによるのではなく、ウクライナがロシアの原故郷であるという認識に支えられていた。

ロシア絵画とウクライナ：イリヤ・レーピン『トルコのスルタンに手紙を書くザポロージエのコサックたち』（1880〜1891）

ウクライナを舞台とした作品は、19世紀後半にも少なからず書かれたが、リアリズムが主流だったためもあって、この地に象徴的な意味を見いだそうとする傾向は弱かった。例えばウクライナ人とポーランド人の両親の下で少年時代をジトーミルで過ごしたヴラジーミル・コロレンコ（1853〜1921）は、『悪い仲間』（1885）、『森はざわめく』（1886）などでウクライナの伝承や少年時代の記憶に基づいた作品を書いているが、代表作『マカールの夢』（1885）ではヤクート地方のロシア人農民を主人公とするなど、とりたててウクライナの風土や記憶に固執していたわけではない。

　ただしこのような「ウクライナ性」の希薄さは、あくまでもロシア語で書くことを選択した作家について言えることだ。タラス・シェフチェンコ（1814〜61）やニコライ（ミコーラ）・コストマーロフ（1817〜85）のようにウクライナ人意識を持ち、ウクライナ語で執筆する者が、この時期に現れてきたことも忘れてはならない。もっとも、近代ウクライナ文学の黎明を担った彼らはバイリンガル作家であり、ロシア語による著作も少なくなかった。

ロシア文学とウクライナを考えるうえで重要なもう一つの潮流は、ユダヤ人の文学だ。ウクライナには多くのユダヤ人が居住していたが、その中からショーレム・アレイヘム（1859〜1916）などの作家が現れた。彼は主にイディッシュ語で執筆を行なったが、自作品をみずからもロシア語に翻訳・発表したため、ユダヤ人社会の枠を越えて広範な読者を獲得した。

20世紀に入ると、ユダヤ人の若い世代はイディッシュ語でなく、直接ロシア語で詩や小説を書くようになった。この傾向はとりわけユダヤ人が多かった国際都市オデッサゆかりの者たちに顕著で、ロシア革命によってユダヤ人に対する種々の制限が撤廃された1920年代になると、彼らはモスクワの雑誌に次々と作品を発表し、ロシア文学に新風を送り込んだ。オデッサの無法地区を舞台にした『オデッサ物語』（1921〜24）や、ガリツィア（ハリチナー）地方での内戦に取材した『騎兵隊』（1926刊）などで一世を風靡した作家イサーク・バーベリ（1894〜1940）や、国内戦の複雑な様相をウクライナの伝統的叙事民謡の形式でうたった『オパナスの歌』（1926）の詩人エドゥアルド・バグリツキー（1895〜1934）などがその代表である。

ソ連文学の初期には、その他にも、南ウクライナの零落ポーランド貴族の家に生まれ、オデッサで育ったユーリー・オレーシャ（1899〜1960、代表作に『羨望』1927）、キエフで育ったウクライナ・コサックの末裔コンスタンチン・パウストフスキー（1892〜1968、黒海沿岸に取材した代表作に『ロマンチストたち』1929）など、ウクライナで育ち、その風土を題材にした作家の活躍が目立っ

若き日のパウストフスキー

た。彼らは自分たちの明晰で行動的な文学を「南方的」と位置付け、「北」に象徴される神秘的・思索的な従来の文学に対置しようとした。ただし、それはあくまで、ロシア語を共通語とするソ連文学の枠内での独自性の主張だった。１９３０年代に入り、文学に対する政治の統制が強まると、彼らはしだいに発表の場を失い、沈黙や死へと追い込まれた。パウストフスキーはその作品の舞台を、ウクライナなどの南方から、しだいにロシアの北部や中部へと移していった。

多民族・多言語文化を理念としていたソ連では、その後はロシア語作家とウクライナ語作家の分離と住み分けが進んだ。ウクライナ独立後、この傾向はさらに強まっているが、その一方で『ペンギンの憂鬱』（原題『局外者の死』１９９６）のアンドレイ・クルコフ（１９６１〜）のように、ウクライナで暮らしながらロシア語で書き、両国で人気の作家もいる。文芸において、ロシアとウクライナの間に明確で固定的な境界が成立したとは、なおも言えないのである。

（中村唯史）

レーピン絵画の中のシェフチェンコ
——ウクライナに共感したロシア知識人たち

コラム3

井口　靖

「ヴォルガの船曳」でよく知られた画家レーピンに、「思いがけなく」と題された作品がある。恩赦で流刑から釈放されたナロードニキの若者が家族の暮す自宅に帰り着いた瞬間を描いた絵なのだが、ここで注目したいのは画面中央やや上、壁に掛けられた三枚の絵のうちの一番左の肖像画。実はこれ、ウクライナに関心を持つ人ならおなじみの、詩人シェフチェンコの肖像画なのである。さらに、一番右の絵を見ると、こちらは「だれにロシアは住みよいか」「デカブリストの妻」などの作品で知られるとともに雑誌「現代人」の編集人でもあった詩人ネクラーソフ。そのネクラーソフには「シェフチェンコの死に寄せて」という短い作品がある。レーピンにせよネクラーソフにせよ、「ロシアの画家」「ロシアの詩人」と呼ばれるのがふつうだろう。そんな彼らが、「ウクライナの国民詩人」と言われるシェフチェンコに強い関心を持っていたのである。

図版①レーピン「思いがけなく」
1884〜1888年

図版②同、拡大
(図版出典：『国立トレチャコフ美術館所蔵レーピン展』、アートインプレッション、2012年)

　何がレーピンやネクラーソフにシェフチェン

コへの関心を抱かせたのであろうか。もちろん、百姓たちが「ルーシの地で、気随気ままに暮らせるのは誰だ」と議論する長編詩「誰にロシアは住みよいか」を書いたネクラーソフや、「ヴォルガの船曳」で底辺で労働する民衆を題材としたレーピンの創作姿勢が、「農民詩人」シェフチェンコへの注目につながっていくのはまちがいない。

しかし、実は、レーピンはウクライナ東部ハルキフ（ハリコフ）近郊の村の出身で、ザポリッジャ（ザポロージエ）・コサックやウクライナ衣装の女性を描いた作品もある。ネクラーソフは、母親がウクライナ出身であった。こうした地縁的要素が、彼らのシェフチェンコへの注目と関係ないと考えるのはむしろ不自然ではあるまいか。

国民国家を当然視すると、国籍や民族というアイデンティティが過大視されがちである。しかし、レーピンやネクラーソフの例は、19世紀のロシア帝国で、シェフチェンコが「ウクライナ民族だけの詩人」ではなかったことを示唆している。

「民族」をこえたシェフチェンコへの共感を示す証言として、作家レスコフの回想がある。レスコフも、キエフ在住やキエフ大学聴講といった経験があってウクライナとの「地縁」を持ち、1860年ペテルブルグを訪問した折にシェフチェンコの面識を得た。シェフチェンコは翌1861年3月に没しているので、二人の交友関係があった期間は短いが、レスコフは同月の『ロシアのことば』誌に、「シェフチェンコとの最後の出会いと最後の別れ」と題した回想を寄稿し、1月に生前のシェフチェンコと会った最後の訪問のようすと、墓地での埋葬のもようを伝えている。埋葬に際し読まれた九本の送別の辞のうち、「六つは小ロシア語――中略――残りの三つのうちの二つはロシア語、一つはポーランド語」で、あたかも「スラヴの民の共通の悲しみ」を表すかのようであったとレスコフは語る。

さかさまに、ウクライナの側から共感をもって迎えられたロシア知識人として、文化史家アレクサンドル・プイピンがいる。プイピンの代表著作として『スラヴ文学史』『ロシア民族学史』があるが、前者では、ロシア領ウクライナのみならず、オーストリア領ガリツィア（ハリチナー）やハンガリー領「ウゴール・ルーシ」に独立の節をあててウクライナ語文学の動向が紹介され、後者では第三巻がまるまる一冊「小ロシア」民族学にあてられている。こうしたプイピンについて、オーストリア領ガリツィアのウクライナ語文学者イヴァン・フランコは、「多くのウクライナ人学者よりも、ウクライナ文学やウクライナ史のためにはたらいた」「ウクライナ人は、彼を自らの側の者として知り、尊敬すべきである」と述べ好意的に紹介している。プイピンに対するフランコの敬意は長年にわたって続き、1903年、プイピンの学術活動五十周年にあたっては祝意を伝える手紙を送っている。

国家間の緊張が持続する今日、世間では、「ウクライナ」「ロシア」を自明のかたまりのように受け止めがちだろう。しかし、『ウクライナ日記』でマイダン革命の日々をつづった「ウクライナ国民であるロシア語作家」クルコフのように、人々の意識や立場は言語や「民族」の「境界」で自動的に決まるものではない。同時代であれ、1世紀以上前の歴史であれ、人々が暮らした空間での具体的な交流を知ることが、いまこそ求められているのではないだろうか。

37

ウクライナの祝祭日

★伝統の復活と変わりゆく伝統★

ウクライナの祭は、キリスト教の祭日、キリスト教伝来以前に信じられていた民間信仰にまつわるもの、そして政治的・社会的な記念日に分けられる。

キリスト教の祭日のうち国の休日となっているのは、磔となったイエスが復活する「イースター（復活大祭）」、イエスが復活し昇天した後、聖霊（聖神）が降った「ペンテコステ（五旬祭、三位一体祭）」、イエスの誕生日の「クリスマス（降誕祭）」である。「イースター」、「ペンテコステ」の日付は天体の動きによって決まり、毎年同一の日付とはならないため、移動祭日と呼ばれる。イースターは3～5月頃、ペンテコステは5～6月頃の日曜日にあたり、通例その翌日の月曜日は休日となる。

クリスマスの休日は、ウクライナでは2回ある。12月25日と1月7日である。前者はキリスト教の中でもカトリックやプロテスタントなどの、後者は正教やギリシャ・カトリックなどの宗派のクリスマスの日付である。区別のため、前者には「カトリックの」という形容詞をつけて呼ばれるようである。カトリックやプロテスタントはその教会暦に現行のグレゴリオ暦を用いているが、ウクライナで歴史的に広く信仰されてきた正教およびギリシャ・カトリックでは現在も旧暦のユリウス暦を用いている。今日の1月7日は、ユリウス暦でいえば12月25日にあたるのである。ウクライナでは長らくユリウス暦でクリスマスにあたる1月7日のみが休日であったが、２０１７年より12月25日も休日となった。なお、イースター、ペンテコステもまた両者間で毎年日付が違うことがほとんどだが、これらは正教やギリシャ・カトリックの暦に基づいた旧暦の日付のみが休日とされている。ちなみに「新年」の休日は現行の暦の1月1日のみである。

一方、民間信仰にまつわる祭は、単独で国の休日となっているものはない（２０１８年現在）。なお、ここで言う民間信仰とは、キリスト教（正教）が伝わりキエフ・ルーシにて国教として受容される以前のウクライナで信じられていた、自然の事象事物の中に神や精霊の存在を見いだす多神教に基づいた信仰のことである。その神話や祭、慣習はスラヴ民族の間で共通するところが多い。ウクライナでのキリスト教の受容は、こういった民間信仰を完全に否定しそれに取って代わる形で行なわれたのではなく、民間信仰

イースターのポスターカード

における祭や慣習をキリスト教の歳事の文脈の中に投影させて残す形で行なわれた。このため、キリスト教の歳事の中にその影響が残されているものもある。

例えば、正教では「イースター」を迎えるにあたって7週間の精進期間が設けられているが、この精進期間直前の、卵と乳製品の摂取が許される最後の1週間「マスニツャ（バター週間）」には、民間信仰における春を迎えるための祭の慣習が残されている。マスニツャの食卓に欠かせない「ムリンツィ」と呼ばれるパンケーキの丸い形は、民間信仰において冬を滅ぼし春を呼ぶとして崇められる太陽の象徴であるといわれる。また「ペンテコステ」前後の数日間は、現在でも別名「ゼレニ・スヴャタ（緑の祭）」と呼ばれる。これは木や草花を崇め、夏を迎えるための民間信仰の祭で、今もこの期間は家を小枝や草花で飾る風習がある地域もある。

民間信仰の祭で最もポピュラーなのは、「イヴァン・クパーロ祭（7月7日）」だろう。クパーロ（あるいはクパイロ）とは、民間信仰における夏の神（女性）の名である。もともとは「クパーロ祭」と呼ばれる夏至祭であったが、キリスト教の「洗礼者ヨハネ祭」の日付に合わせて行なわれるようになって「イヴァン・クパーロ祭」と名前を変えたようである。「ヨハネ」はウクライナ語では「イヴァン」となるのである。祭は、7月6日の夜に始まる。藁や木の枝で作られた2体の人形、夏の神「クパーロ」と冬の神「マレーナ」の周りに火を起こし、それを囲んで歌い踊る、若い男女のための祭である。最後は2体の人形を燃やし、あるいは水に沈めて作物の成長と収穫を願う。この祭は、「マスニツャ」や「ペンテコステ」と異なり、キリスト教の要素は名前に冠された「イヴァン」と、その日が「洗礼者ヨハネの日」であること以外にはほとんどない。民間信仰の祭や慣習の多くはソ連の時代を通して廃れてしまったが、独立後の現在、民間信仰の祭りを再興させる試みが年々大きくなってきている。
最後に、政治的・社会的な記念日に基づいた休日であるが、それらは1991年にウクライナがソ連から独立した後に制定されたものと、ソ連の時代から引き継がれているものがある。

前者に属する「独立記念日（8月24日）」と「憲法記念日（6月28日）」は、1991年のウクライナ独立とそれに伴う1996年の憲法制定を記念したものである。とりわけ独立記念日は、毎年国を挙げて各地で盛大に祝われる。政府主導の国家事業としての政治的祭典の側面だけでなく、この日は各地で無料コンサートが行なわれたり、夜空を溢れるばかりに彩る打ち上げ花火を楽しんだりと、国民こぞって祝う記念日でもある。

ソ連の時代から引き継がれた記念日の中で最も盛大に祝われるのは、「国際女性デー（3月8日）」だろう。こちらは国家事業としての祭典ではなく、国民それぞれがそれぞれに楽しむお祝いの日である。この日は妻や母、祖母、姉妹、恋人、友人、仕事仲間、果ては通りすがりの女性に至るまで、あらゆる女性がお祝いの対象となる。道行く女性には「記念日おめでとう」の声がかけられ、親しい間柄では花やカードをはじめ、お菓子や日用品などの小さな贈り物が、大切な女性にはそれなりの品が贈られる。学校や職場ではパーティーが開かれたり、レストラン等で女性に食事をごちそうすることも少なくない。最近では男性から女性に対してだけでなく、女性同士でもプレゼントやカードを贈り合うという。日本のバレンタインデーの盛り上がりとよく似ているが、その比ではない。

一方で、ソ連時代から引き継がれた記念日については、2014年のウクライナ・ロシア間の関係悪化後、見直しが行なわれつつある。その一つが「祖国防衛者の日」である。ソ連の時代から引き継いで、休日ではないものの、「祖国防衛者の日」は2月23日に祝われていた。しかし、ソ連すなわちロシアの影響下に定められたこの休日は、もはやウクライナにとって祖国防衛とは相容れないことを理由に、２０１４年独立記念日にウクライナ大統領ポロシェンコによって廃止が宣言され、翌年その代替として新たに10月14日が「ウクライナ防衛者の日」と定められ、国の休日となった。ちなみにこれによる休日増に伴い、5月1日、2日の2日間が休日だった「メーデー（労働者の日）」は1日のみに短縮された。

また、「戦勝記念日（5月9日）」は、第二次世界大戦（ソ連史においては「大祖国戦争」）でドイツ軍を破ったソ連による戦功をたたえ、戦車や軍人らの行進による大規模な軍事パレードで祝うのが従来であったが、２０１８年は軍事パレードは行なわれなかった。それはドイツ軍に対する勝利を、大祖国戦争における偉大なソ連軍による軍事的勝利という位置付けではなく、ナチス・ドイツ軍とソ連軍との戦場として甚大な被害を蒙ったウクライナの苦渋の歴史を思い、またナチス・ドイツ軍のヨーロッパ戦線における非人道的な歴史に対する人類的な勝利を記念し、平和を願う日へと変わりつつあるというのがその理由のようである。

（栗原典子）

38

伝統工芸の復活

★ピーサンキとウクライナ刺繍★

現代に残されたウクライナの伝統工芸品は、いずれも素朴な品々である。かつてウクライナがキエフ・ルーシの中心地として栄え、王朝や教会文化が隆盛した時代には、王侯貴族のための宝飾品や教会等における儀式用品などの需用があり、金銀銅細工などを用いた絢爛《けんらん》な工芸技術も発展していた。しかし13世紀モンゴル軍の襲来以降、ウクライナはほとんど常に戦乱の中にあり、こういった贅沢品を製造していた金属加工技術を持つ職人たちはその需用をなくすとともに、武器の製造に従事せざるを得なかったともいう。ウクライナを舞台とした戦乱は18世紀末に一端収束するが、このときウクライナはロシア帝国内にあって農業生産の要地の一つに過ぎず、王や皇帝らの目を喜ばせる贅沢品としての豪奢な工芸品産業が育つ素地は、もはやウクライナにはなかったのである。このような歴史的背景により、現在に伝えられているウクライナの伝統工芸品の多くは、各家庭の中で作られ伝えられてきた、日常生活に密着した品々となっている。

各家庭の中にひっそりと根付いていたウクライナの伝統工芸に光が当てられたのは19世紀のことである。この時代、ヨーロッ

第38章
伝統工芸の復活

パで起こったロマン主義運動に刺激を受けたウクライナの知識人達は、民族の力を発掘しその覚醒を訴える中で、その発現の一つとして農村における民衆の生活に目を向けた。彼らによるフォークロア収集の過程の中で、民話や伝承などの聞き取り調査とならんで見いだされたのが、各家庭の中に息づいていた工芸品である。なかでもひときわ注目を集めたのは、「ピーサンキ」と呼ばれるイースターエッグ（表紙袖の写真参照）とウクライナ刺繍であり、どちらについても19世紀から20世紀初頭にかけて画集や研究が相次いで出版された。

これらの伝統工芸品は、ソ連の時代には自由な制作活動が制限された時代もあり、研究の進展もほとんどなかった。しかし独立後のウクライナでは、関連書が出版されたりその技術や歴史を教える講座や学校が開かれたりと、完全なる復興の気運の中にある。アートとして作品を発表する作家がいる一方で、ウクライナ各地で手作りの品がお土産品として売られてもいる。ウクライナ各地にある民芸品博物館やピーサンキ博物館では、20世紀前半のアンティークが見られることもある。また、ピーサンキや刺繍の技術や図案はウクライナ人移民（ディアスポラ）の子孫の間でも大切な民族文化の遺産として受け継がれており、アメリカやカナダにはピーサンキや刺繍などウクライナの伝統工芸品を展示する博物館がある。

ウクライナ伝統のイースターエッグ、ピーサンキの最大の特徴は、その製法と図案にある。他のキリスト教諸国と同様、ウクライナにも様々なイースターエッグがあり、家庭ではゆで卵の殻に食用色素で色付けをしたり、シールを貼ったり、様々に工夫を凝らしたイースターエッグが作られる。また、木製の卵に絵の具を用いて絵や幾何学模様を描いたお土産品もよく見られる。木工細工が盛んなカルパチアでは、木彫りのイースターエッグも作られている。ウクライナでは、イースターエッグの総称として「ピーサンキ」という名称が使われる場合もあるのだが、本来「ピーサンキ」と呼ばれるべき伝統工芸品としてのイースターエッグは、本物の生卵にロウケツ染めの手法で図案を色付けするという特徴を持っている。

ロウケツ染めの手法とは、染色したくない部分にミツロウを塗っては別の色の染色液に浸すという工程を何度も繰り返し、最後にミツロウを溶かして拭き取ることで、ミツロウによって次の色に染まらなかった部分にそれぞれの色が残り、多色使いの模様が染め付けられるという手法である。同様の手法は、北はバルト海沿岸、南はバルカン半島一帯まで、スラヴ民族を中心とした周辺諸国にも共通して見られる。どのような経緯でいつ広まっていったのかは、いまだ解明されていないが、キリスト教伝来以前の卵信仰が根底にあるという説もある。

本物の卵を使ったイースターエッグは普通、ゆで卵を用い、食用を目的としているのにたいして、ピーサンキは生卵を用い、食用を前提としていない（お土産品として売られているピーサンキは、普通中身は抜いてある）。重要な栄養源だった卵をいわば無駄にしてまでピーサンキが製作されてきたことには、卵には病気を治したり災厄から守ってくれる不思議な力があるという、キリスト教以前に信仰されていた多神教に基づく民間信仰の影響が残されているというのである。ピーサンキはイエスの復活を祝うキリスト教のイースターエッグであると同時に、大切な人や日々の生活を守る民間信仰に基づくお守りの意味もあり、墓に供える風習もあったという。

ピーサンキがお守りであるという要素は、それに描かれる図案にも見てとれる。伝統的なピーサンキは、好みの絵や模様を自由に描くのではなく、伝統的な図案を組み合わせてデザインするべきものであるという。その図案は、教会や十字架などキリスト教に由来するものもあるが、多くは太陽や星、火、動植物やその一部（ヒツジの角、木の枝、花のつぼみなど）など自然の事象をモチーフとした幾何学模様、あるいはデザイン化されたものである。その図案はスラヴ古来の伝統的な模様としてスラヴ民族の間で広く共通しており、キリスト教伝来以前の7世紀頃にはすでに成立していた模様だとする研究もある。そしてその図案の一つ一つや用いられる色には、力や愛、健康や長寿、子孫繁栄、豊穣などを願う意味がそれぞれ込められているという。子どもには様々な未来を自分の意志で書き込めるよう白地を多く残したものを、老人には天国に続くと言われる階段模様を、若者には力や愛の象徴である赤を基調としたものをなど、ウクライナの人々はピーサンキを贈る相手のことを考え、祈りをこめて手作りしてきたということである。

これらの図案の多くは、ウクライナ刺繍にも用いられ、普通、左右対称に、そして連続模様は中途半端に途切れないようにデザインされる。ピーサンキと同様、それぞれ意味の込められた図案を刺繍することは特別な意味のあることで、例えば民族衣装の襟まわりや袖口に刺繍するのは、装飾と補強の意味があったとともに、邪悪な魔物が体や心に侵入することを防ぐおまじないでもあったという。また、刺繍で飾られた「ルシュニク」と呼ばれる長い布（手ぬぐい程度のサイズから、幅60cm、長さ3mの大判まで様々）は、普段から家庭内でイコン（イエスなどの聖像画）にかけるなどして装飾に用いられるが、結婚式では新郎新婦がイエスの前あるいは人前で結婚を誓う際に足の下に敷くなど、出産、洗礼、葬儀など人生のあらゆる節目の儀式やイースターなどの祭日に欠かせないものである。とりわけ結婚式

ウクライナの伝統的な刺繍

で使うルシュニクは、かつては新婦が自分で用意するものであり様々な願いや希望を刺繍の図案に反映させたという。

ウクライナ刺繍の手法は、もとはサテンステッチやストレートステッチといった、直線縫いを組み合わせた手法が用いられていたが、19世紀にヨーロッパで流行したクロスステッチの手法も取り入れられ、従来の図案をクロスステッチで刺すようになっている。今ではお土産品においてはクロスステッチの作品のほうがむしろ多い印象である。刺繍に使われる色は、古くは赤一色、あるいは赤と黒の二色が最も一般的であったと言われるが、時代とともに様々な色を使うようになってきたようである。

（栗原典子）

コラム4

ゲルダン
――ウクライナの衣装を彩るビーズ細工

マクシム・マメリン

ビーズ編みの芸術は、刺繍やその他の女性の手芸と同様に、往古《いにしえ》の昔から今日に伝えられてきた。ビーズ細工の故郷は古代エジプトであり、そこでは4000年以上前に不透明ガラスから人工真珠が作られていた。これらの色とりどりの煌《きら》めく真珠玉は、アラビア語で「ブスラ」「ブセル」と呼ばれているが、非常に見栄えのする、極めて高価な外観を呈していた。その装飾でファラオたちの衣装を飾り付けたほどだ。ビーズは、古代エジプトからビザンツ帝国に渡り、そしてヨーロッパへと至った。10世紀、ビーズ芸術はヨーロッパから現在のウクライナが位置する地域へとやってきた。

ビーズは非常に高価で、その仕入れも販売も行なわれていたのはごく少量であった。よってビーズは当初、貴族階級や裕福な人々だけの特権であった。その後、徐々に多くの人々がこの精巧な手芸に魅了されていった。そして今では、この芸術がいつから国民的なものとなったのかを見定めるのは不可能なほどである。

ウクライナでビーズや竹ビーズによる刺繍が行なわれているのは、主にブコヴィナ地方、プリカルパッチャ地方（カルパチア山脈北東側）、ザカルパッチャ地方（同南西側）で、これらの地方はウクライナにおけるビーズ編みの故郷である。

ウクライナでは、ビーズ飾りをお下げに編み込んだり、胸や首にかけたり、腕に着けたり、男女それぞれのシャツ、帯、スカート、被り物などをビーズで飾り付けたりした。最も広く普及したのは、首からかけるタイプと、胸の上に着飾るタイプの女性用の飾り物で、その形状には、細い帯が連なったもの、平らな鎖の列が連なったもの、丸い透かし編みの付け襟状のもの、などがあった。これらの飾り物のタイプはそれぞれが、技術、構成、色彩的工夫、結び合わせおよび着用の方法などの、地域的《ローカル》な特徴を備えている。

最も普及しているビーズ細工である「ゲルダン（ヘルダン）」は、編み紐または組み紐、さらには様々な色合いのビーズからなる平らな鎖の列が連なったもの、または透かし編みの付け襟状の飾り物のことである。つまりゲルダンとは、様々な幅を持つ目の詰まったあるいは透かし編みの帯の束からなるループ状の胸飾りのことで、頭から首にかけて、その両端は前方でロケット状のメダリオンのデザインによって統合されている。

またゲルダンは、古い歴史を持つお守りでもあり、絶大な庇護の力を持っている。その図案装飾《オーナメント》のエネルギー空間においては、ネガティブな力学は消え去るのである。ゲルダンはまた、豊かな収穫、満ち足りた暮らし、幸福、災厄からの保護、などを願って作られた。身にまとわない時には、ゲルダンは家の中の特別な一角に置かれ、一家全体を守った。図案装飾以外にも、色合いも独自の意味を持っている。例えば、白は光、清らかさ、神聖さと関わりがあり、赤は炎または血（生活上の力）と、黒は土（黒土）と関わりがある。ゲルダン以外のポピュラーな飾り物には、コミレーツ（付け襟）とシーリャンカ（ビーズネックレス）などがある。

ビーズ細工を編む方法は極めて多様で、そのことが創造、探求、興味深い発見のための幅広い可能性を生み出している。それらの方法は複雑なものではなく、特別な器具を必要としない。ただ、集中力と丹念な作業を要求する。

幾何学的な図案装飾は最も平易な部類のもので、構図的には水平・垂直または対角線上に配置された図形と列の単純な交代により成り立っている。ここでは、菱形、正方形、直線および

コラム4
ゲルダン

写真上、様々なゲルダン
写真左、竜をモチーフとしてビーズ細工をあしらった盆栽風アート作品（いずれもマクシム・マメリン作）

折れ線、ジグザグ、十字などの模様が優勢となり得る。このような図案装飾の出現はとても古く、それは一種独特の仮想記号であり、これらを用いて女性の熟練職人たちは自らの世界観を表現していたのだ。こうして、水平線は大地を、波線は水を、炎は十字の形によって、菱形・円・正方形は太陽を象徴する、というわけである。図案装飾に使用されるある種の装飾的記号は、お守りの役割をも果たしていた。

ウクライナ人は、森や丘、急流や噴水からもたらされたような、鮮やかで活気に満ちた色彩を好む。注目に値するのは、村々における民俗様式上の共通性が存在する一方で、各々独自の色彩的調和が形成されていることである。お気に入りの色合い、モチーフ、形態、技術など、それぞれの村に独自の地域的特徴が垣間見られる。ある種のビーズ飾りでは、庇護の意味合いを持つ赤の様々な色調が使用される。他方、ほぼすべての村で、図柄に青およびスミレ色のニュアンスが加えられる。白も、背景色として、または図案装飾における明るさのアクセントとして、色合いの瑞々《みずみず》しさを強調するためにしばしば用いられる。模様の性格やその色彩的「響き」を規定する背景色も、重要な意味を持っており、それぞれの村々に独自のものがある。

ウクライナの民芸品の真の美しさは、各々が独自の模様のスタイルを備えていることにある。このスタイルは制作技術そのものに由来するものでもあるし、作品の外面的形状、その素材、そしてその作品が用いられる環境、これら三者の調和に由来するものでもある。

最後に、ゲルダン作家としての私自身の事例から付け加えさせていただくと、私は一つ一つの作業に自分の魂の一部を織り込んでいる。常に好意的な思いと考えを持って作業に当たり、ネガティブなエネルギーをその作品の貰い手に伝えないために、気分が晴れない時に作業机に向かうことはない。他でもなくこのようにして、お守りというものは生み出されているのだと思うのである。

（訳：原田義也）

39

ウクライナ料理へのいざない

★ボルシチはロシア料理にあらず★

ウクライナの伝統料理と言えば、ボルシチ、水餃子、そしてロールキャベツ。この三つがウクライナの三大料理とされている。

日本ではロシア料理だと誤解されているのが、ボルシチборщ。実はウクライナの伝統料理であり、ウクライナに来るロシア人の多くが本場のボルシチを食べるのを楽しみにしている。モスクワ風のボルシチはソーセージを入れるのに対して、ウクライナのボルシチは牛肉で出汁をとって作る。通常、ボルシチに用いる材料は20種類ほどあるが、基本的には、細かく刻んだ人参、タマネギ、ビーツなどの野菜を炒め、それから水を加えて煮る。スープと同じ作り方だが、ウクライナ人はもともとスープ好きで、お年寄りはよく「スープを1日1回食べると病気にならない」と言う。

季節によってもボルシチの材料は違う。冬は体を温めるビーツを使う。イースター前の断食の時期に作るボルシチもビーツ入りで、肉ではなく魚を使うのが特徴だ。夏になると、魚入りボルシチを冷たくした「冷やしボルシチ」を食べる。この冷やしボルシチはレストランのメニューにはなく、家庭でしか食べられない。

さて、一番美味しいのはどんなボルシチか？　それは、作ってから一日置いたもの。味にコクが出て、作り立てよりずっと美味しくなる。

日本の味噌汁と同じくボルシチには様々な種類があり、各地域や家庭で材料も味付けも異なる。例えばキエフ風ボルシチは、最初にビーツを発酵させて、ビーツのクワス（酸汁）を作る。それをベースにして、肉と炒めた野菜を煮込み、仕上げに刻んだリンゴのピクルス、豚のラード、ローレル（月桂樹）などを加える。田舎風のボルシチは、野菜たっぷりのものが多い。ウクライナの各地でほぼ毎年「ボルシチ祭り」が開催され、その地域ならではのボルシチが楽しめる。

ボルシチの他にもウクライナならではのスープがいくつかある。「カプスニャック капусняк」はキャベツのピクルスを入れるスープ。ロシアでは「シチー щи」と呼ばれるものだ。そして、キュウリのピクルスで作る「ロッソーリニク розсольник」。グリーンピース、ジャガイモ、ソバ（蕎麦の実）、カボチャなどをクリーム状に近い状態にすりつぶしたスープは「クリーシュ куліш」と呼ばれる。15～16世紀のコサックの時代には、こうしたスープがメイン料理だった。コサックたちは軍人なので各地を移動することが多く、その途中に野原などで大きな鍋いっぱい

ボルシチ（筆者の調理による）

にスープを作ったという。日本の相撲部屋で作るちゃんこ鍋のようだ。そのようなコサックの軍団には必ず専属の料理人と助手がいた。

　コサックといえば、ウクライナ人の苗字には、野菜や果物の名前がそのまま使われていることがある。なぜならコサック時代まで苗字がなく、ファーストネームのみだったから。やがて人口が増えると、それでは不便なので、身近にあるものを苗字として名乗るようになった。「ボルシチさん」「カプスニャックさん」「ロールキャベツ（ホルベツ）さん」という姓の人たちが今も存在している。

　ボルシチを食べるときに欠かせないパンは二種類ある。一つは小さくて丸い頭をした白パン。それにニンニクソースをかけたものを「パンプーシカ пампушка」という。ボルシチに浸して食べるのではなく、ボルシチを飲みながら、このパンを食べるのがマナーだ。もう一つは、黒パンにウクライナの伝統的なおつまみを乗せるオープンサンド。ウクライナ人が大好きなおつまみは、日本人にはあまりなじみがないかもしれないが、「サーロ сало」と呼ばれる「豚のラード」である。冷凍庫で凍らせたラードを薄くスライスし、黒パンにのせて食べる。ウクライナの諺に「黒パンなしで豚のラードがあっても仕方がない」というのがある。ラードだけ食べてもあまり味がしないし、白パンと一緒に食べる習慣はない。あくまでも黒パンの上にのせるものなのだ。さらに、スライスしたタマネギをのせることもある。

　豚のラードには様々な使い方があり、溶かしてオイルとして料理に使うこともあるが、ウクライナ人はコサックの時代から長持ちのする便利な携帯食品として、そのまま食べていた。この習慣はウクライナ特有のもので、他のスラヴ民族にはないようだ。最近、食べるラードが注目を集めており、リヴィウにオープンした「ラード博物館」が人気だという。そこに展示されている「チョコレートに包まれたラード」には興味をそそられる。ウクライナ人の大好物であるチョコレートとラードを合体させるなんて、一体どんな味なのだろう。

ボルシチの話が長くなったが、ウクライナの三大料理の二番目となる水餃子「ヴァレーニキ вареники」に移ろう。ウクライナの水餃子は、生地にイーストを一切入れないことが特徴だ。そして、生地から家で手作りする。日本のようにスーパーで餃子の皮を買ってくることはしないのだ。なぜなら、そのほうがはるかに美味しいヴァレーニキが出来るから。小麦粉にお湯か水、そして卵と塩を加えて生地を練る。その生地を薄く伸ばし、四角に切り、具を入れて包む。それを沸騰した湯で5～7分くらい茹で、上に浮かび上がってくると出来上がり。包む中身は肉、キノコ類、キャベツ、ジャガイモ、レバー、カッテージチーズなど。デザート用のヴァレーニキもある。その中身はイチゴ、チェリー、ケシの実などだ。中身が甘くても甘くなくても、上に「スメタナ сметана」と呼ばれるサワークリームをかけて食べる。スメタナはウクライナで最も好まれる調味料であり、何にでもよく使われる。ボルシチにもかける。

三大料理の残りの一つ、ロールキャベツ（ホルブツィ голубці、単数形はホルベツ голубець）にもスメタナは欠かせない。ウクライナのロールキャベツは、トマトソースあるいはトマトケチャップで味付けをする。キャベツで巻くのは、炊いたライスやひき肉。すり下ろした人参とタマネギを軽くフライパンで炒めてからそこに加え、それをトマトソースで煮込む。

他にスメタナをかける料理と言えば、朝食によく出る「スィールニキ сирники」である。スィールニキは、カッテージチーズ、卵、小麦粉と砂糖を混ぜて丸い形にしてフライパンで焼いたもの。スメタナをかけて、紅茶かコーヒーと一緒に食べると美味しい。

そして、スメタナをかけるデザートの代表的なものには、薄く焼いたクレープでカッテージチーズ、ケシの実などをロール型に巻いた「ナリースニキ налисники」がある（または「ムリンツィ млинці」と呼ばれることも）。

ピリジキー（筆者の調理による）

三大料理以外にも、ウクライナの名物料理として有名なのは、「キエフ風カツレツ котлета по-київськи」だ。骨無しチキンの中にバターの塊を入れて、パン粉を付けて揚げる。食べる時にナイフで縦に切るとバターがジュワーっと出てきて、そのままソースになる。野菜やフライドポテトを添えて食べる。

日本人によく知られているロシア料理の一つにピロシキがある。これはカレーで有名な東京・新宿の中村屋の名物で、ウクライナ出身の目の不自由な作家、ヴァシリー・エロシェンコが大正の頃に作り方を伝えたものとされている。カレーパンのように揚げたパンだが、ウクライナでは「ピリジキー пиріжки」と呼ばれ、揚げるのではなくオーブンで焼く。中身にもいろいろな種類があり、肉、キノコ、ゆで卵とタマネギ、ジャム、カッテージチーズなどが多い。ほとんどのピロシキは生地で包むのだが、カッテージチーズのピロシキだけは、オープンサンドのように生地の上にのせて焼く。

こうした食べ物だけでなく、ウクライナの伝統的な飲み物も紹介しておきたい。まずはドライフルーツジュースの「ウズワール узвар」。ウクライナにはもともと農家が多く、広い敷地にはたくさんの果樹が植えられていた。夏に収穫した果実を太陽に当てて干し、ドライフルーツにする。それは、果物のない冬の大切なビタミン供給源となった。それを醗酵させて作るジュースの色は茶色であまりそそられないが、味は甘酸っぱくて美味しい。

そして、ウクライナ人なら誰でも好きな黒パンを発酵させて作る「クワス квас」。醗酵させると言ってもアルコール分はない。甘酸っぱいクワスは、腸内で作用し、消化に役立つとされている。自家製のものと商品化されたものがあるが、店で売っているクワスでも賞味期限の短い「生クワス」のほうが美味しい。最近、人気の銘柄には「クワス・タラス Квас Тарас」と「リヴィウのクワス Квас Львівський」があるので、ウクライナに来たら、ぜひ試してみてほしい。

お酒に関して言えば、ウクライナで最も一般的なのは、ロシア同様に、ウォッカである。ウクライナ語では「ホリルカ горілка」と呼ぶ。もっとも、最近では若者や女性を中心にビールやワインなどが飲まれることも増えており、また、酒離れの傾向も見られる。

ウクライナの空気を吸い、空を眺めながら、ウクライナ料理を食べれば、ウクライナ人の心が分かるはず。まずは、ウクライナ名物の黒パンとクワスから。

（オリガ・ホメンコ）

40

サブカルチャー、ポップカルチャー

★若者文化とアイデンティティの探求★

ウクライナのサブカルチャーは他の国と同じように、メインストリームに反対する気持ちで生まれているに違いない。「違ってはダメ」だったソ連時代でもそれが存在していたので、ウクライナが独立してから様々な外国の文化が入ってきたおかげで、「違っても良い」という傾向が当たり前になった。そこで、いくつかのグループを紹介しよう。

アニメ愛好家（Анімешники）：ウクライナ独立後にテレビで日本のアニメがよく放映されるようになった（例えば「ポケモン」、「セーラームーン」など）。日本のアニメは旧ソ連のアニメとかなり違っているので、それにハマった子供も少なくなかった。興味が深まると宮崎駿のアニメに移る人も多い。またアニメのポスター、DVD、アニメっぽい服やアクセサリーを売る店を開く人もいる。それに毎年、多くのウクライナの町でアニメ祭というイベントもある。アニメから漫画に興味を持ち出す人もいる。そしてその延長で日本語を勉強し始める若者も多い。また子供の頃からアニメが好きで、特別なアニメ・メイクと服装をするようになり、アニメ・ギャルと呼ばれるオデッサ出身のアナスタシア・シュパギナ（1993〜）のような人物も現れた。

ラッパー（Репери）：アメリカのラップ音楽を好む若者のこと。外見的には、大きなサイズの服、ベースボールのキャップ、大きなアクセサリーをつける。そして時には入れ墨（タトゥー）を入れる人。ウクライナのラップ音楽で代表的な歌集は「リヴィウのヴォーヴァ Вова зі Львова」である。ウクライナ語で初めてラップを歌った歌集だ。ラップが好きな人たちは年齢的には大体30代半ばくらいまでである。そして最近、女子のラッパーも出てきた。

ヒップスター（Хіпстери）：「ヒップステル」という言葉はウクライナではわりに最近使われるようになった。しかしこれは一番多くの人たちが入るグループかもしれない。言葉自体は英語の「hipster」から来ていて、「おしゃれや流行に敏感な人たち」という意味だ。このグループはソ連時代にもあり、当時は「スティリャーギ стиляги」と呼ばれていた。大衆文化とは距離を置いたファッション、好みを持っている若者たち――ヒップステルィは、かつてのスティリャーギの再来とも言えるだろう。つまり、ソ連時代の政府関係者や権力者の子女である「金色の若者 золота молодь」の再来、あるいは「ヒッピー」と「金色の若者」のミックスとも言えるかもしれない。しかし一つ大きな違いがある。それは、昔は権力者の子女にしかできなかったライフスタイルが、今では自分で頑張って稼ぐことや、「イメージ消費」――お金をそんなに持っていなくても、節約して大好きなものを買い、自分の頭の中で「上の階級」に所属できるという「想像的な」プロセスを行なうこと――によって実現できるようになったことだ。

彼らは、だいたい15～30歳の若者で、流行《はや》りものが大好き（服、モノ、音楽、映画など）。スキニージーンズにレイバンのサングラスで、モレスキンのノートとアップル製品のファンである。音楽ではアークティック・モンキーズ、フランツ・フェルディナンド、カサビアンなどの音楽が好きな人たち。「大衆的」と思われている文化から脱出したい人たちだ。そしてヒップスターの大きな特徴は、好みが変わりやすいことである。その時に流行るものが好き。ちなみに現在の好みは、黒いフレームのメガネで細身のジーンズに素敵なカバン、である。

クリエイティブな志向が強い人たちで、よくインスタグラム、フェイスブックやツイッターに自分の「ルック」のアップデートをする人。別にお金持ちでなくても自分はお金があると見せたい人も時々いる。フリマで買い物をして、掘り出し物を見つけて、それを自慢する人たちだ。だが必ずしもジーンズにはまっているというわけでもない。とにかく「皆と違って、ワンランク上の服、また他の人と違う服」を着ている人たち。音楽の面でもそうだ。

奇抜なスタイルで闊歩する若者

彼らは他のグループと違って、自分は「ヒップステル」であることを絶対に言わないで隠している。なぜなら社会的に「ヒップステル」は「外見」だけで「内面的な」価値や思想を持たない人たちと思われているからだ。一般の流行は大嫌いだが、ある意味で「消費文化」の社会で一番、文化を消費している人たちだ。彼らは裕福な生活、素敵なパーティーへの参加、高級車所有の願望を持っている。だいたい皆、きちんとした勉強か仕事をしていて、将来的な夢も持っている。つまり、キャリア主義で、「ヤッピー」(young urban professionals) の部分的現れであるかもしれない。実際に、素敵なスーツ姿で、週末はスニーカーにレイバンで、キエフの流行りカフェでよく見かける。観察したい場合は、特にアロマエスプレッソカフェ（イスラエル資本の喫茶店）で見ることができる（特にキエフのメニチコワ通り3番にある店など）。

25歳を超えたヒップステルたちはヒップステルを卒業して一般の社会人になるか、またはそれより上のランクのものになる。アメリカではそのような人たちはボボ（BOBOはブルジョア・ボヘミアンBourgeois Bohemianの略）と呼ばれる。ある程度クリエイティブな専門で結構なお金を稼ぎ、自由が好きで、お金の価値を分かっていて、浪費はしない。でもある程度の生活をしたい。まだまだウクライナの社会では「初対面は「服」で判断される」と知っていて、社会的な記号になる「外見」は大事だが、自分でいられることを優先する。旅行が大好きで、音楽、映画や文学が大好きだが、それを「見せかけ」ばかりのためには使わない。だいたい30代40代の特に成功したウクライナ人には多い。

他には、サッカーフリガン（футбольні хулігани）、レイブ音楽が好きなレイバー（рейвери）、フラシュモブが好きな人たち（мобери）、ローラーブレイドやスケート、または自転車好きな人たちのグループ（ролери、скейтери、байкери）。またヒップホップ音楽が好きな人たち（хіп-хопери、ちなみにウクライナのヒップホップバンドの代表としてBoomboxやＴＮＭＫなど）、そしてヨガやエゾテリック的なものが好きな人たち（йоги, езотерики）、コンピューターゲームが好きな人たち（геймери）、健康主義の人たち（ЗОЖники）、またブログをやっている人たち（блогери）などの、様々な若者のサブカルチャー的なものがある。

その中で、旅人のブロガーはまた少し特別な存在でもある。その中で一番有名なのはボグダン・ログヴィネンコ Богдан Логвиненко（１９８８〜）かもしれない。彼はまだ20代で、大学を中退し、音楽祭やコンサートの運営などの経験がある。そしてこれまでにヨーロッパやロシア、インドネシアやマレーシアを中心に旅していたが、最近友人たちとウクライナを旅しながら起こした「ウクライネルUkraïner」というサイトに文章を書き込んだり、映像を載せたりしている。

そして他の外国と同じように、最近はスタートアップを起こす者が多い。特にITものなど。リヴィウとキエフでのIT企業はとても盛んになっている。IT関係の男性、またスタートアップを起こしている男性の中には、口数少なく、メガネをかけて、ヒゲを生やしていて、パソコンとずっと付き合っている、というグループもある。彼らはよく共同ワーキングスペースや喫茶店で打ち合わせをしたり、新しいプロジェクトを考えたりしている。

また、サブカルチャーとは言えないかもしれないが、2014年の「尊厳の革命」の後にボランティア活動をする人たちも増えた。彼らは、マイダン広場に色んなものを持って行ったり、その後は軍隊に寄付したり、国内移住した人たちに色んなサポートをしたりするようになった。

だが、ヒップスターでありながら、漫画が好きで、スタートアップを起こし、ボランティア活動する、という人もいる。つまり、これらすべてのグループは、ある意味で「私たち」と「彼ら」を区別するためのものなのだ。またそれは、自分に合っている、自分の好きなライフスタイル、ファッション、音楽、文学や映画のグループを見つけるためのもの、「自分」はどんな人間であるかを知るための、また自分を「表現」するためのものでもある。すなわち、ある「サブカルチャー」を卒業したり、新しい「グループ」や「文化」に自由に移ったりしながら、人々は年齢や環境によって変わりゆく自分の「アイデンティティ」を見出していくのである。

（オリガ・ホメンコ）

41

映画の中のウクライナ

★オデッサの階段、ひまわり畑、愛のトンネル★

リュミエール兄弟のシネマトグラフ発明に先立つ１８９３年、帝国ノヴォロシースク大学（現オデッサ国立大学）の技師ヨシフ・ティムチェンコが間欠機構を用いた映写装置を発明し、記録映像の上映が行なわれたとされている。この発明は実用化に至らなかったようだが、１９０７年以降、オデッサには複数の映画撮影所が設立され、映画産業の一大中心地となる。

十月革命後はすべての撮影所が国有化され、１９２２年に設立された全ウクライナ写真映画総局の管理下に置かれた。「オデッサの階段」があまりに有名な『戦艦ポチョムキン』（１９２５年、セルゲイ・エイゼンシュテイン監督、制作はモスクワの国家映画委員会第一制作所）、そして叙情的無声映画の巨匠と称されるオレクサンドル・ドヴジェンコ監督の初期作品『ズヴェニゴラ』（１９２８年）や『武器庫』（１９２９年）も、オデッサで撮影された。

１９２８年にはキエフ映画制作所（１９５７年にＯ・ドヴジェンコ記念キエフ映画制作所と改称）も設立され、実験的ドキュメンタリー『カメラを持った男』（１９２９年、ジガ・ヴェルトフ監督）やＯ・ドヴジェンコ監督の代表作『大地』（１９３０年）が撮影された。１９３０年代以降はトーキーに移行するとともに「社会

『戦艦ポチョムキン』の「オデッサの階段」のシーン

主義リアリズム」が基本路線となり、革命の英雄を描いた『シチョールス』（1939年、O・ドヴジェンコ監督）、歴史劇『ボフダン・フメリニツキー』（1941年、イホル・サフチェンコ監督）、反ナチス戦争映画『虹』（1943年、マルク・ドンスコイ監督、邦題『戦火の大地』）などの作品がつくられた。

1950年代に入ると映画界でも「雪解け」が始まり、恋愛ドラマ『ザレチナヤ通りの春』（1956年、マルレン・フツィエフ、フェリクス・ミロネル監督）、ウクライナの戯曲を映画化したコメディ『二兎を追って』（1961年、ヴィクトル・イヴァノフ監督）などの作品がヒットした。さらに、『忘れられた祖先の影』（1964年、セルゲイ・パラジャーノフ監督、邦題『火の馬』）を筆頭として、『石の十字架』（1968年、レオニード・オシカ監督）、『黒い斑の白い鳥』（1971年、ユーリー・イリエンコ監督）、『バビロン20』（1979年、イヴァン・ミコライチューク監督）など、ウクライナ文学をモチーフに、民族色、映像の美しさと力強さを特徴とする「ウクライナ詩的映画派」が登場する。

その一方で、「雪解け」は終焉を迎える。S・パラジャーノフ監督の次作『キエフのフレスコ画』（1966年）の制作は中止に追い込まれ、『渇いた者のための井戸』（1965年、Yu・イリエンコ監督）、『消えた手紙』（1972年、ボリス・イフチェンコ監督）、『短い出会い』（1967年、キーラ・ムラトヴァ監督）や『長い見送り』（1971年、同監督）といった作品は上映が制限もしくは禁止された。

ペレストロイカが始まると、上記のような上映禁止作品が公開されるとともに、『天罰』（1988年、オレフ・フィアルコ監督、邦題『宿なしレオニード』）、『無気力症シンドローム』（1989年、K・ムラトヴァ監督）、『ささやかな墓地』（1989年、アレクサンドル・イティギロフ監督）、『白鳥の湖・ゾーン』（1989年、Yu・イリエンコ監督）、『崩壊』（1990年、ミハイロ・ベリコフ監督）など、社会の暗い側面に焦点を当てた作品が次々に発表された。

ソ連崩壊後の1990年代、経済混乱とともに国内の映画産業は衰退し、ハリウッド映画やテレビが席巻した。しかし、キエフ制作所は国営企業として、オデッサ撮影所は半官半民で、それぞれ活動を続けてきたほか、多くの独立系映画会社が誕生し、諸外国との共同制作や撮影協力により、あるいはウクライナ資本単独で、多様な映画が制作されている。例えば、K・ムラトヴァ監督は『三つの物語』（1997年）、『チェーホフのモチーフ』（2002年）、『ツーインワン』（2007年）など、オデッサで独自の作品をつくり続けてきた。ほかにも、『ヘトマン・マゼーパのための祈り』（2001年、Yu・イリエンコ監督）、『ママイ』（2003年、オレシ・サニン監督）といった歴史劇、スリラー『坑道』（2006年、リュボミル・コビリチューク監督）、現代社会の様々な問題に焦点を当てた短編映画プロジェクト「グッバイ・ウクライナ！」（2011〜2012年）、1930年代のソ連を舞台とする『案内人』（2014年、O・サニン監督）、聾学校の不良組織を描いた全編手話の『ザ・トライブ』（2014年、ミロスラフ・スラボシュピツキー監督）など。また、チェルノブイリ原発事故、オレンジ革命、ユーロマイダン、内戦をテーマとする作品、ドキュメンタリーや短編映画も多い。使用される言語については、最近ではウクライナ語が主流となっており、ロシア語の場合は国内上映に際してウクライナ語の字幕または音声吹替が義務付けられている。

外国映画にも、ウクライナは登場する。ゴーゴリの小説『タラス・ブーリバ』は各国で映画化されてきたが、最も有名なのはハリウッドの『隊長ブーリバ』（アメリカ、1964年、ジョン・リー・トンプソン監督）だろうか。日本でもおなじみのミュージカル『屋根の上のバイオリン弾き』（アメリカ、1971年、ノーマン・ジュイソン監督）も、ウクライナが舞台だ。最近の作品では『僕の大事なコレクション』（アメリカ、2005年、リーヴ・シュレイバー監督）があるが、ウクライナの場面の多くはチェコで撮影されたようだ。

実際にウクライナで撮影された外国映画の中で最も有名なのは、『ひまわり』（イタリア・フランス・ソ連合作、1970年、ヴィットリオ・デ・シーカ監督）だろう。冒頭から観る者を圧倒する広大なひまわり畑、そしてソフィア・ローレン演じる主人公が夫を探す農村のシーンは、ポルターヴァ州で撮影されたと言われている。

その他の合作映画では、冷戦時代のソ連のロシア人とフランス人の夫妻の過酷な運命を描いた『イー

ソフィア・ローレン主演の『ひまわり』

スト／ウエスト』（フランス・ブルガリア・ロシア・スペイン合作、1999年、レジス・ヴァルニエ監督）の一部、そしてウクライナ出身のハリウッド女優オルガ・キュリレンコがチェルノブイリ原発事故で夫を失う主人公を演じた『故郷よ』（フランス・ウクライナ・ポーランド・ドイツ合作、2011年、ミハル・ボガニム監督）も、当国が舞台である。

最後に紹介するのは、日本のラブファンタジー『クレヴァニ、愛のトンネル』（2014年、今関あきよし監督）。撮影が行なわれたリーヴネ州の緑のアーチは恋人同士で通ると願いが叶うと言われ、ちょっとした観光名所になっているそうだ。

（衣川靖子）

＊本章では、ウクライナの人物についてのみウクライナ語読みで表記し、それ以外の旧ソ連の人物についてはロシア語読みで表記している。

42

現代ウクライナにおける日本文化の受容

★ステレオタイプを超えて★

日本は長らく、日本研究に従事するウクライナの研究者たちの狭いグループの間でのみ、学習・認識可能な対象であった。同時に、ウクライナ社会の側からの日本に関する情報への需要は、大きなものであり続けている。

こんにち、日本の文化や歴史、言語は、ウクライナ科学アカデミー東洋学研究所や各種専門機関、主要都市の大学に置かれた数ある学科など、ウクライナの多くの学術拠点で学ばれ、日本文化に関連する諸問題は、哲学、歴史、芸術、言語等々の学位論文の中で分析されている。さらに、ウクライナと日本の文化間に共通する特徴を探し求めながら比較研究を行なっている者もいる。

ウクライナには多くの民間団体があり、様々なレベルで日本文化を普及させている（例えば、「ウクライナ・日本」協会、キエフ工科大学付属ウクライナ・日本センター、文化センター「サン（仙）」（キエフ）、文化センター「ダルマ（達磨）」（テルノーピリ）、日本文化協会「タチカゼ（太刀風）」（ミコラーイフ）、日本文化協会「フドウシンカン（不動心館）」（ドニプロ）など）。これらの団体は、交流や文化イベント組織の機会提供や、国際協力の提供を通じて、ウクライナと日本の人々の間の友好関係の発展をサポートしている。そこでは日本語を学んだり、図書館を利用したり、日本の武道を体験したり、折り紙、生け花、碁、将棋、水引、簪《かんざし》などの日本の伝統的な芸術のレクチャーやマスタークラスを受講することができる。

現代のウクライナ人は、一方では日本について多くの知識を持っており、他方ではそれをほとんど持ち併せていない。毎年、伝統的なものから現代的なものまで、日本文化フェスティバルが開催され、２０１７年はウクライナにおける日本年《イヤー》と表明された。ウクライナ人の側からの日本文化に対するこのような関心は、何によって呼び起こされるのだろうか。ここで次のような言い回しを思い出す。「日本が素晴らしいのは、一人ひとりに独自の面を見せてくれるから」。おそらく日本文化は、異なる年代や社会的立場の人々の好みを満足させることができるのだ。年配の女性は生け花、子供は折り紙、男性は武道、学生はアニメや漫画を好み、日本料理は万人のお気に入りである。たとえ政治や経済が面白くなくても、あるいは芸術や文学に興味がなくても、いずれにせよ誰もが日本の中に彼の心に深い感動を与える何かを見出すことができるのだ。

同時に、歴史的・地理的隔絶や、少なからぬ作り話のために、こんにちウクライナにとっての日本は、日本にとってのウクライナと同様に、多くの点で象徴的かつ想像上のものとなっている。こうした形象はしばしばオリジナルとの間に僅かな共通性しか持ち得ておらず、結果として固定的なステレオタイプに帰してしまうのである。このため、現代のウクライナにおいて最もポピュラーな日本が「存在しない日本」であることも、驚くべきことではない。自国のイメージに対する日本人の弛《たゆ》まぬ働きかけと、ウクライナ人による自己調練の結果、日本の本質的部分は、ほぼ完全に、「日出ずるロマンティックな国」という現象の陰に消えてしまっている。

ウクライナにおける日本のイメージ形成に際して最も興味深いのは、それが往々にして、自ら日本を考え出し、のちにその日本を信じるようになるウクライナ人自身の尽力によって実現している、ということである。ウクライナ人に「お気に入り」の日本の姿が出来上がる基となっている一連の要素をピックアップしてみよう。

(1)経済的奇跡：電子帝国、「ソニーとトヨタの国」。
(2)日本的性格：勤労と規律、教育水準の高さ——「日本人は皆、利口である」。
(3)最高水準の文化を持つ国：「皆がお茶を呑み、桜の花を愛でている」
(4)ゲイシャ（芸者）とサムライ（侍）の国：すべての男性は武道に勤しみ、女性たちは着物を着て生け花を嗜《たしな》んでいる。

（イラスト：マリーナ・ジニャコワ）

日本にはすでに長らくサムライは存在せず、多くの日本人が人生のうちで一度もゲイシャを目にすることがない、ということの理解をウクライナ人に頑なに拒ませているのは、一体何であろうか？　この国の何がここまで人々を惹き付け、なぜこの国から何かア・プリオリに素晴らしいものを期待してしまうのか？

すでにソ連時代、多くの制限にがんじがらめにされていたソ連の人々にとっての魅惑的な国として、日本のステレオタイプは創造されていた。様々な変革と外的影響にもかかわらず、民族的独自性を保持することができた社会の模範として、日本は特別な関心を呼び起こしていた。その際、社会のニーズに応じて、日本の独自性の程度はしばしば誇張されたが、そのような独自性は世界の他の民族にも本質的に備わっているものであると事実上考えられていた。

このような創造的「自励」の結果、すでに数十年間、日本は多くのウクライナ人から見て完全に調和したものとして立ち現われており、しかも物質的な生活水準の高さと、発達した精神的諸価値との理想的融合を表していた。現代日本の生活のネガティブな局面については、ウクライナではほぼ知られていない。そのような情報はウクライナ人の関心をそそらないのである――お伽話が立ち消えてしまうのは不愉快であるし、現象は本質に譲歩するものであるから。

こんにち、日本文化はしばしば、他の国（まず英語圏）を経由してウクライナに入ってくる。これは由々しき問題だ――なぜなら日本語を知っているウクライナ人の数は、未だに多くはないからである。これは他方、「ロシア」からの日本文化の普及ルートも、依然として存在する。これは一種の「流行《モード》への追従」である。その意味は、日本由来の特定のブランドが、あっという間に幅広い大衆層の間においてポピュラーなものとなる、ということである。例えば最近では、ウクライナの書店の棚は村上春樹の本で溢れ返っていた。彼は突然、多くの人々にとっての有名でお気に入りの作家となり、彼の作品への強い関心は長年にわたって維持された。この傾向は症候的なものであり、ムラカミゼーションと名付けることができるだろう。つまりこれが、ウクライナにおける日本文化の受容のメカニズムなのである。

この問題を、ウクライナで非常にポピュラーな、「日本では皆が武術を実践している」という日本についてのもう一つの「神話」を例として、もう少し詳しく検討してみよう。周知のように、20世紀に日本の武術は世界中に広まったが、東ヨーロッパも例外ではなかった。その普遍性ゆえに武道がウクライナで非常にポピュラーなものとなったのは、実を言えば、日本それ自体と同様に、武道が事実上あらゆる希望者の欲求や抱負を満たすことができる、という理由によるものである。

概して、ウクライナで武術一般に勤しんでいる人々の数は150万を超えるが、これは世界で最も高い指標の一つである。これらの人々にまつわるリストの中で、日本の武道が主導的な立場を担っていることを指摘しておきたい。ウクライナ武術ポータルによって行なわれたアンケート調査で、「あなたはどのような武術に勤しんでいますか？」という問いが立てられた。断トツの一位(26・7％)となったのは空手道で、柔道、柔術、合気道も10位以内に入る健闘を見せた。ウクライナにおける武道の人気ぶりには、日本の達人たちも驚くほどである。

近い将来、ウクライナの人々が、日出ずる国のイメージの新しいニュアンスに触れざるを得なくなる、そしてとりわけ「日本のイメージ」と「日本人のイメージ」とを区別することを学ばざるを得なくなる、ということは、充分にあり得ることである。このための端緒はすでに開かれている。この「新たなもの」を客観的に受容するために必要なのは、日本について何が実際にウクライナの人々にとって周知のことであるのかを十分に検討すること、現実と神話を区別することを学ぶことである。ひとえに、より多くを知ることだ。

（セルゲイ・ゲラシコフ／訳：原田義也）

ウクライナにおける日本語教育事情
――学習者の多様化と今後の課題

コラム5

森田淳子

ウクライナにおける日本語教育は、ソ連時代の1940年代にキエフ国立大学で始まった。中断と再開を繰り返し、独立の1991年前後から数校の大学で主専攻としての日本語教育が開始され、初等・中等教育機関での日本語授業実施へと広がった。1996年にキエフで開始された「ウクライナ日本語弁論大会」は、2016年にリヴィウで第21回大会が開催され、首都から地方へ日本語教育事業の発展を見せている。2005年から毎年12月に実施されている日本語能力試験の国内会場は現在キエフ1カ所のみだが、リヴィウ、ドニプロ、ハルキフ、オデッサ、ミコラーイフでも各地の日本語教師が出願を取りまとめ、受験者は夜行列車を含む長距離列車でキエフに集合する。以前は、ルハンスクやセヴァストーポリの教育機関からも弁論大会や日本語能力試験への参加があったが、ウクライナ情勢の影響で2014年以降は途絶えている。

大学では文献を対象とする日本文学や日本語学が日本研究の中心だったが、近年は留学や教師研修で長期的な日本滞在経験を持つ教師や学生が増え、実践的な日本語教育や現代日本文化、ビジネス、環境、科学技術など研究対象が広がりつつある。また、理工系や国際系の専攻の学生が選択科目や非正規授業として日本語を学べる大学も存在する。アニメやマンガ、コスプレが日本語学習のきっかけだという学生もいれば、日本の最先端技術への関心がきっかけの学生もいる。また、初等・中等教育機関で学ぶ生徒から、ウクライナ日本センターや語学学校で学ぶ一般社会人まで、世代という観点でも幅広い日本語学習者が存在する。

コラム5

ウクライナにおける日本語教育事情

キエフ国立大学での弁論大会予選会。同学はタラス・シェフチェンコの名を冠しており、その肖像画が見守る

国際交流基金の2015年度の調査によると、ウクライナにおいて日本語教育を実施している機関は18、そこで学ぶ日本語学習者数は1523人。これは、大学の日本語専攻だけではなく初等~高等教育機関、その他教育機関を通じて取りまとめた学習者の総数である。さらに、インターネットや家庭教師による個別学習など潜在的な学習者が存在すると思われる。アジアや大洋州、北米の諸国に比較すると大きな数字ではない。しかし、日本におけるウクライナ語教育機関・学習者がごくわずかに限られていることを考慮すれば、日本から遠く離れたウクライナの広大な国土の各地に日本語教育機関や学習者が存在し、幾度かの国内政治の騒乱期も経て存続していることは、日本語教師以前に一人の日本人としてありがたく思う。2017年は日本・ウクライナ外交関係樹立25周年事業「ウクライナにおける日本年」の実施で、様々な日本関連のイベントが各地で行なわれた。日本語学

在ウクライナ日本国大使館で開催した日本語教室

習者を中心に、日本への関心や親近感はこれまで以上に高まっていると感じる。

一方で、日本語学習者は非常に熱心で優秀だが、ウクライナでは日本語能力を生かす仕事が多くないという現実がある。また、学習者の数に対して日本人母語話者教師や留学生など在留邦人が少なく、学んだ日本語を実際に使う機会が少ないという課題もある。今後、日本におけるウクライナのファンを増やすことが、ウクライナの若く有能な日本語学習者の受け皿づくりにつながるのではないだろうか。日本への留学経験者や留学希望者、日本に関心を持つ人はすでに多数存在している。留学や観光に関してウクライナからの一方通行ではなく、ウクライナを訪問する日本人が増加し双方向での交流や相互理解の促進が不可欠である。両国間の人的交流や経済活動など多方面での関係が深まり、日本語学習者の活躍の場が増えるよう期待する。

43

ウクライナのスポーツ事情

★ブブカ、シェフチェンコ以外の有名選手は★

ウクライナで一番人気のあるスポーツは、サッカー。小学校の体育の授業で、男の子は必ずサッカーを体験する。ウクライナにはサッカーのできる広いフィールドがたくさんあるし、ボール一つあればできることと、チームワークが大事なスポーツなので友達と一緒に楽しめることから人気なのだろう。イギリス発祥の球技なのに、もう大昔からウクライナの国民的スポーツとなっている。サッカーについては、第44章でより詳しく取り上げているが、フォワードで活躍したアンドリー・シェフチェンコは、世界で最も有名なウクライナ人の一人かもしれない。

他にもウクライナ出身の、世界的に有名なスポーツ選手は、数多い。棒高跳びのセルヒー（セルゲイ）・ブブカ、プロボクサーでドイツを拠点に世界的に有名になったクリチコ兄弟、リレハンメル冬季五輪の女子フィギュアスケートで金メダルを獲得したオクサナ・バユール、またリオ五輪の男子体操で内村航平と争い銀メダルだったオレフ・ヴェルニャーエフなどが知られている。最近では、平昌五輪スキーのフリースタイルで金メダルのオレクサンドル・アブラメンコ、柔道のヤキフ・ハンモの活躍も注目される。以下で詳しく見ていこう。

ブブカは、1963年にウクライナ東部のドネツク市に生まれた。棒高跳びの世界では最も有名な選手で、「鳥人」と呼ばれた。ソウル五輪（1988年）の金メダリストで、欧州選手権（1985年）で優勝し、世界陸上六連覇という偉業を果たした。彼は1993年にドネツクで6m15㎝（室内）を跳び、1994年のイタリアで6m14㎝（室外）の世界記録を作った。室内で出した記録は2015年まで21年間破られることなく、屋外の記録は未だ世界最高である。1999年から国際オリンピック委員会の委員に任命され、現在も理事会のメンバーである。2005年からウクライナ・オリンピック委員会の委員長に就任している。2002～2006年は国会議員も務めていた。ウクライナでは非常に尊敬されており、出身地ドネツクには1995年に彼の銅像が建てられた。生きている間に銅像が作られた、唯一の選手である。

1994年のリレハンメル冬季五輪フィギュアスケートで金メダルを獲得したオクサナ・バユールは、1977年に東部のドニプロ市に生まれた。13歳の時に母親を亡くし大変な苦労をしたが、フィギュアスケートをやめずに1993年に世界チャンピオンになった。リレハンメル大会は、ウクライナ独立後初めての冬季五輪であり、その意味でも彼女のメダルは貴重だった。

日本ではあまり知られていないが、ボクシング界で世界的に有名なのが、ウクライナ出身のクリチコ兄弟だ。兄のヴィタリイ・クリチコは1971年生まれで、現在はキエフ市長である。90キロ超のヘビー級で何度も世界チャンピオンになったボクサーだ。キックボクシングから始め、六回世界チャンピオンになり、その後、ボクシングに転向。一度もノックアウトされたことがない選手だ。彼らは

ウクライナ国立歴史博物館のクリチコ兄弟の展示（撮影：服部倫卓）

「クリチコ兄弟財団」というＮＧＯ財団も設立している。そして２０１４年、政変が起きたあとにキエフの市長になった。現在、国会議員も兼任し「ウダール」（パンチの意味。改革のためのウクライナ民主連盟）という政党のリーダーでもある。

弟のヴォロディーミルは１９７６年生まれ。兄の影響で14歳からボクシングを始める。１９９６年のアトランタ五輪のヘビー級で、白人ボクサーとして初めて金メダルを獲得。２０１５年にはボクサーとしてすべてのタイトルを総ナメにして、２０１７年に引退した。クリチコ兄弟は非常に愛されたアスリートであり、２０１０年に彼らの肖像はウクライナの切手になった。だが、ヴィターリイはキエフ市長になってから、経験不足と批判も浴びるようになっている。

彼らに代わって、最近、大変人気のある若手ボクサーがオレクサンドル・ウシクだ。１９８７年クリミア生まれ。２０１６年のＷＢＯクルーザー級世界王者と２０１８年のＷＢＣ世界王者になった。ロンドン五輪ではコサックの衣装で戦い、ヘビー級で金メダルを取った。今もプロボクサーとして活躍している。

また56キロまでのフェザー級では、ヴァシーリ・ロマチェンコも非常に注目を浴びている。1988年生まれで、北京五輪（フェザー級）とロンドン五輪（ライト級）の二回優勝している。そして2009年と2011年の世界王者である。最も多くのタイトルを持つウクライナの若手ボクサーだ。

リオ五輪男子体操の個人総合で内村航平に敗れ、銀メダルだったオレフ・ヴェルニャーエフも有名である。彼はドネツク出身で、元サーカスの芸人だったコーチがオーストラリアに移住してしまったため、キエフに移って練習を続けた。経済的に厳しく、オリンピック選手の強化のための援助も十分ではないウクライナで、リオ五輪の銀メダル（個人総合）と金メダル（種目別平行棒）を獲っている。そして2017年の世界選手権も平行棒で銅メダルを獲得している。2020年に行なわれる東京オリンピックで、ウクライナで最も期待されている体操選手だ。

他に東京オリンピックで注目されそうなのは、柔道100キロ超級のヤキフ・ハンモで、1994年生まれ。2015年の世界選手権で銅メダルを獲得した。今、ウクライナの柔道で最も期待されている選手である。リオ五輪のレスリングで銀メダルを獲得したウクライナとルワンダのハーフ、ジャン・ベレニュークも活躍が期待される。

ソ連時代にはスポーツ教育には国家予算が投入され、優秀な選手のスカウト、選手を育成し強化するシステムがあり、日本のようにプロの選手になるまでの育成費を親が負担することはなかった。一昔前まで子供のスポーツ学校は各市町村にあり、それが州、また国レベルの学校、そしてスポーツ省に帰属していた。今でもこのシステムは存在している。昔ほど資金は多くないが、あることはある。

例えば、ディナモ・キエフのサッカーチーム付属のサッカー学校があり、普通の学校で授業が終わってからそこに通う男の子たちがいる。セレクションがあり厳しい試験を通らなければならない。その学校にはアンドリー・シェフチェンコにサッカーを教えた先生が今もいる。

自費で習うしかないスポーツと言えば、テニスとフィギュアスケートである。両方とも「特別な空間」が必要だ。テニスは昔から「優雅なスポーツ」で、個人コーチを付けたり、コートを借りるのに結構な費用がかかる。テニス界で有名なウクライナ人と言えば、２０１３年のウィンブルドンでフェデラーに勝ったセルヒー・スタホフスキーとエリーナ・スヴィトーリナである。

１９８６年キエフ生まれのスタホフスキーは、２０１５年まで世界ランキングの１００位以内に入っていた。同年に自分のラケットをオークションで売り、獲得した全額をウクライナの軍隊に寄付した。慈善活動として、外科医である父親のガン研究所に援助をしている。オデッサ出身ハルキフ育ちのスヴィトーリナも、最近話題の選手だ。２０１８年1月の時点で、世界ランキング3位。ウクライナの女子テニス界で初の快挙なので、１９９４年生まれとまだ若い彼女は大きな注目と期待を集めている。

（オリガ・ホメンコ）

44

傷だらけのウクライナ・サッカー

★深刻な財政難と客離れ★

かつてのソ連邦は世界屈指のサッカー強国であったが、中でもウクライナは代表的なサッカーどころだった。お隣のロシアでは人気がサッカーとアイスホッケーに二分されるのに対し、ウクライナはサッカーにほぼ特化しているので、その分、国民のサッカー熱も高い。

ウクライナのサッカーを語る上で、欠かせないエピソードがある。第二次世界大戦中、ウクライナを含むソ連の西部国土はナチス・ドイツに占領された。当地のサッカークラブであるディナモ・キエフは、1942年に枢軸国側のいくつかのチームと試合をさせられたが、空気を読まず、ことごとく勝利を収めてしまう。不快に思ったドイツ側は、強豪のドイツ空軍クラブとの対戦をキエフに申し入れた。キエフの選手はドイツ空軍を破ったら殺すと警告されていたが、負けることはプライドが許さず、二回戦い二度とも勝利してしまった。その後、選手たちはドイツ当局によって逮捕され、多くが処刑された。このエピソードは後に「死の試合」として広く知られるようになり、「キング」ことペレも出演して話題になった1981年の映画「勝利への脱出」のモデルともなった。

第44章
傷だらけのウクライナ・サッカー

戦後、ディナモ・キエフを中心にウクライナのサッカーは発展を続けた。1961年にディナモ・キエフはソ連リーグで初優勝を遂げ、これはモスクワ以外のチームがソ連チャンピオンとなった初のケースだった。以降、キエフはソ連リーグで13回の優勝を成し遂げ、これはソ連全体の中の最多記録であった。名将V・ロバノフスキーがディナモ・キエフとソ連の代表監督を兼任していた1980年代後半には、キエフの選手たちがソ連代表チームの中核になっていた。また、その他のウクライナ勢でも、FCドニプロが二回、ゾリャー・ルハンスクが一回、ソ連チャンピオンに輝いている。

1991年にソ連が崩壊しウクライナが独立すると、当国では「オリガルヒ」と呼ばれる新興財閥の領袖が群雄割拠し、サッカーも影響下に置かれた。サッカーは大衆的な文化から、オリガルヒの私的な道楽へと変質していった。成金たちが大枚を投じた結果、国内リーグで躍進するだけでなく、欧州サッカー連盟（UEFA）主催の国際大会であるチャンピオンズリーグやヨーロッパリーグで活躍するクラブも現れた。

しかし、当国では2014年に政変が発生し、その混乱に乗じてロシアがウクライナ領クリミアを併合、東ウクライナのドンバス地方では内戦が起き、経済難で没落したオリガルヒもいた。ウクライナのサッカーは、この国難で大打撃を受けている。表は、主なサッカークラブの概要をまとめたものである。順位は、ウクライナ独立後のリーグ戦で獲得した累計の勝ち点によるものであり、1〜15位とそれ以外の重要チームを掲載した。

クリミア半島に所在したタヴリヤ、セヴァストーポリは、ロシアの半島併合の結果、ウクライナ・サッカーから離脱してしまった。ドンバス地方のシャフタール、オリンピック、ゾリャーは、本拠地が分

24	FC オレクサンドリヤ	人口8万の小都市に所在しながら、農業ビジネスを手掛けるS・クジメンコ氏が実権を握って以降の近年は成長著しい。
28	オリンピック・ドネツク	元選手のV・ヘリジン社長が経営し、育成にも力を入れる異色クラブ。ドネツクの第3勢力だが、紛争後はキエフを拠点に成績を伸ばしている。
33	FC セヴァストーポリ	V・ノヴィンスキー氏のスマート・ホールディングが経営していたが、ロシアのクリミア併合後は、形を変えてクリミア地域リーグに参戦。

離主義勢力の占領下にあるため、疎開生活を余儀なくされている。さらに、ここ数年、地方クラブの経営破綻が相次ぎ、ドニプロ、メタリスト・ハルキフといった有力クラブですら没落の道を歩むこととなった。こうしたことから、ウクライナのトップディビジョンであるプレミアリーグは、2013／14シーズンまでは16チームで戦っていたが、2014／15シーズンからは14チームでの、2016／17シーズンからは12チームでの開催を余儀なくされている。

ウクライナ・プレミアリーグの観客動員数は、一頃までは拡大傾向を辿り、2011／12シーズンには過去最高の1試合当たり1万2628人を記録した。しかし、2014年の政変以降は急減し、2017／18シーズンには3822人にまで落ち込んでいる。2010年度から2016年度にかけて、ウクライナ・プレミアリーグの1クラブ当たり平均収入は49％低下し、これはUEFA加盟諸国の中で最低のパフォーマンスだった。

独立後のウクライナのトップディビジョンでは、初年度の1992年にタヴリヤが優勝した以外は、すべてディナモ・キエフかシャフタール・ドネツクのどちらかが優勝している。上述のような他のクラブの衰退によって、二強体制がますます強まっている。特に、シャフタールが2014年の政変後も、国内で毎年優勝争いを続け、UEFAチャンピオンズリーグでも健闘していることは、驚異的としか言いようがない。オーナーの鉄鋼王リナト・アフメトフ氏が、

表　ウクライナのサッカークラブのランキング

順位	クラブ名	備　考
1	ディナモ・キエフ	1927年創設の名門中の名門。ウクライナ独立後は、フリホリーとイーホルのスルキス兄弟がオーナー。
2	シャフタール・ドネツク	1996年にSCM財閥のR・アフメトフ氏が社長になって以降、東欧屈指の資金力で躍進。しかし、ドンバス紛争で地元で試合ができなくなり、最近は主にハルキフで試合開催。
3	FCドニプロ	I・コロモイスキー氏のプリヴァト財閥による支援を受け、2014/15シーズンのUEFAヨーロッパカップ準優勝。しかし、債務問題で2016/17シーズンを終え降格の憂き目に。
4	チョルノモーレツ・オデッサ	L・クリモフ氏のプリモリエ財閥が支えてきたが、その経営難によりサッカークラブも現在窮地に。
5	カルパーティ・リヴィウ	P・ディミンスキー氏のZIK通信に支えられ、経営も成績も比較的安定している。
6	メタリスト・ハルキフ	O・ヤロスラフスキー氏が保有していたが、2012年にS・クルチェンコ氏が強引に買収。しかし同氏は失脚しクラブは2016年から活動停止。
7	ダヴリヤ・シンフェローポリ	クリミアの実力クラブで、D・フィルタシ氏のDFグループが支援していた。下部降格が決まった2014年にロシアがクリミアを併合、その後、組織変更の上、クリミアの地域リーグに参戦。
8	メタルルフ・ザポリッジャ	モトルシチ社の支援が切れ2016年に経営破綻と下部降格に直面。新生メタルルフはアマチュアリーグから出直すことに。
9	ヴォルスクラ・ポルターヴァ	鉄鉱石ビジネス等を手掛けるK・ジェヴァホ氏の財閥の支援で、経営・成績は比較的安定。
10	クリヴバス・クリヴイリフ	かつては中堅クラブだったが、資金難から現在は州リーグに所属。アルセロールミタル製鉄所が救済する案も。
11	アルセナル・キエフ	O・オニシチェンコ氏が保有していたが、スポンサー撤退で2013/14シーズン途中に経営破綻、下部リーグから出直し、2018年プレミア復帰。
12	メタルルフ・ドネツク	ドンバス工業連合傘下だったが、2014年にクラブ消滅。同社はカミャンスケ市のクラブ「スターリ」に注力することになった。
13	FCマリウーポリ(旧イリチヴェツ)	V・ボイコ氏のイリチ製鉄所が経営していたが、同社の支援が切られたこと等で2015年に下部降格、2017年に再昇格し「マリウーポリ」に改名。
14	ゾリャー・ルハンスク	Ye・ヘレル氏のウクルスプラフ社傘下。ドンバス紛争の影響でザポリッジャでの試合を余儀なくされているが、紛争後むしろ成績が上昇。
15	ヴォルイニ・ルーツク	I・パリツァ氏のウクルナフタ社が実質的に経営しているが、経営・成績とも不安定。
22	オボロニ・キエフ	O・スロボジャン氏の同名ビール醸造会社「オボロニ」の支援を受けていたが、財政難から2013年にプレミアから撤退。

政変で一時期窮地に陥りながらも、しぶとく生き残ったことが、その背景にある。

ナショナルチームに目を転じれば、ウクライナ代表にとっては、ワールドカップ（W杯）と、欧州選手権（ユーロ）が、二大大会ということになる。W杯の欧州地区予選は激戦区で、ウクライナはあと一歩のところで出場権を逃すことが多く、今のところ本大会出場は2006年ドイツ大会の一回だけである。しかし、唯一出場した2006年大会でベスト8に食い込んでいるわけだから、地力はある。一方、ユーロでは、2012年大会を隣国ポーランドとともに共催し、ウクライナ国内ではキエフ、ドネツク、ハルキフ、リヴィウと4都市が会場となった。しかし、ホスト国のウクライナは初戦で勝利を挙げながら、その後2連敗してグループステージで敗退した。2016年のユーロ・フランス大会では、初めて予選突破による本大会出場を果たしたが、グループステージで3連敗して姿を消した。

さて、これまでウクライナ代表はW杯およびユーロの本大会で7得点を挙げているのだが、そのうち4点が一人のストライカーによるものである。それは、「ウクライナの矢」ことアンドリー・シェフチェンコに他ならない。1976年にキエフ郊外に生まれ、ディナモ・キエフの下部組織からトップチームに昇格、爆発的なスピードを駆使して得点を量産した。UEFAチャンピオンズリーグでも大ブレークし、1998／99シーズンにはディナモ・キエフを欧州のベスト4にまで導いた。その直後にイタリアのACミランに引き抜かれてそこでも大活躍、イングランドのチェルシーでもプレーした。2012年に現役を引退するまで、ウクライナ代表でも中心選手として君臨した。

上述のように、ウクライナ代表は2016年のユーロで3戦全敗と、惨憺たる結果に終わった。こうした状況を受け、2016年7月に代表監督に起用されたのが、英雄シェフチェンコだった。しか

2016年２月、ＵＥＡＦチャンピオンズリーグの一戦に臨むディナモ・キエフのイレブン

し、シェフチェンコ監督は２０１８年Ｗ杯ロシア大会の出場権獲得という至上命題を達成できなかった。現役時代の鮮烈なプレー振りと比べると、シェフチェンコ監督のウクライナ代表には際立った特徴のようなものはなく、もっぱら自らがカリスマ的なアイコンとして機能することによって代表チームを束ねているという印象である。あるいは、世界的なスターが代表チームを率いることが、国難に揺れるウクライナ国民の心を癒している面もあるのかもしれない。シェフチェンコ監督が、２０１８年Ｗ杯予選敗退後も、引き続き代表チームの指揮を任されているのは、そのあたりに理由がありそうだ。

ちなみに、日本代表を率いていたハリルホジッチ監督は、Ｗ杯ロシア大会を直前に控えた２０１８年４月に解任の憂き目に遭ったが、ハリル解任の最後の一押しとなったのが、３月27日の親善試合でウクライナ代表に完敗したことであった。

（服部倫卓）

45

ウクライナ観光の見所と魅力

★世界遺産からチェルノブイリまで★

皆さんはウクライナと聞いて何を思い浮かべるだろうか。「欧州の食糧庫」と呼ばれる肥沃な大地、世界中を震撼させたチェルノブイリ原発事故、はたまたスラヴ美女を思い浮かべるだろうか。日本から遠く、ソ連崩壊とともに独立したこの若い国のイメージすら持たない、という方も多いかもしれない。この章では、少しでも興味を持っていただくべく、観光地や食べ物といった身近に感じやすいポイントに絞り、ウクライナの見所と魅力を簡単にご紹介したい。

まずは、首都のキエフからご紹介しよう。キエフには世界遺産群に指定されている教会がある。一つ目は街の中心部に位置するソフィア大聖堂である。11世紀に建立され、現在は特定の宗派によらない博物館となっている。聖堂内の両手を上げた聖母のモザイクと、鐘楼から見下ろすキエフの街は一見の価値ありだ。もう一つは、ペチェルスク大修道院である。ウクライナ全土から多くの巡礼者が訪れるこの修道院は、煌びやかな聖堂はもちろん、多くの聖人の即身仏（ミイラ）を安置した地下通路が見所だ。入口で蠟燭を買い、信心深い人々と暗く狭い巡礼路を歩くのも良い経験となるだろう（神聖な場所ゆえ、女性は頭に巻くスカーフを持参されたい)。

その他、街の中心となるマイダン広場は欠かせない。ここはオレンジ革命やマイダン革命といった歴史的な出来事の現場である。また、街のランドマークである「祖国の母」像(ソ連時代ロシアから贈られたもので、モスクワの方向を向いているそうだ)の下の「第二次世界大戦期ウクライナ史博物館」(脱共産化、脱ソ連化の動きを受けて2015年に「大祖国戦争博物館」から改称)では、第二次世界大戦から現代に至るまでの、ウクライナを取り巻く歴史と情勢について学ぶことができる。メルヘンな外観のアンドリイ教会付近にはお土産市が立つので、買い物がてら立ち寄るのもいいだろう。夏はドニプロ川クルーズもお勧めだ。市内の移動はタクシーや地下鉄、乗合いバスがあるが、いずれも日本の半額以下の利用料となっている。なお、キエフの地下鉄は、冷戦時代シェルターを兼ねていたそうで、欧州で最も深い駅とされるアルセナーリナ駅の長い高速エスカレーターは圧巻である。

キエフのアンドリイ教会

クラシック好きには黄金の門(ムソルグスキーの組曲『展覧会の絵』内の『キエフの大門』のことである)もお勧めしたい。国立オペラ座でオペラやバレエを鑑賞するのも楽しい。

一番良い席でも日本の5分の1程度(2018年現在)と、破格での鑑賞が可能だ。前日までであればネットで席を予約購入できる。

また、ダークツーリズム好きには、チェルノブイリツアーが定番だ。一日がかりとなるが、キエフから車で立入禁止区内へ入り、石棺で覆われた原発施設付近を散策する。希望者にはガイガーカウンターの貸出もある。そこまでの時間はとれない方は、キエフ市内にチェルノブイリ博物館もあるので、是非そちらを訪問して欲しい(日本語のオーディオガイドあり)。

疲れたら、街の至る所にある個性溢れる格安挽きたてコーヒースタンドでコーヒーを一杯飲むと良い。落ち着いて飲みたい場合は、カフェに入るのが良い。一見廃墟のような外観でも、中に入るとリフォームされ、若者溢れるおしゃれな空間になっているのが当地のカフェの面白さだ。なお、ほぼすべてのカフェがWi-Fiを完備している。また、飲食店の多くは終日営業しており、変な時間にお腹がすいても困らない。ウクライナ料理店に入るならば、ビールやグラスワイン、スープ、メイン、デザート、紅茶と一通り注文しても日本の半額以下でおさまるだろう(ウクライナ料理の紹介は第39章参照)。また、周辺国のジョージア(グルジア)料理や中央アジア料理といった日本ではなじみのないレストランも多く、驚くほど日本人の口に合うので、一度ご賞味あれ。

続いて西方の街、リヴィウを取上げる。ウクライナ西部はポーランド、スロヴァキア、ハンガリー、ルーマニアと接する、複雑な歴史を持つ地域だ。街によっては、「私はオーストリア=ハンガリー帝国で生まれ、チェコスロヴァキアの学校に通い、ハンガリーで結婚し、ソ連で働き、ウクライナで余生を送っている。しかし私は一度も自分の村から出たことはない」という小話があるほど、帰属がめまぐるしく短期間で変わった場所もある。そんな西部の中心都市がリヴィウだ。ここは、第二次世界大戦までポーランド領だった街である。それゆえ、キエフとは一味違う「ソ連要素が少なく、中東欧っぽい」味わいがあるのが特徴だ。

リヴィウは旧市街自体が世界遺産となっており、石畳の街を散歩し、歩き疲れたらカフェで一服するのが楽しい（ここはコーヒーやチョコレートで有名なのだ）。周辺の城を巡るツアーに参加するも良し、ウクライナで一番と名高いリヴィウのビール「リヴィウスィケ」を飲みにバーへ繰り出すのもまた良し、である。

ムカーチェヴォ近郊のスパ、「コシノ」のワイン風呂

ウクライナ西部にはその他にも魅力的な地域・街が存在する。スロヴァキアやハンガリーにほど近いザカルパッチャ地方のウージュホロド、ムカーチェヴォといった都市の周辺には、多くの城、スパの複合施設、トカイワインを生産するワイナリー等がある。また、ルーマニア近くの、カーミャネツポジリスキーの城や、ドニステル（ドニエストル）川沿いに建てられたホティーンの城は、ウクライナで最も美しい観光地の一つと言えるだろう。美しい大学の建物が世界遺産に認定されているチェルニフツィ、訪れる人々に幸福をもたらすと言われてい

るリーヴネの「愛のトンネル」――木々に囲まれた緑のトンネル――もおすすめだ。

最後に黒海沿岸の街、オデッサを取上げる。ここはエカテリーナ二世が開いた街で、プーシキン、ゴーゴリなど多くの作家を惹きつけたと言われる。一番の名所は「ポチョムキンの階段」だろう。オデッサ港の向かいに位置し、階段の上から眺めると踊り場しか見えず、下から眺めると、階段部分しか見えないという特殊な作りになっている。ソ連時代の映画『戦艦ポチョムキン』の名シーンで使われており（第41章参照）、映画好きにはたまらない場所だろう。

ウクライナ人にとって、オデッサは夏に絶対に遊びに行かねばならぬバカンス地である。昼はパラソルの並ぶビーチ、夜は低音の鳴り響くディスコが人で溢れかえる。また、オデッサは飲兵衛にも楽しい。オデッサ近郊にある有名ワイナリー（シャボー、コロニスト等）では、試飲ツアーが開催されている（黒海の魚介とオデッサの白ワインは最高の組合わせである）。

オデッサは戦略的に重要な拠点でもあった。ロシア帝国とオスマン帝国が戦ったビルホロドドニストロフスキー要塞や、隣国ルーマニアがヒトラー率いる枢軸国の一員としてオデッサに侵攻した「オデッサの戦い」で、

ビルホロドドニストロフスキー要塞

ウクライナ・パルチザンが徹底抗戦を続けた塹壕等が存在し、歴史好きにとっては見所かもしれない。

さて、リヴィウやオデッサといった地方都市を訪問したい場合、キエフから飛行機に加え、電車、乗合い長距離バスが出ている。筆者のお勧めは夜行列車である。両都市ともキエフからの所要時間は10時間前後で、四人部屋の二等車や二人用個室の一等車等があるが、シーツと枕がついて、いずれも日本の半分から3分の1程度の交通費で済み、大変リーズナブルだ。

本章ではアクセスの良さや情勢を考慮し、数都市に絞ってご紹介したが、これら以外にも魅力的な都市は沢山ある。例えば、紙幅の都合で割愛した東部には、ソ連の重工業を支え、他地域と比べてソ連時代の雰囲気が色濃く残るドニプロやハルキフといった都市がある。キエフとオデッサの中間地点に位置するウーマニは著名なラビのお墓があることから、ユダヤ人の第二の聖地として毎年ユダヤ暦の正月には世界中から多くのユダヤ人が訪れる。願わくば、皆さんにはウクライナ各地を旅し、個性溢れる地域差も感じて欲しいものだ。


（合六麻耶）

V

現代ウクライナの諸問題

46

独立ウクライナの歩みの概観

★東西の狭間で苦悩★

1991年末に独立したウクライナは独立国家共同体（CIS）創設条約に調印したものの、旧ソ連諸国との経済・軍事統合に関心はなく、自国を「ヨーロッパ国」あるいは「中・東欧国」と定義して脱露入欧政策を進めた。1992年10月に暫定通貨カルボヴァネツを導入してルーブル経済圏からの離脱を急ぎ、「ウクライナの外交政策基本方針に関する」議会決議（1993）においては欧州共同体（EC）への加盟方針が明記された。しかし、この政策はウクライナ経済の崩壊により修正を余儀なくされた。特に1993年初頭からのロシアのエネルギー価格の国際化は、ウクライナ経済に決定的な打撃を与え、ウクライナ政権は93年半ばには早くもロシアとの経済再統合を模索し始めた。この路線転換をめぐりウクライナ政界は二分され、1994年大統領選挙の決選投票では、所謂「ウクライナ東西分裂」が観察された。

安全保障面でもウクライナは厳しい立場に置かれた。当時のウクライナは軍事的中立を掲げていたことに加え、国際的な義務となっていた旧ソ連戦略核兵器の搬出を渋っていたため、欧州安全保障体制から孤立していた。隣国ロシアとはあらゆる分野で対立しており、特に黒海艦隊分割問題、クリミア・セヴァストーポリ市の帰属問題は、武力紛争に発展する危険性を孕んでいた。

一方で、国民統合政策はうまく機能した。ウクライナは異なる歴史経験を有する諸地域から形成されているため、政府は「ウクライナ民族」の定義を明確にせず、民族主義に由来する紛争を避けることに成功した。ウクライナ国籍は希望する領内旧ソ連市民に無条件で付与され、ウクライナ語化も強制されず公的空間でのロシア語使用が維持された。正教会の分裂に関しても、独立当初こそ政権はキエフ主教座と蜜月であったが、クチマ大統領時代になると国家介入は控えられた。歴史問題はおおよそソ連時代の解釈を踏襲し、ウクライナ蜂起軍（ＵＰＡ）の復権はなく、短期的に存在したウクライナ人民共和国（第27章参照）も独立ウクライナと結び付けられなかった。こうした曖昧さを残したままの国民統合政策は、中央の弱さや特定のイデオロギーに基づく動員の弱さを意味し、結果として一極支配を防ぎ、民主主義や多元性が機能することにつながった。しかし、２０００年代に入るとユーシチェンコ大統領の拙速な民族主義化政策とその反動とも言えるヤヌコーヴィチ大統領の政策により凍結されていた地域・社会の亀裂が徐々に表面化し、ユーロマイダン革命時に外部の煽動によって露呈することになる。

国際環境の変化

独立前後に危機に直面したウクライナだったが、国際社会の変化がウクライナに有利に傾き始めた。まず、核兵器の拡散を恐れるアメリカが経済援助と安全保障の確約を組み合わせることで、戦略核兵器の搬出が開始された。併せて、国際通貨基金（IMF）の融資も実施され、ウクライナは経済危機から脱することに成功した。1993年10月のモスクワの争乱や1994年以降のチェチェン紛争で、ロシアと欧米関係が冷却化したこともウクライナにとって好都合であった。ロシアは、旧ソ連圏における「特別な地位」を主張し始めており、アメリカは、ロシアに対抗するためウクライナの独立を維持して西側陣営につなぎとめようとする政策へ転換した。

このような国際環境の変化の中、ウクライナは軍事的中立を維持しつつ「ヨーロッパ統合・ロシアとの協力拡大」をスローガンに欧米・ロシア間でバランスをとる外交政策を採る。エリツィン・ロシア大統領が介入を控えたことにより、クリミアの分離主義はウクライナ政府によって抑え込まれた。1997年には、NATOとウクライナとの間で特権的パートナーシップ協定が、ロシアとの間で友好・協力・パートナーシップ条約がそれぞれ結ばれた。

一方で、「部分的な経済改革」や民営化によって、1990年代半ばにオリガルヒや地方経済ボス

図　「東西選択」に関するウクライナ世論調査

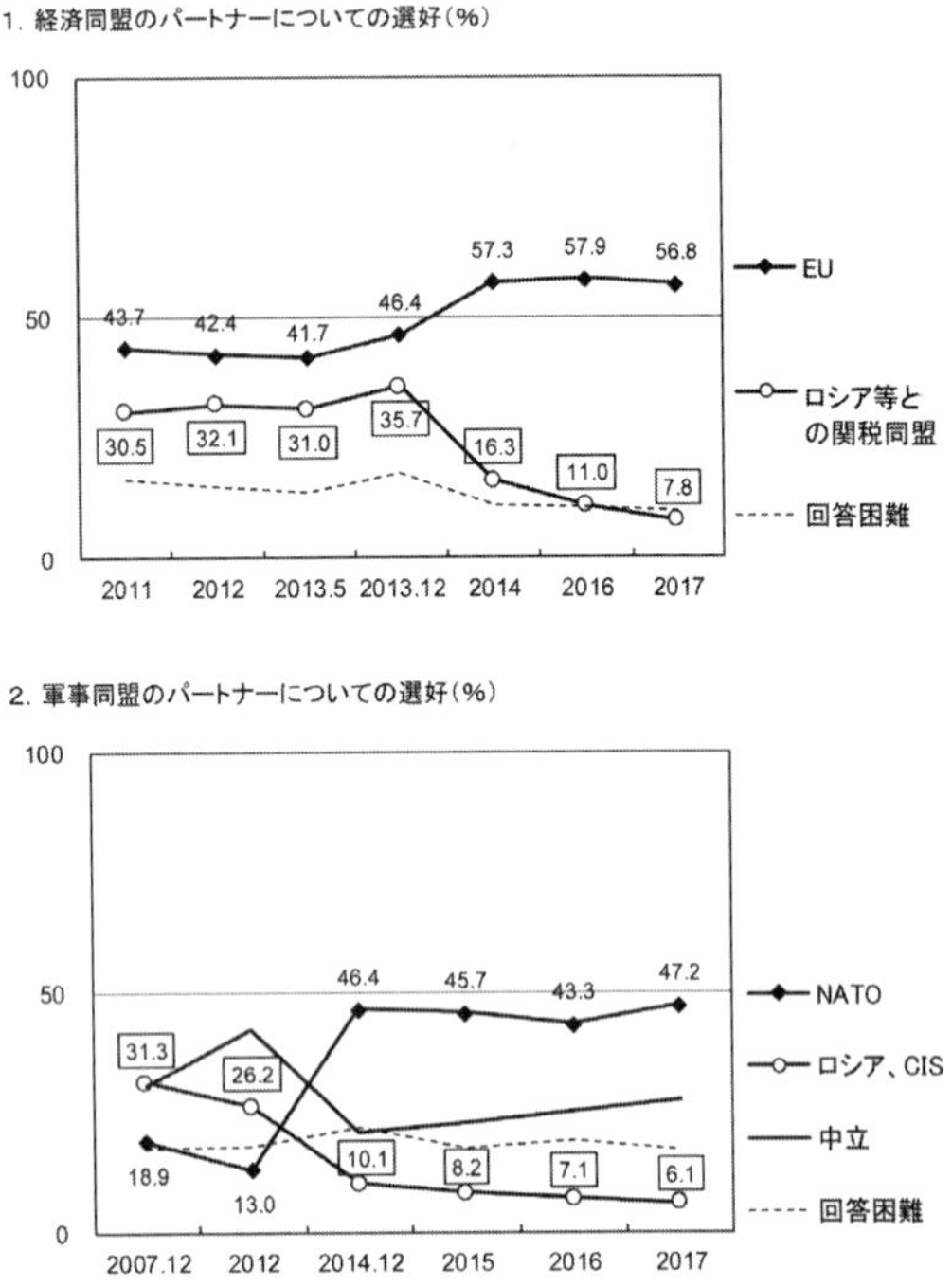

（出所）Democratic Initiatives Foundation. なお、2014年以降の調査結果にはクリミアおよびドンバス被占領地域は含まれない。

図　ウクライナの歴代大統領と首相

年	大統領	首相（一部代行機関を含む）
1992	L・クラフチューク 91.12.5-94.7.19	V・フォーキン 90.10.23-92.10.1
1993		L・クチマ 92.10.13-93.9.21
1994		Yu・ズヴャヒリスキー 93.9.22-94.6.15
	L・クチマ 94.7.19-05.1.23	V・マソル 94.6.16-95.3.6
1995		Ye・マルチューク 95.3.6-96.5.27
1996		
1997		P・ラザレンコ 96.5.28-97.6.18
1998		V・プストヴォイテンコ 97.7.16-99.12.22
1999		
2000		V・ユーシチェンコ 99.12.22-01.5.29
2001		
2002		A・キナフ 01.5.29-02.11.21
2003		V・ヤヌコーヴィチ 02.11.21.-05.1.5
2004		
2005	V・ユーシチェンコ 05-1.23-10.2.25	Yu・ティモシェンコ 05.1.24-05.9.8
2006		Yu・エハヌロフ 05.9.8-06.8.4
2007		V・ヤヌコーヴィチ 06.8.4-07.12.18
2008		Yu・ティモシェンコ 07.12.18-10.3.11
2009		
2010	V・ヤヌコーヴィチ 10.2.25-14.2.22	M・アザロフ 10.3.11-14.1.28
2011		
2012		
2013		
2014	P・ポロシェンコ 14.6.7-	A・ヤツェニューク 14.2.27-16.4.10
2015		
2016		V・フロイスマン 16.4.14-
2017		
2018		

が次々に誕生し、民主主義の後退と汚職蔓延が顕著になっていった。１９９９年の大統領選挙はその頂点とも言えるもので、２０００年以降に一連の反政権運動を引き起こし、２００４年のオレンジ革命につながった。

ウクライナは「９・11同時多発テロ」後の米ロ関係の改善を奇貨として２００２年春にＮＡＴＯ加盟の意思を公式に表明していたが、オレンジ革命後は脱露入欧政策に一層、拍車がかけられた。革命の高揚感と、２０００年以降の長期的な好景気と相俟って、政府はＥＵ・ＮＡＴＯ早期加盟の展望を描いた。一方、革命後もオリガルヒの影響力は維持された。オレンジ革命を受け就任したユーシチェンコ大統領自身、プリヴァト・グループやポロシェンコといったオリガルヒの支援を受けており、前政権を支えていたアフメトフ、ピンチュークらオリガルヒがヤヌコーヴィチ落選で一時的に後退したに過ぎなかった。

リーマンショックからマイダン、ウクライナ危機へ

楽観論は、2008年の世界的な経済危機と2009年初頭のロシア・天然ガス価格の引き上げにより霧散していく。ウクライナ経済はマイナス成長に転落、東部ドンバスの重工業を支持基盤とする地域党のヤヌコーヴィチが、政権批判を追い風に大統領選挙で当選した。しかし、政権交代後もウクライナ経済は好転せず、次第に行き詰まりの様相を呈するようになる。ヤヌコーヴィチ政権は、ロシアをパトロンと定め、EU・NATO加盟政策の休止と引き換えに、天然ガス価格の値引きや輸出市場確保を実現してきた。こうしたロシア寄りの政策は、ウクライナ経済を救う側面があったが、ヤヌコーヴィチ政権下の腐敗とヨーロッパ統合路線からの逸脱に対する反発が勝り、ユーロマイダン革命（尊厳の革命）により2014年2月に政権は瓦解した。

ロシアがクリミアを併合し、ドンバスに干渉し続ける中、新政権の政策は、ヨーロッパ化、すなわち外交面ではEU・NATO加盟、内政面ではEUスタンダードの徹底となるしかなく、あらゆる分野における対ロシア関係が断絶されていくことになった。ロシア語、ロシア文化、ロシア帝国・ソ連の文化・歴史等、あらゆるロシア性が公的空間から排除され、ウクライナ化に取って代わられている。教育、歴史解釈や正教会においても政権はウクライナ化を推進しており、独立当初の曖昧で寛容な政策は終わりを遂げ、ウクライナ民族主義に立脚する国民統合政策が全面に押し出されている。このようなウクライナ化は、自由・民主主義やマイノリティー権利の観点から問題があるだけでなく、ロシアや東欧諸国の反発を招くことになっている。

（藤森信吉）

47

ウクライナの憲法・国家体制

★大統領・議会・内閣・地域★

現在のウクライナで、政治体制の基本となっているのが、1996年6月28日採択の憲法である。1996年憲法の規定する政治制度は、「大統領制的議院内閣制」ないしは「半大統領制」と理解していい。すなわち、大統領とは別に首相が存在し、首相の率いる内閣（政府）が行政権の主要部分を行使するものの、首相の実質的な任免権は大統領にあるなど、かなり強い大統領権力を定めていた。

ただ、この憲法はその後、複雑な経過を辿った。2004年暮れのオレンジ革命のさなかに、与野党の政治的妥協の一環として、ウクライナの議会に当たる「最高会議」が、憲法を改正した。この改正は、最高会議において形成される多数派連合が首相候補を提案することを眼目としており、議院内閣制に近い制度への移行を意味した（実際に施行されたのは2006年1月1日から）。しかし、2010年にヤヌコーヴィチ大統領率いる地域党政権が成立すると、同年10月1日に憲法裁判所が、2004年の憲法改正には審議・採択の際に手続き違反があったとして、改正を無効とする判決を下し、ウクライナは一夜にして比較的強い大統領権限を特徴とする1996年憲法に復帰した。

ところが、ユーロマイダン革命さなかの2014年2月21日、最高会議が2004年バージョンの憲法を復活させることを可決し、これが2018年現在まで引き継がれている。

ここで改めて大統領に関する現行憲法の規定を整理すれば、大統領は国民の直接選挙により選出され、任期は5年、連続で2期まで務めることができる。大統領は、対外的に国を代表し、国際条約を締結し、国軍の最高司令官でもある。大統領は、最高会議の多数派の提案に基づき首相を指名し、また国防相および外相の候補者を指名する。最高会議が採択した法律に署名し、不同意の場合には拒否権を発動して最高会議に差し戻すことができる。憲法および法律に基づき、法的拘束力のある大統領令・指令を出すことができる。

次に、立法府である最高会議の概要を見てみよう。最高会議は一院制で、定数は450議席、任期は5年となっている。主な機能は法律と国家予算の採択であり、定員の3分の2以上の賛成で憲法を改正することもできる。最高会議では、多数派の連立が形成され、その多数派が大統領に対し首相候補を提案する。最高会議は定数の過半数により内閣不信任案を可決することができる。大統領が国家反逆罪等を犯した場合には、最高会議の4分の3以上の賛成で弾劾され得る。なお、最高会議の議員は国民の直接選挙で選出され、曲折はあったものの、現行制度によれば、比例区225、小選挙区225の並立制であり、政党が比例区で議席を獲得するためには5％以上を得票しなければならない。

内閣は最高行政機関であり、大統領および最高会議に対して責任を負う。内閣は首相、第一副首相、副首相（複数）、閣僚たちからなる。上述のとおり最高会議の多数派連立が首相候補者を大統領に提案し、それに基づき大統領が最高会議にその首相候補を指名する。選挙で新たな最高会議が選出された際には、内閣は権限を返上する。内閣は権限の範囲内で法的拘束力のある決定・指令を出すことができる。

さて、ウクライナは単一国家であり（言い換えれば連邦制は採っておらず）、少なくとも法律的には、中央集権的な性格が色濃い制度となっている。地方自治制度の上層を構成しているのが27の地域で、その内訳は、クリミア自治共和国、24の州、二つの特別市（キエフ市、セヴァストーポリ市）である。クリミアはロシア系住民が多く住む政治的にデリケートな地域であり、独自の憲法を擁する自治共和国というステータスを享受してきた。それ以外の一般の州およびセヴァストーポリ市では、行政の長は内閣の提案に基づき大統領によって任免される。キエフ市の市長は住民の直接投票で選出される。議会はいずれも住民の直接投票で選出される。

27地域の基礎データと位置は、表および地図に見るとおりである（2014年以降、ウクライナが実効支配を喪失している関係で、クリミア自治共和国およびセヴァストーポリ市の人口はデータなしとなっている）。なお、ここでは便宜的にウクライナを西部・中部・南部・東部という四つのマクロリージョンに分けているが、この区分は公的ではなく慣用的なものであり、現地シンクタンク「ラズムコフ・センター」が採用してきた方式に倣っている。

一方、地方自治の下層を構成するのが地区および市町村であり、2018年初頭現在ウクライナ全土に490の地区、461の市、883の町、2万8378の村が存在していた。それらの議会は住民の直接投票で選出されるが、行政の長は内閣の提案に基づき大統領によって任免される。一方、地区というのは一般的に、市や町を中核にその周辺エリアを含んだ枠組みである。なお、地方分権化の

表　ウクライナの地域別の基礎データ

地　域	州　都	面　積 (1,000 ㎢)	人　口 (2015年、1,000人)	シェア (%)
ウクライナ全体	—	603.5	42,845	100.0
西　部	—	110.6	9,360	21.8
1. リヴィウ州	リヴィウ市	21.8	2,536	5.9
2. イヴァノフランキフスク州	イヴァノフランキフスク市	13.9	1,382	3.2
3. テルノーピリ州	テルノーピリ市	13.8	1,068	2.5
4. ヴォルイニ州	ルーツク市	20.1	1,043	2.4
5. リーヴネ州	リーヴネ市	20.1	1,162	2.7
6. ザカルパッチャ州	ウージュホロド市	12.8	1,259	2.9
7. チェルニフツィ州	チェルニフツィ市	8.1	910	2.1
中　部	—	235.8	14,621	34.1
8. フメリニツキー州	フメリニツキー市	20.6	1,298	3.0
9. ヴィーンニツヤ州	ヴィーンニツヤ市	26.5	1,606	3.7
10. ジトーミル州	ジトーミル市	29.8	1,252	2.9
11. キエフ市	—	0.8	2,897	6.8
12. キエフ州	キエフ市	28.1	1,731	4.0
13. チェルカースィ州	チェルカースィ市	20.9	1,247	2.9
14. キロヴォフラード州	クロピヴニツキー市	24.6	977	2.3
15. チェルニーヒフ州	チェルニーヒフ市	31.9	1,050	2.5
16. スームィ州	スームィ市	23.8	1,118	2.6
17. ポルターヴァ州	ポルターヴァ市	28.8	1,444	3.4
南　部	—	113.4	4,620	10.8
18. オデッサ州	オデッサ市	33.3	2,393	5.6
19. ミコラーイフ州	ミコラーイフ市	24.6	1,161	2.7
20. ヘルソン州	ヘルソン市	28.5	1,065	2.5
21. クリミア自治共和国	シンフェローポリ市	26.1	—	—
22. セヴァストーポリ市	—	0.9	—	—
東　部	—	143.7	14,244	33.2
23. ドニプロペトロフスク州	ドニプロ市	31.9	3,266	7.6
24. ハルキフ州	ハルキフ市	31.4	2.725	6.4
25. ザポリッジャ州	ザポリッジャ市	27.2	1,760	4.1
26. ドネツク州	ドネツク市	26.5	4,281	10.0
27. ルハンスク州	ルハンスク市	26.7	2,213	5.2

一環として、2015年2月の法律により、複数の地方自治体を束ねる「合同地域体」という新たな枠組みを設け、より大きな自治権（住民による首長の直接選出など）を与える試みが始まっている。2018年4月までに、728の合同地域体が成立している。

現下のウクライナにとって、憲法・国家体制の面で最大の懸案になっているのが、ドンバス紛争（第50章参照）解決のために要請され

地図　ウクライナの地域地図

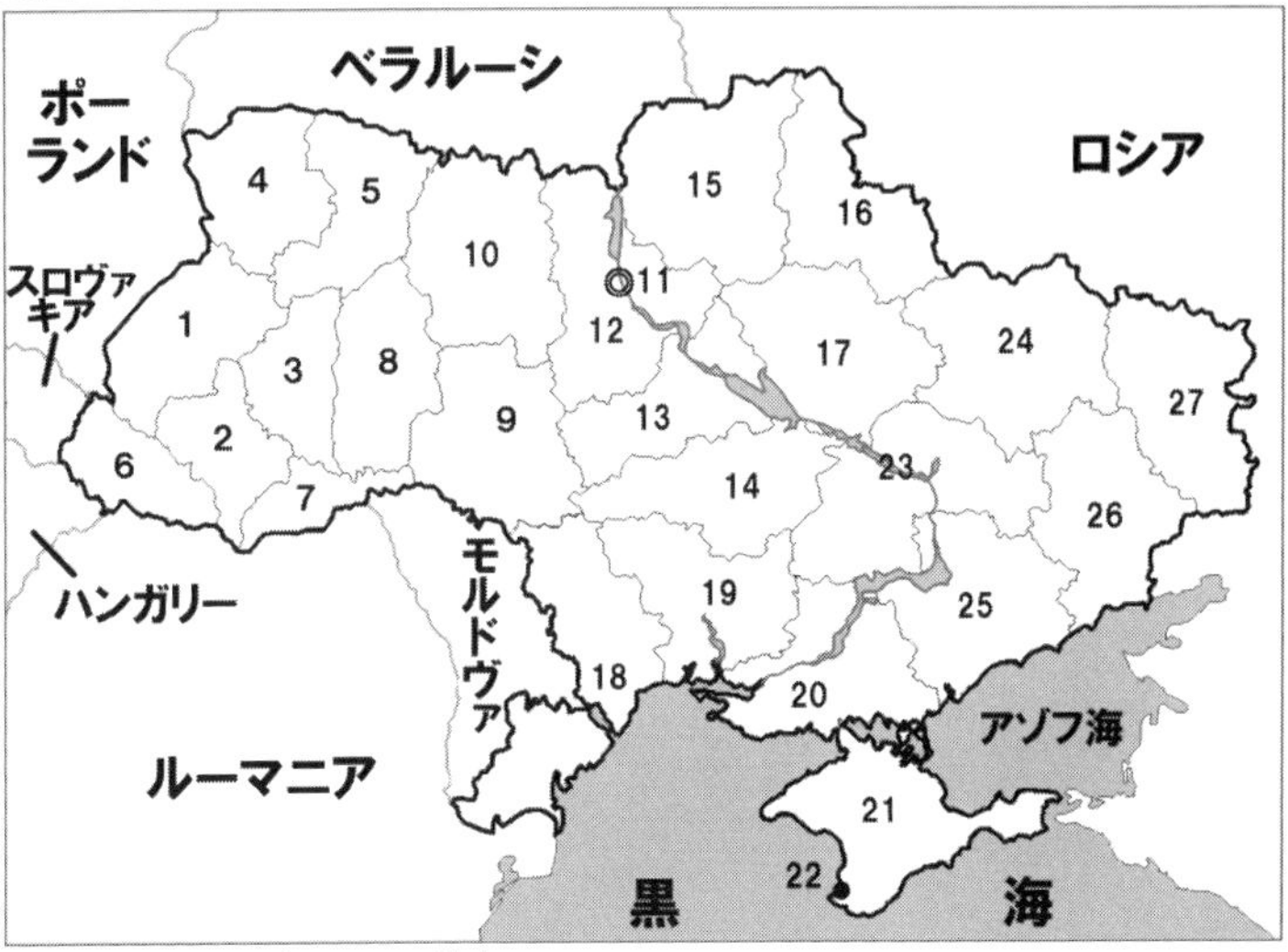

＊地図中の番号は表のそれに対応。

ている憲法改正である。2014年9月5日に調印されたドンバス和平のためのミンスク協定1を受け、ウクライナでは同年9月16日、分離主義勢力によって占領されている地区(いわゆる「ドネツク人民共和国」、「ルハンスク人民共和国」の支配地域)に特別なステータスを付与する法律が成立した。ただし、この法律は3年間の時限措置だった上に、実効性も持たなかった。2015年2月12日に調印されたミンスク協定2の第11項により、ウクライナは憲法を改正して、ドンバスに特別な自治権を与える方向での改革を実施することを求められている。その後、ポロシェンコ政権が憲法改正案を提案したものの、国内の右派からは両人民共和国に譲歩したものだとして、逆に人民共和国側からは分権化を骨抜きにするものだとして批判を浴び、その後本件は進捗していない。

(服部倫卓)

48

オレンジ革命

★ウクライナ民主化の夜明け★

2004年に行なわれたウクライナ大統領選挙は、その実施前から現職首相であるヤヌコーヴィチ候補と野党で元首相のユーシチェンコ候補との間で熾烈な戦いが繰り広げられた。同年11月の決選投票が行なわれるや、東部のドネツク州やルハンスク州を中心にヤヌコーヴィチ陣営の大規模な不正疑惑が浮上した。首都キエフでは、数十万人ものユーシチェンコ候補支持者が独立広場（マイダン）に出てこれに抗議した。デモは、いわば「お祭り」のような雰囲気であり、暴動などは起きなかった。軍や警察の介入もなかった。クチマ大統領やリトヴィン最高会議議長ら政権側の冷静な判断があったのだろう。

一方、この間、クチマ大統領、ヤヌコーヴィチ候補、ユーシチェンコ候補は、クワシニェフスキ・ポーランド大統領など事態収拾のためにキエフ入りした調停団とともにラウンド・テーブルを開催し、事態の収拾を図った。両者の闘争は法廷および最高会議に持ち込まれ、最高裁判所は決選投票の無効化・決選投票のやり直しを決定、最高会議はヤヌコーヴィチ内閣不信任案を可決した。そして、12月8日、政権側が従来から提案してきた大統領の閣僚任免権を最高会議に移行させることを骨子とする憲法改正案と、野党側が主張する選挙法改正案等が最高会議でパッケージ採択されることで妥結が図られ、大統領選挙のやり直し決選投票が12月26日に実施されることとなった。その結果、ユーシチェンコ候補が約8%の差でヤヌコーヴィチ候補を破って当選、翌2005年1月23日の大統領就任式をもってユーシチェンコ新政権が発足した。この一連の流れはユーシチェンコ候補のシンボルカラーに因み「オレンジ革命」と呼ばれるが、独立広場の「熱狂」と、再選挙に向けた「冷静さ」の双方により、革命は政権交代として結実した。

オレンジ革命当時の独立広場

キエフでオレンジ革命以前に大きなデモが行なわれたのは、1991年のウクライナ独立時であった。しかし、当時のウクライナ国民の期待に反し、生活水準は一向に改善されず、年を経るごとに失望へと変わっていった。このような諦めが民主化を希求する熱狂へと転化していく過程には、いくつかの象徴的な出来事があった。

第一に、2000年末に明らかとなったインターネット上の新聞「ウクライナ・プラウダ」のゴンガーゼ記者の暗殺事件とクチマ大統領の関与疑惑である。反政権的な記事を書くことで知られた同記者が行方不明となったが、最高会議議員によりクチマ大統領と政府高官らの関与を示唆する会話を録音したテープが暴露された。大統領関与の疑惑が深まるとともに、市民運動「クチマなしのウクライナ」が活発化した。独立広場では、週末ごとに数万人規模のデモが繰り返されたが、翌年3月、治安部隊と衝突した数名の負傷者と逮捕者が出ると、国民はデモから離れていった。この事件は、国民の政治に対する目線を変え、デモを批判するばかりのクチマ大統領の高圧的な態度が国民の記憶に刻み込まれた。

第二の出来事は、2002年3月の最高会議選挙である。過去の選挙では、「共産主義（ソ連の復活）か、非共産主義（市場経済化）か」という選択肢が争点であったが、2002年の選挙では、共産・非共産の体制選択ではなく、市場経済の下でどのような体制を望むのかという議論が実質的に初めて行なわれた。限定的ではあるが、「経済政策や社会福祉政策のあり方が議論された他、「言論の自由」や「権力と市民の関係」といったテーマが扱われた。この選挙の結果、クチマ大統領を支持する政権与党連合が勝利したが、ユーシチェンコ元首相が率いる野党連合も大躍進した。ゴンガーゼ事件以来のクチマ大統領批判を取り込んだ結果であろう。

第三の出来事は、2003年11月のジョージアにおける「バラ革命」である。サアカシヴィリ氏が率いる野党支持者が手にバラを持って議会ビルを占拠し、シェワルナゼ大統領の議会開会演説が妨害された。2004年1月には大統領選挙が実施され、サアカシヴィリが新大統領に就任した。この「バラ革命」が起きた直後から、キエフではユーシチェンコの率いる野党主催により数千人規模のデモが行なわれるようになった。ウクライナ大統領選挙を一年後に控えたタイミングでの「バラ革命」は、ウクライナにおける革命可能性の議論も起こすなど、一定程度の影響を与えたことは間違いない。

このような三つの出来事を背景に、２００４年の夏に大統領選挙戦が始まった。そして、この大統領選挙の特徴は、最初から「民主化」が大統領選挙の焦点となったことである。２００２年の最高会議選挙に続き、野党側に対する嫌がらせやテレビ放送によるクチマ大統領の後継者たるヤヌコーヴィチ候補への賞賛、野党候補のユーシチェンコへの批判などが一層露骨となった。ユーシチェンコ候補は、こうした野党弾圧の苦戦の中でも、それ自体を論点とすることによって国民の関心を高めていく戦術をとった。ヤヌコーヴィチ候補は、現職首相として行政関係者や各種団体の集会に出席し組織の引き締めを図ったのに対し、ユーシチェンコ候補は、街頭での集会に力を置いた。特に首都キエフにおける週末の大規模集会は、いわば「オレンジ革命」の前兆を感じさせるものであった。また、欧米諸国も、ウクライナに民主化を呼びかけるとともに、民主化を志向する市民団体を支援することで後押しした。

２００４年12月26日のやり直し選挙では、ユーシチェンコ候補に対して約52％の支持が得られた。ウクライナでは、伝統的に民族主義が強い西部とソ連型重工業都市が多くロシア語話者の多い東部とで政治的傾向が異なり、このやり直し選挙においても、西部においてはユーシチェンコ候補への支持が圧倒的であった。加えて、首都キエフ周辺の中部諸州でもユーシチェンコ候補への高い支持率が見られた。首都キエフは最も給与水準が高く、市場経済化の恩恵を受ける中流階級の市民が誕生し始めていた。こうした中産階級は、賄賂で問題を解決するよりも、欧州のように法律に則った社会を希求した。つまり、ユーシチェンコ大統領への支持、そしてオレンジ革命が結実した理由は、西部における伝統的な民族主義とキエフ市など中部における欧州志向の新しいウクライナ市民の共鳴であると言

オレンジ革命の主役ユーシチェンコも、その次の2010年の大統領選では惨敗した。これはその際の選挙ポスター（撮影：服部倫卓）

えるだろう。

大統領に就任したユーシチェンコへの期待は、ソ連型の行政を欧州統合路線に則って着実に改革すること、オリガルヒ中心の経済から脱却し、汚職にまみれた社会を改革することであった。しかし、「オレンジ革命」後の政治も、結局はオリガルヒ勢力間のバランスと妥協を通じた政策決定に変わりなかった。また、「オレンジ革命」を支持した勢力間の対立も続いた。ユーシチェンコ大統領は、結局、ウクライナ語化の推進といった人文面での政策しか主な成果を出すことができず、性急な民族主義化で隣国ロシアとの関係が不安定化した。こうした中、ウクライナ人は、２０１０年の大統領選挙では安定を望み、「オレンジ革命」で敗北したヤヌコーヴィチを大統領に選択することになる。

「オレンジ革命」は、それでもウクライナ社会に「言論の自由」を残した。そしてそれを享受する市民社会も発展し続けた。「オレンジ革命」で一歩進んだ「民主化」があったからこそ、のちの「ユーロマイダン革命」（尊厳の革命）も可能になったのである。（南野大介）

※本章の内容はすべて筆者の個人的見解をまとめたものです。

49

ユーロマイダン革命（尊厳の革命）

★「脱露入欧」の夢と現実★

ウクライナでは2014年2月、対ロシア関係を重んじるヤヌコーヴィチ大統領の政権が、欧州連合（EU）との緊密化を望む野党側やウクライナ民族主義者らを中心とした勢力の街頭行動が激化する中で倒れ、親欧米政権が樹立された。街頭行動の拠点はキエフ都心の独立広場。ウクライナ語で広場を「マイダン」という。兄弟言語のロシア語ではあまり使わない、トルコや中東と共通する単語だ。マイダンは反政権運動の呼称にもなった。〝脱露入欧〟を願う人々が政権打倒のため広場に集結したため、この政変は「ユーロマイダン革命」と通称される。政変を主導した勢力は「尊厳の革命」と呼び、神聖化している。

ソ連崩壊後、ロシアと欧州は狭間にあるウクライナを取り込もうと綱引きを続けた。ロシアは旧ソ連第二の人口を持つ隣国を旧ソ連の経済再統合構想の鍵を握ると見て重視。EUは自由貿易協定を柱とする連合協定の締結交渉を2008年に始めた。

しかし、協定調印予定日1週間前の2013年11月21日、ウクライナ政府は協定締結準備の停止を発表し、同国最高会議はヤヌコーヴィチの政敵で獄中にあるティモシェンコ前首相（野党第一党「祖国」党首）の療養を理由とした出国に道を開く法案をヤヌコーヴィチの与党、地域党の棄権で否決した。ティモシェンコ釈放はEUが求めた協定締結の条件だった。ウクライナはロシアの圧力（ウクライナ産品の通関停止など）と懐柔（天然ガス値下げや財政支援などの経済協力を翌12月に発表）を受け、ロシアを当面のパートナーに選んだ。

多くの国民は当時、経済不振やヤヌコーヴィチ周辺の腐敗に不満を強めていた。そこに対EU関係緊密化の棚上げが重なり、怒った人々は独立広場に繰り出した。11月24日には参加者数万人と、同じ広場を舞台とした2004年の「オレンジ」以来の規模に。人々は「大統領は刑務所へ」などと連呼。野党第二党「ウダール」のクリチコ党首は「連合協定締結まで戦う」と声を張り上げた。

12月1日のデモは報道によると参加者10万人以上に。広場にはデモ隊が寝泊まりするテントが並び、お祭りムードも漂っていた。演説が終わると広場にロックが流れ、深夜に男女が踊る。国旗やEU旗をまとう若者はビール片手に楽しげな表情を見せていた。

一方、野党第三党で反露感情が強い西部が地盤の極右・民族派「自由」は、早くからキエフに支持者を多数送り込んだ。チャフニボク党首はロシアを「占領者」、ヤヌコーヴィチや地域党を「モスクワの手先」と呼ぶ。支持者はネオナチが目立つとされる。

反政権側は独立広場の出入り口にバリケードを築いて占拠するとともに、広場に近いキエフ市庁舎や、広場に面した労働組合会館を奪い、拠点化した。市庁舎内で党旗が最も目立ったのは「自由」で、次が「祖国」。庁舎では食事が無料で振る舞われたほか、医療チームや法律相談デスク、プレスセンターも設けられた。デモ隊は暖房の効いた部屋で体を休め、長期戦に備えた。

デモの後方支援を担当した「祖国」の古参党員は筆者に「マイダンは金がかかるが、大統領派のオリガルヒ（新興財閥）の支援もある。彼らは与野党双方に金を出す。ビジネスのためにEUとの関係強化を望んでいるからだ」と話した。

プーチン露大統領は12月2日、デモは「外部から入念に準備された」と指摘し、欧米の関与を示唆。広場には12月前半、ウェスターウェレ独外相、アシュトンEU外交安全保障上級代表、ヌーランド米国務次官補が相次ぎ訪れた。反政権デモの現場を他国の外相級が訪れるのは異例だ。反露的色彩が強いデモへの欧米の露骨な肩入れは、プーチンを強く刺激した。

野党は2015年3月の大統領選と17年後半の最高会議選を14年春に前倒しするよう要求したが、ヤヌコーヴィチは拒否を続け、政治交渉は停滞。治安部隊は独立広場奪還のため中途半端な形で実力行使を繰り返し、負傷者ばかりが増えていった。独立広場にはナチスとも一時協力しソ連から独立を図った「ウクライナ蜂起軍」指導者ステパン・バンデラの肖像画が登場し、民族主義が勢いを増していく。

2014年に入ると、独立広場には角材や火炎瓶で治安部隊に挑む者が目立って増えた。「自由」より過激な極右団体「右翼セクター」幹部はロシア紙に「平和的手段など何にもならない」と述べ、暴力を正当化した。政権は1月17日、公共の場でのステージやテントの無許可設置、スピーカー使用を禁止するという、デモ封じの法律を発効させたが、反政権側を怒らせただけで、効果はなかった。

1月22日、デモ隊二人が銃撃を受け死亡した。初の死者に反政権側は治安部隊の仕業だとして猛反発。極右はキエフや西部各州で行政施設を相次いで襲撃した。「祖国」や「ウダール」は極右への影響力が乏しく、自制を求めても暴走は止まらなかった。

事態収拾のため、政権側は獄中のティモシェンコに代わって「祖国」を仕切るヤツェニュークに首相、

2013年12月４日、ユーロマイダン革命が始まったばかりのキエフ中心部・独立広場

2014年２月19日、バリケードを築くなどしてキエフ中心部の独立広場を占拠したデモ隊。治安部隊は催涙ガスや高圧放水銃などを用いて制圧を試みたが失敗に終わった

クリチコに副首相職を提案したが拒否され、内閣は混乱の責任を取って同28日に総辞職。政権が初めて示した大きな譲歩は暴力に突き動かされた結果だったという現実が、極右や武闘派を勢い付けた。

2月に入り暴力は一層激化した。治安部隊は18日、デモ隊排除の「反テロ作戦」に着手。高圧放水銃や催涙ガスに加え、装甲車を独立広場に突入させた。終日爆発音が響き、反政権側の拠点、労組会館は炎上した。デモ隊は広場の敷石を砕き、女性たちに火炎瓶を作らせて治安部隊に投げ続けた。市販の打ち上げ花火の水平発射も。一部では銃器も使われ、政権側、デモ隊双方が互いの発砲を非難した。

筆者の取材拠点だった独立広場を見下すホテルにも銃弾が飛び込んできた。20日、デモ隊が攻勢に出ると、治安部隊は退却しながら発砲。ホテルのロビーには10体以上の遺体が運び込まれ、傍らで重傷者がうめいていた。デモ隊の死者は最終的に百人以上に。彼らは後に「天上の百人」として英雄視されることになる。なお、保健省によれば治安部隊側も二桁の死者を出した。

ウクライナ独立後の最悪の惨事に周辺国も動いた。独仏ポーランドが外相を、ロシアも特使をキエフに派遣。欧露四者の仲介でヤヌコーヴィチと野党は21日、大統領選の年内前倒しや大統領権限の最高会議への移譲、10日以内の連立政権樹立、暴力停止や占拠した庁舎の明け渡しで合意した。

しかしこの日、ヤヌコーヴィチは突然、東部ハルキフへ。22日「私は辞めない。国内に残る」とテレビで訴えた後、姿を消した。22日には治安部隊も独立広場や最高会議、大統領府などから消え、反政権側が権力機関を確保。ラブロフ露外相は、21日の合意は事実上破綻したとの認識を示した。

最高会議はヤヌコーヴィチの職務不履行を理由に解任。ティモシェンコは釈放され、22日夜に車いすで独立広場に。「私は仕事に戻ってきた」と演説すると歓喜とブーイング、白けた空気が交錯した。

地域党議員が大量離党した最高会議は23日、ティモシェンコに近いトゥルチノフを大統領代行に任命した。トゥルチノフは親欧州路線を採ると発表。最高会議は、ヤヌコーヴィチ政権下で制定されたロシア語など少数言語話者が10％以上住む地域でその言語を事実上の公用語にできる法律の撤廃を決め、ウクライナ民族主義的政策を進める姿勢を示した。

27日にヤツェニュークを首相とする暫定政府が発足し、「自由」から副首相と三閣僚が入閣した。盗聴され、暴露されたヌーランドとパイアット駐ウクライナ米大使の電話内容によると、二人はクリチコを外しヤツェニュークに革命後を任す構想を練っており、それが実現した形だ。ただ、大使は「問題はチャフニボクと彼の部下」とも発言。「自由」からの入閣は米国の影響力の限界も示した。

極右の政権入りはバンデラ賛美や反露姿勢と合わせ、「暫定政府はファシスト」「ロシア系住民迫害」と主張する余地をロシアに与えた。27日にはヤヌコーヴィチのロシア亡命が発表された。ロシアは暫定政府を認めない方針を鮮明にし、3月、ロシア系住民が約6割を占めるクリミア半島を一方的に併合した。ドンバス地方は親ロシア派勢力の支配地に。ロシアとの関係は最悪となった。

デモ激化に始まる一連の動乱は「ウクライナ危機」と呼ばれる。革命は結果的に欧州東縁部の不安定化やロシアと欧米の制裁合戦、G8（主要国）からのロシア追放など国際問題の起点になった。

2014年5月の前倒し大統領選で勝利し、正式な政権を発足させたポロシェンコは翌月、念願のEU連合協定に調印し、17年に発効。ウクライナの対EU輸出は拡大し、ビザなしでのEU入域も可能になった。しかし、民族主義的政策は国民融和を阻害し、腐敗撲滅も進まない。その上、領土を事実上奪われた。革命の代償はあまりにも重い。

（小熊宏尚）

50

ドンバス紛争

――★「ドンバス人民の自衛」か「ロシアの侵略」か★――

2014年2月の首都キエフにおけるヤヌコーヴィチ政権崩壊と前後し、ウクライナ各地は無政府状態に陥った。特にウクライナ東南部の諸州では、キエフの新政権に反対する勢力が武装化し州庁舎等の公共施設を占拠した。ヤヌコーヴィチの地元ドンバスでも、地域党が支配していた州議会・行政府の権威が失墜し、権力の真空を衝く形でロシアの諜報員・煽動家が直に浸透、これと協働した現地の自治体関係者、治安機関、準軍事組織が中心となって州を単位とした「ドネツク人民共和国」「ルハンスク（ロシア語読みではルガンスク）人民共和国」創設が宣言された。その後、ウクライナ新政権との間で武力紛争が生じ、2015年2月にミンスクで停戦が合意された。以降、両人民共和国がドンバス2州の3分の1、約1万5千㎢を実効支配し続ける状態にある。人民共和国領内の住民は、公式にはウクライナ国民であるため、ウクライナ・人民共和国間境界線（停戦ライン）に設定された数カ所の出入ポイントを通じて合法的に往来することが可能であり、往来数は数万人／日に達している。紛争激化時には多くの住民が域外に逃れ、停戦後、国内・国外避難民数は200万人に達したが、一部は故郷に戻り始めている。両人民共和国の統計を合計すると、住民数は計370万人（2018年初現在）となっている。

両人民共和国はウクライナ政府および国際社会から「侵略国ロシアの支援を受けたテロリストによる被占領地域」と見做されており、国際的な国家承認を受けていない。そのため、公式には一時的被占領地域、ATO（反テロ作戦）地域、ORDLO（ドネツクおよびルハンスク州特別地区）と呼称される。ロシア政府も、両人民共和国を国家承認していないものの、ドンバス紛争を「キエフのファシスト・クーデターに対するドンバス人民の自衛行為」と定義しており、域内にロシア系住民（ロシア語話者、ロシア民族籍保有者）が多いことと相俟って、ウクライナ政府がコントロールできないロシア・人民共和国間の境界線を通じて援助を行なっている。ロシアは、人民共和国が軍事的に追い詰められた2014年8月に大規模な軍事介入を実施し、人民共和国の予算払底後の2015年春以降に財政援助を本格化させ、被占領地域の住民に対する年金、公務員給与を負担している。さらにウクライナ側が被占領地域への天然ガス供給を停止すると、「人道的観点から」ガスプロム社に命じて供給を肩代わりする等、人民共和国の存続に大きく関与している。ロシア政府による非公式な軍事支援は、紛争の激化を招いており、国際社会による対ロ制裁の根拠ともなっている。

情報統制やウクライナ民族主義活動家による違法な反ロ行動が黙認されているように、ドンバス紛争はウクライナ政治に暗い影を落としている。また、人民共和国側に住む数百万人のドンバス有権者が国政に参加しないことから、いわゆる「ウクライナ東西分裂」が解消され、北大西洋条約機構（NATO）・欧州連合（EU）加盟政策が確立される機会をウクライナ政府に与えている。一方、人民共和国では、ロシアの影響下でソ連を彷彿とさせる政治・経済・社会体制が作り上げられており、欧州統合に向けた改革を進めるウクライナ側との間で乖離が進んでいる。

紛争はウクライナ経済にも大きな損失を与えている。消費者心理は悪化し、国防予算は膨らみ、ドンバスのインフラは損壊し、ウクライナ法人の資産は人民共和国側に統制され、外資はウクライナ進出を躊躇している。ウクライナ・被占領地域間の通商は、2017年初頭にウクライナ側が経済封鎖を断行したことにより完全に遮断されてしまった。これにより両者間の分業体制が崩れ、人民共和国のみならずウクライナ側でも工業生産の低下を見た。特に人民共和国内で生産される無煙炭が途絶したことにより、ウクライナ側の火力発電所は燃料不足に陥り、高コストの輸入炭への切り替えを強いられている。ウクライナ政府は、ドンバス復興費を150億ドルと見積もっているが、その一方で、被占領地域の補助金漬け産業と年金生活者を切り離す機会ともなっており、財政負担が軽減するというメリットも発生している。

紛争開始直後、正規軍、内務省部隊、国家親衛隊および志願兵部隊からなるウクライナ側は人民共和国側に対し軍事的優勢に立ち、武力による被占領地「解放」を目指していた。しかし2014年8月以降、ロシアが軍事援助を本格化させると、ウクライナは、イロヴァイスク、デバーリツェヴェにおいて軍事的大敗を喫し、欧米と協力した平和的手段による主権回復を目指す政策への転換を余儀なくされた。2015年2月にウクライナ・独・仏・露四国の首脳会談で合意された「ミンスク合意（ミンスク2）」は、ドンバス和平策として、ウクライナの政治体制の変更、すなわちウクライナ憲法を改正した上で地方分権を行ない、大幅な自治権を与えられたORDLOを含むドンバス全域のウクライナ主権が回復されることを規定している。またこれら地域への財政支出の再開もウクライナ政権に課

年表　紛争のクロノロジー

2014年2月	ウクライナ東南部で公共施設の占拠
4月7日	人民共和国創設宣言、同日、ウクライナ政府、反テロ作戦（ATO）開始を宣言
5月11日	独立を問う住民投票実施
7月17日	マレーシア航空MH17撃墜される
8月21日	ロシア側から部隊越境、イロヴァイスクで激戦
9月5日	ミンスクで停戦合意（「ミンスク1」）
12月	ウクライナ、占領地域における予算執行を完全に停止
2015年2月	デバーリツェヴェで激戦
2月19日	ウクライナ、人民共和国への天然ガス供給カット
2月21日	ミンスク合意（「ミンスク2」）
4月	ロシアの財政援助開始、人民共和国、年金支給回復
2017年1月	ウクライナ、ドンバスを経済封鎖
2月	ロシア、人民共和国発行パスポートを公式身分証として承認
3月	人民共和国政府、領内ウクライナ企業の経営を掌握

している

和平交渉を主導したプーチン・ロシア大統領の意図は、人民共和国の独立を認めずに「ウクライナ連邦」内に押し込み、ウクライナの内外政、特にNATO加盟政策に影響力を及ぼそうとするものである。そのため、ウクライナだけでなく独立を果たせない人民共和国側も履行に消極的であり、欧米とロシアとが共同して紛争当事者へ影響力を行使できるかが紛争解決の鍵となっている。その意味では、欧米・ロシア間の関係改善がない限り、ドンバス紛争は解決されないことになる。

ミンスク2以降、大きな軍事衝突は起きていないが、散発的な小規模の戦闘は続き、死傷者数が増え続いている。2018年初時点で、紛争による犠牲者は1万人を超えている。また被占領地域の住民の困窮化や衛生状態の悪化、政治的抑圧、さらにはこの紛争が新兵器の試験や社会実験の場と化している等、人道的に看過できない状態が続いている。

（藤森信吉）

51

ウクライナとクリミア

★ロシアによる併合に至る前史と底流★

ソ連が唐突に解体したため、クリミアは多くの未解決問題を抱え込むことになった。列挙すれば、①独立前後に強制移住先から帰還し始めたクリミア・タタールの処遇。②クリミア州が1954年にロシア共和国からウクライナ共和国に引き渡されたことによる問題。③前項の②の裏面だが、クリミアをウクライナの政治空間にどうやって定着させるかという問題。④セヴァストーポリ軍港を基地とするロシアの黒海艦隊問題。⑤ソ連という巨大な市場を失った観光の復興。④は、ロシアがクリミアを併合したことによりデファクトに解決されてしまったし、⑤は第52章で触れるとして、この章では①②③のみ論ずる。

内戦も末期に近い1920年11月にクリミアは最終的にボリシェヴィキ支配下に入り、1921年にロシアソヴィエト連邦社会主義共和国の一部としてクリミア自治ソヴィエト社会主義共和国が成立した。独ソ戦時にクリミアはソ連でも有数の激戦地となったが、ソ連がクリミアを回復した1944年、ナチスドイツに協力したとの理由で、クリミア・タタールは中央アジア等に強制移住させられた。これは貨車を使って行なわれ、目的地に着く前に多くのタタールは絶命した。翌年、クリミアは

シンフェローポリのクリミア民族学博物館には、当地の諸民族の人形をずらりと並べた展示があったが、その中のクリミア・タタールの人形。2012年（撮影：服部倫卓）

自治共和国から通常の州に格下げされた。

　対独協力を理由として強制移住させられた民族は、チェチェン人などそのほかにもいたが、それらがフルシチョフ時代に名誉回復して故郷に戻ってきたのに対し、クリミア・タタールはソ連の最後までクリミア帰還を許されなかった。しかし、ソ連体制が弱まりつつあることを見て取ったクリミア・タタールは、1988年ごろから無許可で帰還し始めた。なぜソ連体制がクリミア・タタールに対してこれほど辛かったかについては諸説あるのだが、帰還すれば土地財産の返還問題が起こることへの党指導部の（そしてスラヴ系クリミア住民自身の）警戒心があったように思われる。クリミアでは建前抜きで民族間の関係がよく、例えばスラヴ系住民をロシア人、ウクライナ人と区別せず、スラヴ人と呼ぶのが普通である。ロシアへの編入運動の先頭に立っていた政治家・活動家の中にも、ウクライナ姓の人は多かった。こうした中で、クリミア・タタールだけは、その他の住民からやや警戒される存在であった。

　1954年にはペレヤスラフ条約（ザポリッジャ・コサックとモスクワ国家の同盟条約）三百周年を記念して、ロシア共和国とウクライナ共和国の友情の証として、クリミア州はウクライナに移管された。この行政区画変更の本当の動機については諸説あるが、経済成長のためには、飛び地は望ましくないと考えられたようである。

1990年7月、ウクライナ共和国は主権宣言をした。この後、ウクライナがソ連離れを強めれば強めるほど、クリミア指導者は1954年のウクライナ編入の見直し要求を強めてゆく。1991年1月20日、クリミアは住民投票を行なって「自治共和国」のステータスを回復した。この住民投票は、ウクライナがソ連を離脱する可能性に備えるだけでなく、クリミアの基幹民族になる要求をすでに掲げていたクリミア・タタールに対する、共産党州指導部の先制的な措置であった（グウェンドリン・サッセ、ドミトリー・リャブシュキンらの説）。1991年の初めと言えば、多くのリージョンでソ連共産党の指導部はすでに混迷していたが、クリミアの党指導部はまだしっかりしていた。なお、第二書記のレオニード・グラチは、その後ウクライナ共産党内においてペトロ・シモネンコのライバルになっていく。

独立後のウクライナは大変な経済危機に見舞われたが、この中でクリミアも分離主義を強めてゆく。1993年に大統領職が導入されたが、翌年1月の選挙で勝ったのは、ソ連共産党州第一書記から最高会議議長に横滑りしていたニコライ・バグロフではなく、ロシア人政党を代表する弁護士のユーリー・メシュコフであった。市民活動家としては有名なメシュコフであったがリージョンの首長としては無能であり、ロシア国籍者を首相に任命したり、最高会議（議長は2014年の動乱時に活躍するセルゲイ・ツェコフ）と対立したりして混乱を生んだ。1995年、ウクライナは、クリミア大統領職そのものを廃止した。その後約3年間は「正常化」の時代と言われ、分離主義や親露感情は沈静化した。1999年の大統領選挙では、クリミアでは共産党候補シモネンコが51・2％得票したのに対し、現職レオニード・クチマは43・9％しかとれなかった。しかしこれは共産党の最後の輝きであり、2002年の議会選挙以降は、他の東部諸リージョンと同様、地域党が共産党の票田を切り崩していった。

2004〜05年にオレンジ革命が起こると、ヴィクトル・ユーシチェンコ大統領は、それまでクリミア住民のみが享受していた法廷でロシア語を用いる権利を剝奪し、西部出身者をクリミア首相として送り込んだ。しかし、この首相は、そもそも幹部を集めることができず、わずか5カ月でクリミア最高会議から不信任された。こうしてユーシチェンコの介入は失敗したが、次に介入してきたのはヴィクトル・ヤヌコーヴィチだった。ドネツク州を本丸とする地域党のクリミアへの進出は、元来のんびりしていて縁故主義的な地元のエリートをそのまま地域党に入党させる方法を採ったため、住民はそのような地元エリートへの苛立ちを地域党にぶつけるようになった。2010年の大統領選挙に向けて、クリミアを地域党の堅い票田にしたいと考えるヤヌコーヴィチは、自分の腹心の部下であるヴァシーリー・ジャルティを地域党の選対本部長としてクリミアに送り込んだ。ジャルティは、かつてドネツク市の隣のマキーイフカ（ロシア語読みではマケエフカ）市の市長だった人物であり、市の人脈を使って幹部をドネツク州からクリミアに招いた。「マケエフカ」、「ドネツク」、そして他人の土地に乗り込んで指導者面をする態度を皮肉って、クリミアの土着指導者は、ドネツク州出身の幹部を「マケドニア人」とあだ名した。

2010年、ヤヌコーヴィチが大統領選挙に勝つと、ジャルティはそのままクリミア首相となった。ジャルティが2011年に癌で死ぬと、クリミアの土着指導者は、マケドニア人ではなくクリミア人から新首相を任命するようヤヌコーヴィチ大統領に働きかけた。しかし、ヤヌコーヴィチは結局、同じマケドニア人のアナトーリー・モギリョフをジャルティの後釜に据えた。こうしてクリミアはマケドニア人の鉄腕支配下に置かれ続けることになった。

（松里公孝）

52

ユーロマイダン革命とクリミア

★内部から見たクリミア併合の真相★

第51章では、クリミアがドネツク州から派遣された指導者＝「マケドニア人」によって、言わば植民地化された事情について見た。クリミア土着のリーダーたちは、マケドニア人がクリミアの人々を心中では馬鹿にしていることに苛立っていた。しかし、マケドニア人が現に有能であり、２０１０年の大統領選挙の結果成立したヴィクトル・ヤヌコーヴィチ政権から多額の予算を引き出すことに長けていたため、その指導に服従していた。ところが、キエフでユーロマイダン革命が過激化すると、アナトーリー・モギリョフ首相をはじめとするマケドニア人とウラジーミル・コンスタンチノフ最高会議議長をはじめとするクリミア土着のリーダーたちとの対立が前面に出てきた。マケドニア人は、たとえユーロマイダン政権が成立しても妥協が可能だと考えた。クリミア土着のリーダーは、キエフでの暴力沙汰が続くのなら、ロシアに帰属換えすることもあり得ると考えるようになった。

コンスタンチノフは、２０１３年12月ごろからロシアのクレムリン指導者と盛んに接触するようになった。モギリョフ首相はクレムリンに協力することを拒否したため、２０１４年２月

10日ごろには、クリミア土着リーダーたちはモギリョフを辞めさせるしかないと決意した。しかし、ヤヌコーヴィチ政権がまだ存続している間は、モギリョフ解任、ロシアへの編入を目指す運動を本格化させるわけにはいかなかった。

２０１４年の初めから、クリミアの活動家・市民は、ローテーションを組んで数百人単位でキエフに行き、ヤヌコーヴィチ大統領を応援する示威行動を展開していた。２月18日には本格的な武力衝突が始まり、クリミア出身の三人の警官が犠牲となった。２月20日、身の危険を感じたクリミアの活動家たちはバス８台に分乗してクリミアに帰ろうとしたが、キエフからクリミアへ向かう途上に位置するチェルカースィ州のコルスンで、銃で武装したユーロマイダン勢力にバスを止められ、数時間にわたって拷問を受けた。犠牲者の数は不明だが、死者が出たこと自体は当時のウクライナの警察も認めた。被害者によれば、ユーロマイダン派はクリミア人にバスの窓ガラスの破片を食べさせた。暴行の映像は、こんにち（２０１８年）でもユーチューブ上でいくらでも見ることができる。元々は加害者側が撮影してアップロードしたのだから、やはりまともな神経ではない。

三人の警官の死とコルスンでの集団暴行で、クリミア住民はウクライナにとどまる気をほぼ失ってしまった。２月21日深夜にヤヌコーヴィチ大統領がキエフから逃亡すると、ウラジーミル・プーチン・ロシア大統領はクリミアを併合する決心をした。そのためには、住民投票を実施する政権をクリミアにうちたてなければならない。コンスタンチノフ議長は、クリミア最高会議を２月26日に招集した。コンスタンチノフらがその場でモギリョフ首相を解任して親露的な政権を立てるつもりであることは明白だったので、クリミア・タタールの政治団体メジリスが活動家を多数動員し、議会建物前で

ヤヌコーヴィチ大統領の逃亡後、クリミア情勢は一気に動き出した。これは2011年に同大統領が来日した時の姿（撮影：服部倫卓）

衝突となった。ここでまたスラヴ系住民に死者が出たため、クリミアはパニック状態になった。26日の最高会議は流会となったが、翌日、ロシアの特殊部隊が警護する中で最高会議は成立し、それまでロシア人政党のリーダーだったセルゲイ・アクショーノフがクリミア首相となった。モギリョフだけではなく、マケドニア人のほとんどが短期間に解任されてクリミアを去った。

このように親露政権が成立しても、住民投票の目的は「ウクライナ内におけるクリミアのオートノミーを強める」ためと説明され続けたが、約一週間後の3月6日、最高会議は投票日を3月16日（つまり10日後）に繰り上げ、質問内容をロシア編入の是非を問うものに変えた。プーチンがクリミア併合を決意したのがヤヌコーヴィチの逃亡時なので、クリミアに親露政権が成立してから住民投票の内容を変えるのに一週間かかったことの方が奇妙であるが、ロシア指導部の気が変わらないという確証をクリミア指導部が得るのに時間がかかったのだろう。実際、住民投票をやった後にロシア指導部が怖気付いて併合を拒否したりしたら、クリミアは非承認国家になってしまう。これはクリミアの指導者たちが絶対に避けたいシナリオであった。

クリミア・タタールが住民投票に参加していれば、それなりの反対票も入っただろうが、メジリ

2014年３月18日、クレムリンにおけるクリミア編入条約の調印式（ロシア大統領府公式ＨＰより）

スはタタール系住民に投票ボイコットを命じたため、セヴァストーポリ市で95・6％、クリミア自治共和国で96・8％という高率でロシアへの編入が支持された。その2日後、3月18日にクレムリンで華々しく調印式が行なわれ、コンスタンチノフ、アクショーノフらがプーチンとともに編入条約に調印した。3月27日、国際連合総会は住民投票の効力を否定し、クリミアは法的にはウクライナ領であり続けるとした。２０１４年11月、最高会議は改選され、国家会議という名の新しい共和国議会が成立した。

ロシア編入後のクリミアの最大の課題は、主要産業である観光の振興である。そもそもソ連の解体によって、クリミアの観光業は衰退した。ソ連時代は8百万人以上の観光客が毎年訪れていたのに、ウクライナ時代の末期にはそれが約6百万人に減少していた。ロシアへの編入によってウクライナからの観光客も激減し、２０１４年の観光客は約２５０万人であった。主にロシア人しかクリミアで保養しなくなり、しかも陸路は事実上封鎖されていたので飛行機で行くしかなかったという状況を考えれば、この数が２０１６年に５６０万人まで回復したのは驚くべきことである。しかし、この数の中には、本当にクリミアで遊びたいからではなく、クリミアを助けなければならないという義侠心から行く人がかなり含まれていると考えられるので、ブームがいつまで続くかは分からない。ロシア人にとっては、クリミアで保養するよりもエジプトやトルコで保養する方が安いと言われる。鉄道や自動車を使って安価で便利にクリミアに行けるように、ロシア政府はケルチ海峡に橋を架ける巨大プロジェクトに乗り出し、道路部分は２０１８年5月に開通した。

第二の大きな問題は、先住民であるクリミア・タタールの処遇である。ウクライナ時代の民族団体であったメジリスの指導者は、ロシア編入後にクリミアから出てしまい、残ったタタール指導者は親露的な新団体を作った。ロシア政府は２０１６年にメジリスを過激団体として禁止した。これは、国際司法裁判所によっても非難されている。ただ、ウクライナ時代のメジリスは非常に政治的な団体だったので、幹部が一般のクリミア・タタールの気分や願望を代表していたとは言えない。メッカ巡礼の枠がウクライナ時代の十倍近く拡大されるなど、ロシア政府はタタールを懐柔する政策を採っている。

（松里公孝）

53

ウクライナ経済の軌跡

★荒波に翻弄され乱高下★

ウクライナは元々、人口および経済力の点から見て、ソ連の中でロシアに次ぐ存在であった。穀物生産に適した肥沃な黒土を擁し、農業国としてポテンシャルが高い。また、石炭や鉄鉱石の資源に恵まれ、国の東部には鉄鋼業を中核とした重工業地帯が広がり、軍需産業の一大拠点でもあった。1991年の時点で、（バルト三国を除く）ソ連の主要経済指標に占めるウクライナの比率は、人口：18・3％、国内総生産（GDP）：14・5％、鉱工業生産：16・7％、農業生産：20・7％と非常に大きく、いずれの指標においてもロシアに次ぐ二位であった。ウクライナがソ連からの独立に傾いていった背景に、自らの経済力への自信があったことは、疑いない。

しかし、ウクライナが実際に独立を果たすと、経済の脆弱性が浮き彫りとなった。ウクライナの石油生産は少量で、天然ガスも一部しか自給できないため、ソ連解体後は石油・ガスの供給を外国たるロシアに依存することとなった。また、社会主義体制の需要に合わせていた工業製品の多くは、国際的な競争力を持たなかった。大統領と歴代首相の対立、政府の腐敗と非効率、そして「オリガルヒ」と呼ばれる新興財閥の領袖たちによ

図　ウクライナの実質GDP水準の推移（1990年＝100）

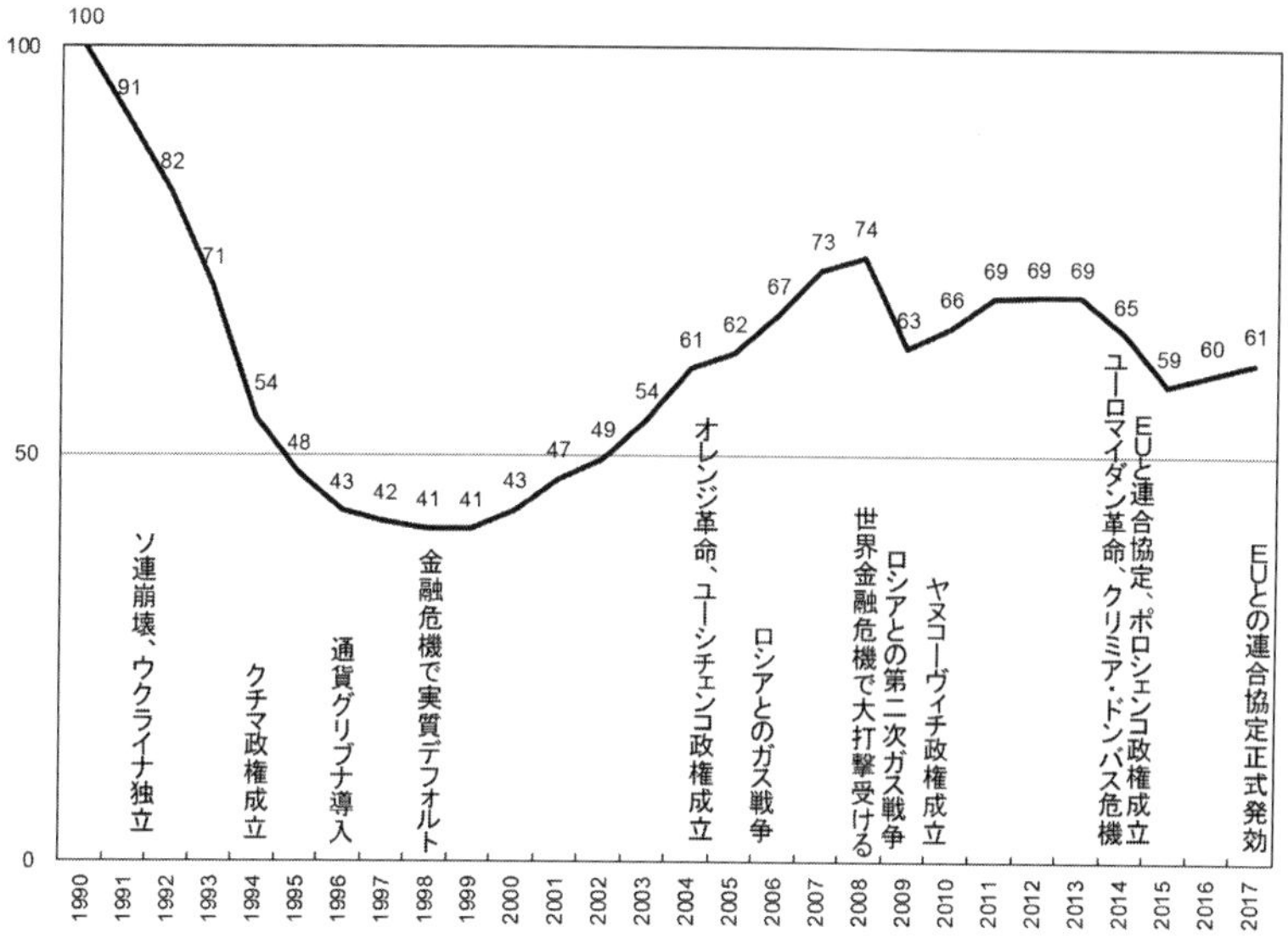

る政財界支配などで、改革は進まなかった。ウクライナではソ連末期に体制転換が開始されてから、１９９０年代を通じてマイナス成長が続き、旧ソ連諸国でも最も長期化した不況を経験した。図に見るように、１９９０年代末の経済規模は、ソ連末期の41%の水準にまで縮小していた。

２０００年代に入ると、国際的な石油・資源価格の高騰で隣国ロシアの経済が成長に転じ、その結果ウクライナからロシア等への鉄鋼・鋼管の輸出が急増したため、ウクライナ経済もようやくマイナス成長を脱した。だが、ウクライナ経済は構造的な問題を抱えたままであった。当国の産業は、鉄鋼や化学肥料などの付加価値の低い商品の生産を主力とし、その品質・生産性・エネルギー消費効率には大いに問題がある。それでも、２０００年代に入って以降の中国特需、新興国ブーム、エネルギーおよび資源価格の高騰、投機マネーの暗躍などを背景に、品位の低いウクライナ製品に対しても旺盛な世界的需要があり、ウクライナは旧態依然とした産業構造を抱えたままで成長を謳歌できた。外国から資金が流入し、それを原資としたクレジット販売で自動車や家電も飛ぶように売れ、人々は束の間の消費ブームに酔った。

ところが、2008年に世界的な経済危機が起きると、主力輸出品である鉄鋼の国際価格が急落した。外国の資金が一斉にウクライナから引き揚げ、通貨グリブナも下落した（より正確な発音は「フリヴニャ」だが、本書では簡略に「グリブナ」と表記する）。2009年のウクライナ経済は14・8％という大幅なマイナス成長に見舞われ、これは世界的に見ても屈指のマイナス幅であった。

その後、経済はある程度持ち直した。しかし、生産の停滞、経常収支の悪化、対外債務の増大、金・外貨準備の縮小、格付けの引き下げ、通貨安などが進行し、次第に行き詰まりの様相を呈するようになる。経済不振の原因はいくつか考えられるが、そもそも2010年に成立したヤヌコーヴィチ政権の下で、大統領一家が国の資産を年間数十億ドル単位で簒奪していたとする看過できない指摘がある。それに加え、主力輸出品である鉄鋼の市況が低迷していたことや、ウクライナを自国主導のユーラシア経済連合に巻き込むべくロシアが通商面での圧迫を強めたことが挙げられるだろう。さらに、2009年に当時のティモシェンコ首相がロシアと結んだガス供給契約が言わば「呪い」となり、ロシアから輸入する天然ガスの値上がりがウクライナを苦しめたことも見逃せない。他方でヤヌコーヴィチ政権は支持基盤維持のためガスの国内価格をコスト割れの低水準に据え置いたため、その逆鞘で国営ガス会社の赤字が膨らんでいった。

第53章

ウクライナ経済の軌跡

ヤヌコーヴィチ政権は、2013年11月の欧州連合（EU）の東方パートナーシップ・サミットの直前になって、EUとの連合協定交渉を棚上げした。その背景には、デフォルトも懸念される深刻な経済状況があり、政権としては欧州統合という未来の夢はひとまず先送りして、目先の「冬を越す」ために、やむをえずロシアとの接近を図った格好だった。だが、国民はその決定だけでなく、ヤヌコーヴィチ政権自体にノーを突き付けることになる。2014年2月にヤヌコーヴィチ政権は崩壊し、ウクライナはEUと連合協定を締結、EUとの関係を軸とした新たな経済発展の道を目指すことになった。

連合協定の柱の一つは、「深化した包括的な自由貿易圏（DCFTA）」の創出であり、ウクライナとEUは大部分の商品につき関税を相互に撤廃する。もう一つの柱が、ウクライナをEUのモデルに沿って構造改革するとともに、技術規制などのEUスタンダードを導入することであり、協定の付属文書では期限を設定した上でウクライナが300近くのEU規則およびEU指令を受け入れて法改正を行なうことを謳っている。

しかしながら、新生ウクライナ経済の船出は、多難なものとなった。2014年にロシアがクリミアを一方的に併合したことだけでも、ウクライナはGDPの4％近くを失った。それに加え、石炭・鉄鋼の主要産地であるドンバスが内戦に突入し、多くの炭鉱や工場が分離主義勢力の支配地域に取り残され、おそらくはGDPの10％ほどを実効支配できなくなったと見られる。為替は、2014年年初は1ドル＝7・99グリブナだったものが、同年末には15・77グリブナとなり、さらに2015年末では24・00グリブナまで下落した。EUとの提携を選択した結果、ウクライナは最大の貿易相手国であるロシアとの通商関係を決定的に悪化させることになり、特に2016年にロシアがウクライナ産品に関税を導入したことで対ロシア輸出の条件は厳しいものとなった。その一方、EUとのDCFTAには、ウクライナの対EU輸出を急増させるような即効的効果は見て取れなかった。対外債務が膨らみ、ウクライナがデフォルトを起こすのではないかという不安が再び高まった。2014年の経済成長率はマイナス6・6%、2015年もマイナス9・8%と惨憺たる結果に終わった（なお、2014年以降のウクライナの統計はクリミアおよびドンバス被占領地の経済活動を除外して算出されている）。

こうした中、国際通貨基金（IMF）は2015年3月、4年間で総額約175億ドルに上るウクライナ向けの新たな支援プログラム（拡大信用供与）を承認した。即座に実施された融資の恩恵でウクライナの外貨準備は盛り返し、一息ついた格好となった。IMFに加え世銀および日本政府も協調的な支援を行ない、ウクライナのデフォルトは当面回避された。国際的格付け機関のS&Pは一時、ウクライナの外貨建て長期ソブリン債の格付けを、最低レベルの「D」にまで引き下げていたが、2015年10月にB-にまで格上げした。GDPも2015年第3四半期からプラスに転じている。しかし、過去の落ち込みが大きかったことによる反動増という側面が強く、今後の経済の安定・成長についても楽観できる状況にはない。

（服部倫卓）

54

ウクライナの産業と企業

★変わらぬオリガルヒ支配★

ウクライナの産業構造の特徴は、鉄鋼業、化学工業、農業などを中心に、付加価値の低いプリミティブな商品の生産を主力としていることである。そして、国内市場規模が限られるので、そうした商品の輸出比率が大きい。元々は軍需・航空・宇宙産業を含め高度な機械産業も有していたが（第58章参照）、分業・供給関係にあったロシアとの関係悪化でじり貧となっている。

ウクライナは、生産量だけ見れば、世界屈指の鉄鋼生産国である。ドニプロペトロフスク州およびポルターヴァ州で採れる鉄鉱石と、ドネツク州およびルハンスク州で採れる石炭を原料基盤とし、ドネツク州、ドニプロペトロフスク州、ザポリッジャ州、ルハンスク州に製鉄所が分布している。しかし、設備は旧式であり、付加価値の低い半製品を大量にスポット輸出することで命脈を保ってきた。中国発の世界的な鉄余りが顕著となる中で、当国の鉄鋼業は斜陽化し、２０１４年以降はドンバス紛争の直撃も受けている。なお、２０１７年の粗鋼生産量で見るとウクライナは世界第12位、鉄鋼輸出量では世界第11位となっており、だいぶ地位が低下してきた。

鉄鋼業に代わって、ウクライナ経済の牽引役に躍り出ているのが、農業および食品産業である。ウクライナは肥沃な黒土に恵まれた穀倉地帯であり、世界の黒土の4分の1ほどが当国にあると言われている。農地および気候の特質から、穀物、ひまわり、テンサイ（サトウダイコン）などの栽培に適している。ウクライナは近年、小麦、大麦、とうもろこしの世界的輸出国として台頭し（ただし品質等の問題で家畜飼料用が主流）、またひまわりの種およびひまわり油の輸出国としては世界トップに君臨している。

さて、ウクライナでは、新興財閥とそれを操る富豪（いわゆる「オリガルヒ」）が絶大な影響力を誇っている。2004年のオレンジ革命や2014年のユーロマイダン革命の背後にも、オリガルヒの暗躍があった。むろん、どんな国にも、多かれ少なかれ、産業界による政界への働きかけ、ロビー活動は存在するものだ。しかし、ウクライナの特徴は、企業経営者自らが議会の議員や、果ては閣僚・政権幹部に就任し、自らの私的利益を増進しようとする点にある。2014年に就任したポロシェンコ大統領などは、製菓のロシェン社などで財を成し、国のトップにまで登り詰めてしまった。

図には、ウクライナの代表的なオリガルヒの資産額と、各富豪が率いる企業・財閥名が記されている。ちなみに、システム・キャピタル・マネジメント（SCM）、プリヴァト・グループ、ファイナンス&クレジット（Ferrexpo）、ドンバス工業連合（ISD）、エネルギー・スタンダード、イーストワン（インテルパイプ）が、ウクライナの六大財閥などと呼ばれることがある。ただ、一口に財閥と言っても、有り様はまちまちである。グループとしての一体性が強いのはSCMやISDで、連結の経営指標も発表している。それに対し、プリヴァトやファイナンス&クレジットなどは銀行を中心とした緩やかで非公式な結び付きに留まっていた。以下では、主な富豪・財閥のプロフィールを見ていこう。

図　ウクライナのオリガルヒの資産規模（2016年現在、100万ドル）

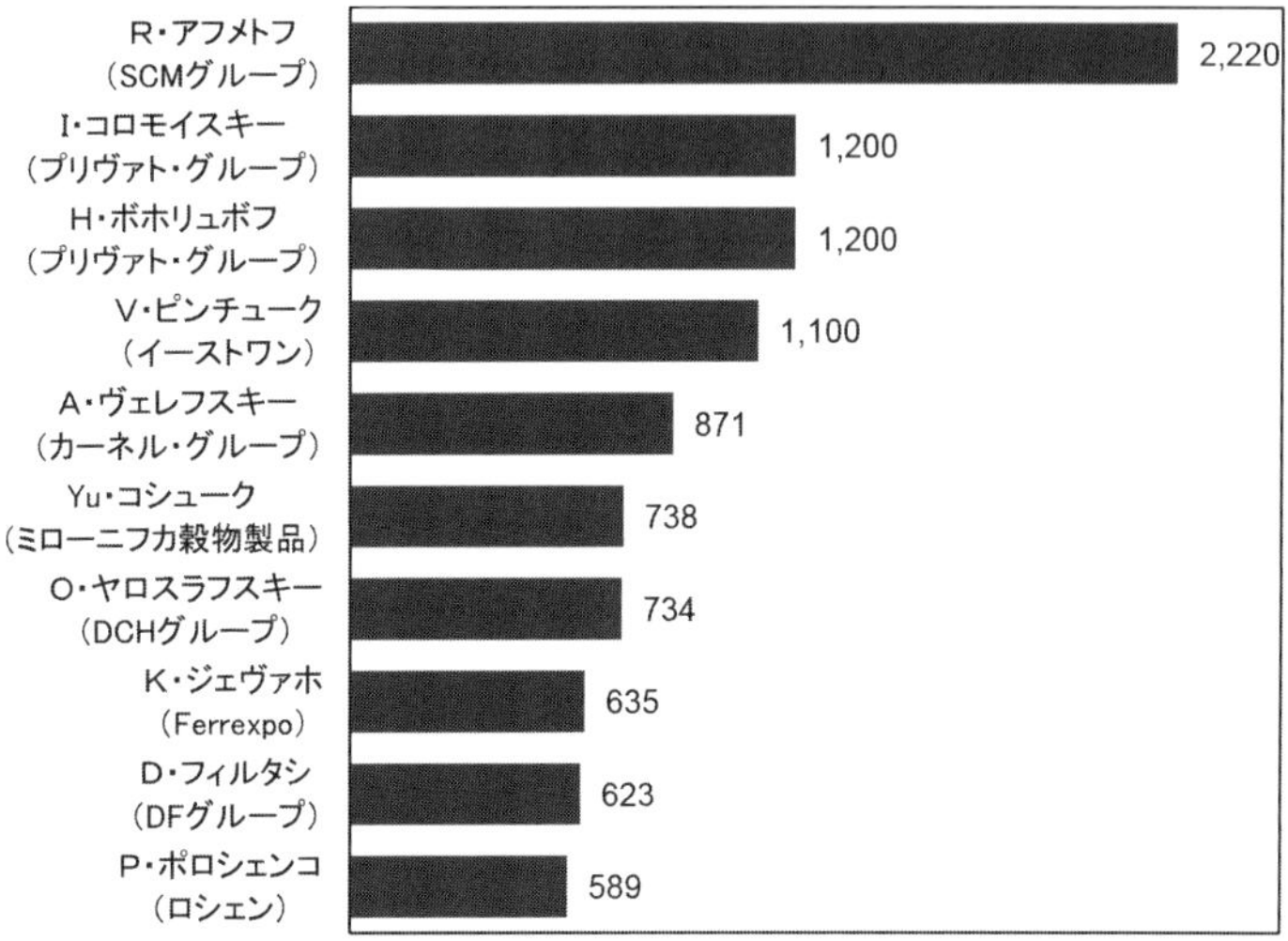

まず、ウクライナ国民資本のチャンピオンとも言うべき存在が、Ｒ・アフメトフ氏率いるシステム・キャピタル・マネジメント（ＳＣＭ）だ。ドンバス地方を地盤とし、鉄鋼業の垂直統合を軸に財閥を形成。鉄鋼部門はメトインヴェスト社が統括し（メトインヴェストはロシア出身でウクライナに帰化したＶ・ノヴィンスキー氏のスマート・ホールディングと共同保有）、電力・石炭事業はＤＴＥＫが束ねる。ただし、２０１４年以降のドンバス紛争で生産に障害が生じた上に、ドネツク、ルハンスクの両人民共和国がＳＣＭ系企業の経営権を剥奪しようとするなど、苦境に立たされている。

プリヴァト・グループは、主にドニプロペトロフスク州が拠点。プリヴァトという法人が設立されているわけではなく、Ｉ・コロモイスキー氏（ユーロマイダン後に一時ドニプロペトロフスク州知事も務めた）とＨ・ボホリュボフ氏を中心とする投資家グループが買い集めている企業をそのように総称しているに過ぎない。ユダヤ資本をバックにしたファンドという性格が色濃く、傘下企業の本業で儲けると言うよりは、資産の売り買いを生業とする。ただ、中核となるプリヴァトバンクは、オーナーらの私益を図る乱脈融資で経営が行き詰まり、2016年に国有化された。

ファイナンス&クレジットは、K・ジェヴァホ氏が率い、ポルターヴァ州が拠点。グループの中核はファイナンス&クレジット銀行だったが、同行は2015年以来、経営破綻状態にある。スイス法人のFerrexpoを通じてポルターヴァ鉄鉱石コンビナートの権益を保有しており、鉱石輸出で収益を挙げている。

ドンバス工業連合（ISD）は、基本的に鉄鋼業を中心とした財閥。S・タルタ氏とV・ハイドゥク氏のタンデム体制だったが、リーマンショックで経営危機に見舞われ、ハイドゥクは2010年に持ち株をロシア資本に売却して経営から退いた。同社の主たる事業拠点は、2014年以降のドンバス紛争で分離派の占領下にあるルハンスク州アルチェフスク市である。

エネルギー・スタンダードは、どちらかと言うとインフォーマルな企業グループで、有力な電力設備工場、電力関連企業などを傘下に置く。総帥のK・フリホリシン氏はロシアからの帰化組だが、ポロシェンコ大統領とは以前から懇意であった。

イーストワンは、L・クチマ元大統領の娘婿として知られるV・ピンチューク氏が切り盛りする財閥。インテルパイプ社が複数の鋼管工場を経営するほか、グループのメディア部門を妻のオレーナ（つまりはクチマの娘）が取り仕切る。

上記の六大財閥には入っていないが、D・フィルタシ氏は政商の中の政商とでも言うべき現代ウクライナの黒幕的存在である。オリガルヒの中では最もクレムリンに近いとされ、かつてロスウクルエネルゴ社を通じたロシアからの犯罪的な天然ガス輸入スキームで、巨万の富を築いた。フィルタシの経営するＤＦグループの傘下には国内４カ所の化学工場があり、ロシアから特恵的な条件で輸入した天然ガスを原料に窒素肥料を生産していた。しかし、フィルタシは２０１４年３月に米ＦＢＩの要請に基づきオーストリアで逮捕され、またロシアからの優遇的なガス輸入が不可能になったことでその肥料帝国も落日を迎えている。

このように、従来はウクライナの富豪・財閥は、重化学工業系が主流だった。しかし、上述のように鉄鋼業・化学工業・機械産業等の斜陽化が進むにつれ、政財界地図でも農業・食品系の勢力が拡大している。具体的には、Ａ・ヴェレフスキー氏のカーネル・グループ、Yu・コシューク氏のミローニフカ穀物製品社、ヴァダトゥルスキー家のニブロン社、Ｏ・バフマチューク氏のウクルランドファーミング社などが重要である。

他方、近年ではウクライナが国際的なＩＴのアウトソーシング先として注目を浴びており、キエフ、ドニプロ、リヴィウ、オデッサ、ハルキフといった都市がその開発拠点となっている。

（服部倫卓）

55

ウクライナのエネルギー事情

★市場改革と対ロ依存の狭間で★

ウクライナはドンバス炭田を有し、自給率は高くないものの安定した天然ガス（年200億㎥）と原油（年200万トン）の産出量があるように、化石燃料資源に一定程度恵まれた国である。また、核燃料工場こそ持たないものの、原発燃料の約3分の1はウクライナ産ウランでまかなわれている。独立以来、ウクライナのエネルギー消費量は減少傾向にあるため、エネルキー自給率は相対的に上昇し、マイダン革命以降、5割を超えている。ウクライナの問題点は、自給率の低さではなく、ソ連時代の遺制とも言えるエネルギー浪費構造が長きにわたり放置され、その結果、財政赤字、汚職、そして対ロ依存が内外政に悪影響を与えてきたことにある。マイダン革命後、これらの問題が一気に顕在化し、過去からの脱却が始まろうとしている。

ウクライナ領にはソ連時代に建設された天然ガスおよび原油輸送パイプラインがあり、天然ガス・原油を利用する重化学産業や製油所が点在していた。パイプラインは敷設コストが高いため、ひとたび敷設されると生産者と消費者を長期的に結び付ける。特に天然ガスにこの傾向が強く、既存のパイプラインを用いて、ロシアはヨーロッパ向け天然ガス輸出を続け、ウクラ

図　ウクライナの欧州向けガス輸送量

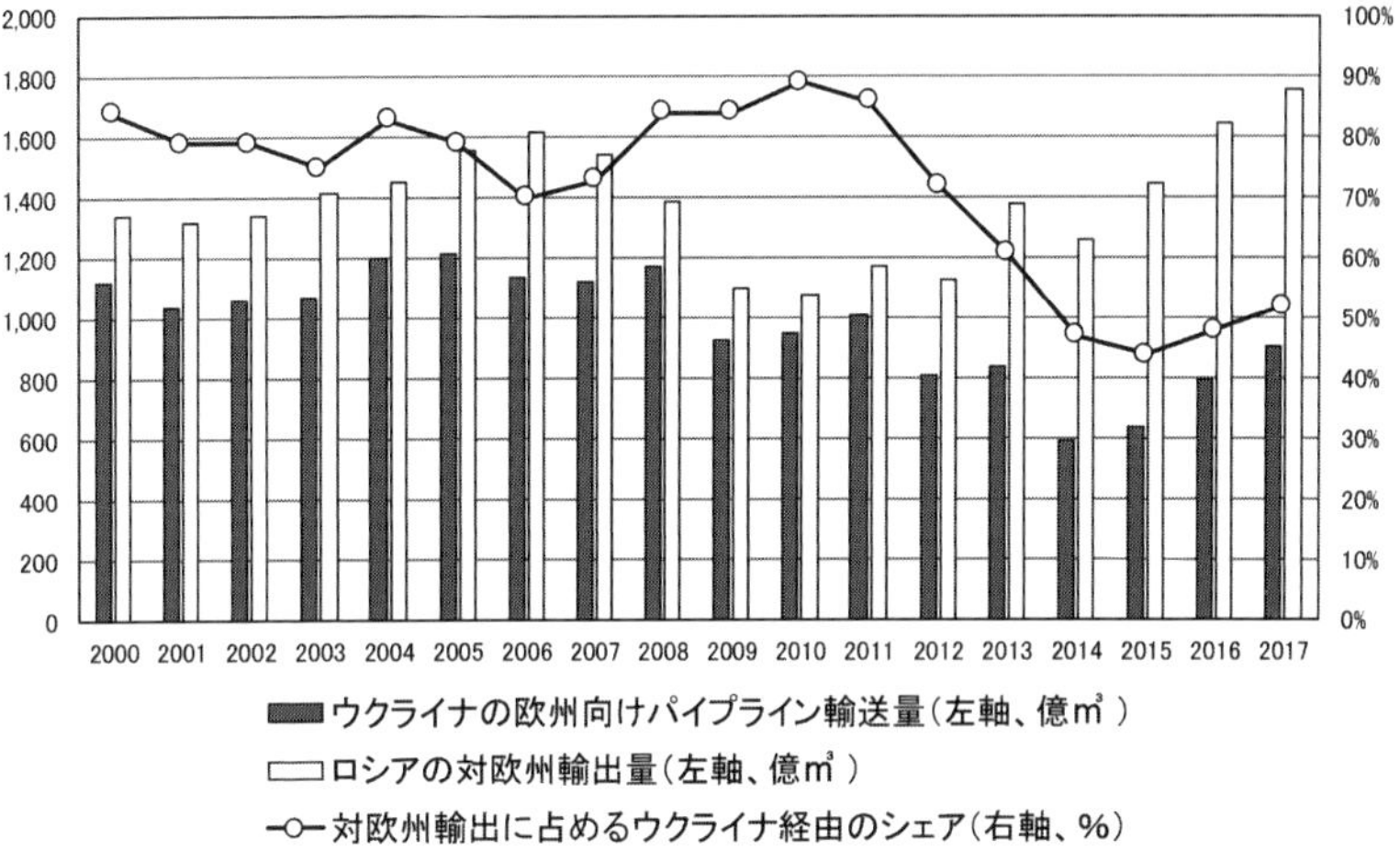

（出所）ナフトハス・ウクライナ社 HP（URL http://www.naftogaz.com)、ロシア通関統計年鑑。

イナもロシアから天然ガス輸入を続けた。天然ガスはウクライナ最大の輸入品目、パイプライン輸送はウクライナ最大のサービス輸出項目となり、結果としてロシアはウクライナ最大の貿易パートナー国にとどまり続けた。

ソ連時代の安いエネルギー価格体系に馴れたウクライナは、一次エネルギー供給源に占める天然ガスの割合が4割と高く、独立後の輸入価格上昇に対応することができなかった。ガス債務が累積し、債権国ロシアに安全保障政策を切り売り（ロシア黒海艦隊へのセヴァストーポリ基地貸与等）することで凌いできた。このことが国内消費者へのコスト転嫁を遅らせ、浪費と対ロ依存を継続させることになった。その一方でエネルギー分野における政府規制・補助に群がる利権構造が出来上がり、ますます市場改革が阻害された。こうした利権には、ウクライナ資本だけでなく、ロシア資本も与っており、特にウクライナからEU市場への天然ガス再輸出は、ガスプロム系の仲介企業に莫大な利益をもたらした。

原発については、チェルノブイリ原発事故の被災国でありながら、発電コストの安さから域内6原発の操業は続けられた（チェルノブイリ原発は2000年に稼働停止）。ソ連時代に設計・建設された原子炉がロシア製燃料棒に特化していたことから、ロシアとのつながりが維持され続けた。原油部門においても、ロシア石油会社がウクライナの製油所を買収し、ソ連時代の分業体制が回復された。このようなエネルギーの対ロ依存は、国家安全保障上の脅威と認識されていたが、輸送料・ルート、価格、そして利権集団の政治的影響力から、脱却が困難であった。

2000年以降のエネルギー市況の高騰はウクライナ経済にとって重荷となっていた。特に2009年1月にガスプロム社との間で締結されたガス契約は、リーマン・ショックと重なり、ウクライナ経済回復の足枷となっていた。欧州連合（EU）市場では、シェールガスの影響や液化天然ガス（LNG）との価格競争

2009年1月、ガス契約に合意したティモシェンコ・ウクライナ首相とプーチン・ロシア首相（いずれも当時）（ウクライナ政府 HP より）

によりロシア天然ガス価格は下落していたが、ウクライナは契約に縛られてEU諸国を上回る高い輸入価格の受け入れを余儀なくされた。2010年に大統領に就任したヤヌコーヴィチは、歴代政権と同様に、輸入した天然ガスを国内向けに安く販売する逆ザヤ政策を続けた。2010年にロシア黒海艦隊基地の駐留期間延長と軍事的中立宣言によってロシア政府から1000㎥当たり100ドルのガス価格値引きを取り付けたものの、その後の高騰に対処できず外貨準備高が払底し、国債デフォルトの可能性が浮上してきた。IMFの融資条件は国内ガス価格の引き上げであったため、有権者の歓心を買いつつ支持母体の鉄鋼産業界の利益も考慮しなければならないヤヌコーヴィチ政権にとっては受け入れ困難であった。2013年11月、ついにヤヌコーヴィチは、ロシアが提示した天然ガス供給価格の値引き等を受け入れ、その代償としてEUとの連合協定調印を延期した。これに対する抗議集会が首都キエフで起こり、後にユーロマイダン革命へ拡大、最終的にヤヌコーヴィチ政権崩壊へつながっていった。

マイダン後、経済危機が進行したウクライナは、IMF融資に頼ることとなり、天然ガスや電力、暖房費等の公共料金の大幅な引き上げを実施している。為替レートの暴落も加わったことでグリブナ建国内価格は数倍に上昇し、産業界だけでなく市民生活にも大きなショックを与えている。また、クリミアやドンバスを巡りロシアと事実上の戦争状態に陥ったことにより、安全保障の観点からエネルギー供給源の対ロ依存解消が緊喫の課題となっている。特に重視されたのがロシア政府の関与が強い天然ガスであり、ウクライナは、EU市場から天然ガスを輸入する「リバース輸入」体制を強化、2016、2017年とロシア天然ガス輸入量ゼロを達成した。エネルギーの対ロ依存の解消は、原発燃料にも及んでおり、ロシアの独占からウェスティングハウス社製燃料棒への切り替えが部分的に進んでいる。一方、石油製品についてはロシアからの輸入が続けられており、石炭についても、調達困難となったドンバス炭の代替としてロシアからの輸入量が増えている。

エネルギー消費面で見るならば、マイダン後、消費量は著しく減少し、ウクライナのエネルギー自給率は上昇した。一次エネルギー源に占める天然ガスの割合が大幅に低下するとともに、原発依存率（全発電量に占める原発の比率）が50％を超える等の大きな変化が生じている。パイプライン輸送に関しては、EUに対し「信頼できるエネルギー輸送国」をアピールする面からも、ロシアの原油、天然ガスは安定して輸送されている。しかしながら、ロシアはウクライナ領を迂回するガス・パイプライン計画を本格化しており、マイダン後に「トルコストリーム」および「ノルドストリーム２」の建設に着手している。両ルートが稼働した場合、ウクライナ・ルートがロシア天然ガスのヨーロッパ市場向け基幹ルートの座から転落することは確実となっている。ウクライ最大のサービス輸出項目が失われるだけでなく、ロシアの対ウクライナ依存がなくなることで両国対立が先鋭化する怖れが生じている。

（藤森信吉）

56

今日のウクライナ社会

★生活水準が欧州最低レベルに落ち込む★

2017年初頭現在のウクライナの人口4258万人のうち、69・2％が都市に、30・8％が農村に住んでいる。国民の46・3％が男性、53・7％が女性。世帯数は1499万で、1世帯当たりの平均人数は2・58人。全世帯の52・9％が集合住宅に住み、47・1％が一戸建てに住む。大都市では圧倒的に集合住宅が多く、小都市や農村になると戸建が増える。

2017年に行なわれた全国世論調査で、早急な解決を望む問題を最大三つまで挙げてもらったところ、図のような結果が出た。ウクライナにおいても、庶民は普段は政治問題に関心を示さず、自らにとって身近な生活・社会の問題を重視する傾向が強いが、現時点に限って言えばドンバス紛争を憂慮している向きが最も多い。物価の高さや所得の低さを嘆く国民が多い中で、注目すべきは「腐敗」の問題が小さからぬ関心事となっていることであろう。腐敗はウクライナの国民病とも言うべき現象で、これは高官の汚職といった事柄に限られず、市民がお役所の窓口や医療・教育などの現場で日常的に直面するものとなっている。

2014年以降の4年間で、ウクライナの物価は2・3倍上

図　ウクライナ国民が解決を望む問題

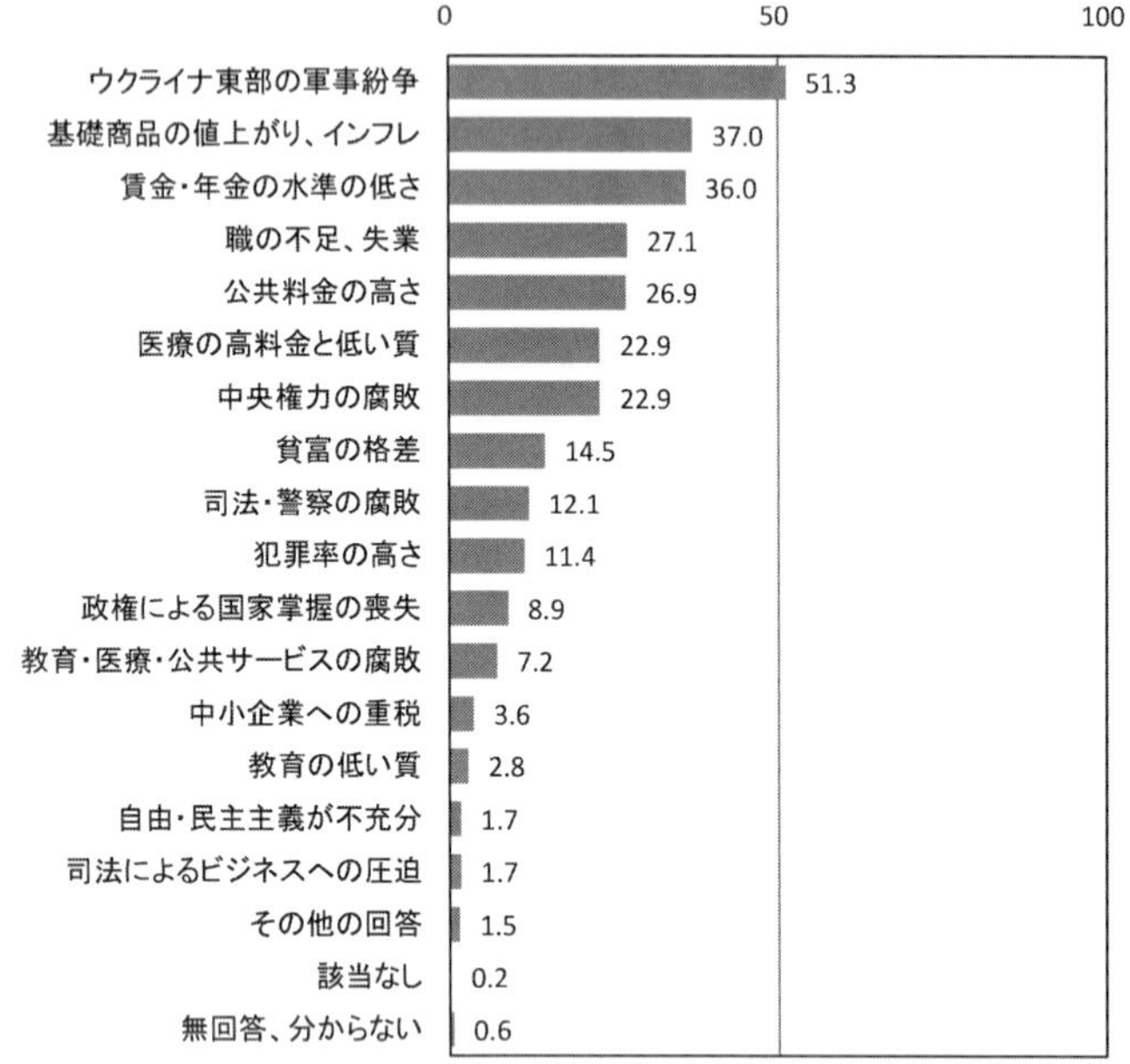

（現地シンクタンクが共同で 2017 年 10 ～ 11 月に調査、三つまでの複数回答、％）

昇し、特に食料品、公共料金、交通費といった生活に直結する部分が高騰した。中でも、暖房料金の値上がりは約11倍、ガス料金の値上がりは約８倍にも上っている。この間、平均賃金も、２０１３年末の３６１９グリブナから、２０１７年末の８７７７グリブナへと、上昇してはいる。しかし、為替の下落により、米ドル換算では４４３ドルから３１３ドルへと、逆に落ち込んでいる。

　ウクライナの専門家らが欧州各国の平均賃金を比較し、その結果を２０１７年に発表した。それによるとウクライナの平均月額賃金は１９０ユーロであり、西欧諸国とは一桁の差があるだけでなく、ロシアの474ユーロ、ベラルーシの320ユーロにも水をあけられている。従来はモルドヴァが「欧州最貧」と呼ばれることが多かったが、ウクライナの平均賃金はモルドヴァの216ユーロをも下回った。ただ、昨今では、ウクライナの人件費の安さに目を付け、外国資本が西ウクライナなどで労働集約型の産業に投資する動きも芽生えている。

２０１７年初頭現在、ウクライナには１１９６万人の年金受給者がおり、総人口に占める割合は28・２％であった。２０１７年初頭現在、年金の平均月額支給額は１８２８グリブナ（約67ドル）。ウクライナでは年金改革法が２０１７年10月に成立した。年金改革は元々、年金基金の赤字が膨らみ制度の持続性が不安視されたことから、国際通貨基金（ＩＭＦ）などが求めていたものであったが、議会の大衆迎合勢力が政府の法案に数百もの修正を加え、改革を骨抜きにしたとして、ＩＭＦおよび世銀は懸念を表明している。

ウクライナのあるシンクタンクは、自らのことを「貧しい」と自己評価している国民の割合を、継続的に調査している。それによると、１９９０年代後半にはその割合が50％前後にも上っていた。２０００年以降の経済成長に伴い、数字は徐々に改善し、２０１３年には９％にまで低下した。しかし、２０１４年の政変後、再び悪化し、２０１５年、２０１６年は17％に達している。２０１７年には幾分改善し、12％だった。

公式統計によれば、ウクライナの失業率は２０１７年時点で10％前後となっており、これ以外にも不完全就業状態にある者が３％程度いるとされている。数字だけを見れば、周辺諸国と比べて特別深刻なわけではない。問題は、国の西部や、農村・小都市・企業城下町などで構造的な失業が見られることである。他方、ウクライナ国民が外国に出稼ぎに出ることにより、一部の地域や業種が人材不足に陥るという現象も生じている。

そのウクライナの国外出稼ぎ労働に関しては、正確な統計値などは得られないが、直近で概ね300万～500万人程度が外国に働きに出ていると考えられている。外国に働きに出た市民からウクライナ本国への送金額は、2017年には93億ドルに上り、これはGDPの8・4％に相当した。出稼ぎ先は、ポーランド、ロシア、ドイツ、チェコなどが多い。2017年6月にウクライナと欧州連合（EU）の査証免除協定が発効し、この協定自体はウクライナ国民にEU圏で就労する権利を与えるものではないものの、現実には非合法にでもEU諸国で働くウクライナ国民は増えていく可能性がある。ポーランド国民が英国などに出稼ぎに出て、それによって生じたポーランドの労働力不足をウクライナ国民が補う構図がある。一方、かつてロシアはウクライナ国民にとって最大の出稼ぎ先だったが、政治関係の悪化と、ロシアの景気低迷・為替下落を受け、ロシアへの出稼ぎはやや下火になった。

次に、ウクライナ国民の健康について考えてみたい。ウクライナを含む旧ソ連圏では、飲酒や喫煙などにまつわる生活習慣の問題に起因して、特に男性の寿命が短いことが問題視されている。2016年の時点で、ウクライナ国民の平均寿命は71・7歳で、うち男性は66・7歳、女性は76・5歳である。

ウクライナで実施された社会調査によれば、国民の68％は現在の公的医療の水準に満足していない。体調不良が生じても病院に行かず、自己治療を試みたり、単にやり過ごしたりする国民が多い。特に、薬の値段の高さ、機器・器具の老朽化、診療の順番待ち、横行する賄賂、医療スタッフの能力や意欲の低さなどが国民の不満の種となっている。

ウクライナの社会問題と言えば、飲酒、アルコール中毒の問題を避けて通れない。国民の死因としてアルコール依存症は、交通事故、心血管疾患に次いで三番目に多いという。アルコール依存症患者の数は、公式統計によれば90万人だが、専門家は実際の数字は少なくともその5倍に上ると考えている。

もう一つ、国民の寿命を縮めているのが高い喫煙率だが、こちらは最近改善に向かっているようだ。成人のうち日常的に喫煙をしている向きは、2010年の25・0%から、2017年には20・1%にまで低下した。うち、男性35・9%、女性7・0%であり、ほぼ日本と同程度となっている。タバコ物品税の引き上げや、公共の場での喫煙禁止などが奏功した模様だ。ただ、成人の喫煙率が下がる一方で、未成年の喫煙者が多いことが憂慮されている。

さて、ウクライナ社会の特徴的な現象として、離婚も取り上げておきたい。旧ソ連圏は、社会主義時代から離婚率が高いことで有名である。結婚の敷居が低い分、離婚も簡単にしてしまう伝統がある。これには、ソ連時代に社会保障が充実し、男女同権であったことが影響していると考えられる。もっとも、ウクライナの離婚率（人口1000人当たりの離婚件数）は低下傾向にあり、2000年には4・0であったものが、2016年には3・0にまで低下している。離婚率が低下しているのには、ソ連時代のように生活が保障されなくなり、かつてほど簡単に離婚するわけにはいかなくなったという事情があるようだ。なお、ヨーロッパではカトリック圏は概して離婚率が低く、ウクライナの中でもカトリックの影響の強い西部は離婚率が低い。

最後に、ウクライナにおける教育を概観してみよう。児童は3〜6歳になると、就学前教育を保育園、幼稚園で受け、次に初等・中等教育に進む。初等教育期に子供にウクライナ語、英語ともう一か国語を学ばせる意欲的な親もまれではなく、書店には『2歳から5歳までのスペイン語』などの入門書が並んでいる。現在、初等・中等教育は11年制で、そのうち日本の小学校、中学校にあたるそれぞれ4年間、5年間が義務教育である。その後は職業・技術教育のための専門学校に進学するかあるいは10年生、11年生まで学業を続け、高等教育（大学、アカデミー、等）に進むかに分かれる。なお、義務教育終了時の9年生と中等教育終了時の11年生は5月に終業試験を受ける。学期は初等・中等教育校では9月から翌5月末までである。9月1日までに6歳～7歳になる児童が入学する。学年は4学期制で学期の間に1～2週間ほどの休暇がある。次の段階の高等教育への進学率は、世界第17位の82・31％（2015年度、日本は40位で63・36％）である。高等教育のレベルは日本に比べると高く学生は勤勉に学ぶことが多い。

（服部倫卓・中澤英彦）

コラム6

今日のウクライナの世相
——闇の中を彷徨うウクライナ

國谷光司

以前、ウクライナ危機後のウクライナの市井の人々についてコラムを書いたのだが（「翻弄されてゆくウクライナの庶民」『ユーラシア研究』2015年12月号）、その当時から人々の生活は全く改善されていない、むしろ悪くなっているように思う。

現在、国外脱出を望むウクライナ国民は多い。生活を守るための出稼ぎ、徴兵回避、子供の将来を考えての海外移住などが主な理由だ。徴兵回避の理由は大義のない（表向きの大義はあるが）不毛なドンバス紛争で命を失いたくないというもの。

友人の一人（シングルマザー）は子供を連れてイタリアに出稼ぎに行っている。そのあとを追って従兄弟がイタリアに来た。ヨーロッパで仕事を探すためと、徴兵から逃れるためである。友人は大学でイタリア語を学んでいたため比較的流暢なイタリア語を話すが、イタリアでの仕事は不安定で難しい。今はベビーシッターや裕福な老人の身の回りの世話をして収入を得ている。ウクライナ人がヨーロッパ諸国で良い収入を得ることは、よほどのコネや能力がないと難しい。結果、渡航先の国の人たちが嫌がるような仕事や不安定な不定期の仕事が多くなる。ヨーロッパでの出稼ぎはウクライナにいるよりは収入を得ることができるが、現実は厳しく、まず滞在先での家賃が高い。その他諸々、ウクライナよりも高い。仕送りも思うようにはできず、日々の生活に追われる状態。それでもウクライナにいるよりはマシだと言う。

それに対してポーランドへ行っている友人（男性、ポーランドでは建設業に従事）は給与面では高収入とは言えないが比較的安定収入がある

ウクライナとEU（スロヴァキア）の国境の風景
（撮影：服部倫卓）

ようだ。仕送りも順調らしい（最近の報道だがポーランドからの仕送りの額がウクライナの国内投資額の4倍もの額になっている）。言語的にもウクライナ語に近いことや、隣国（欧州連合圏）ということもあり多くのウクライナ人が出稼ぎに訪れている（執筆時点でポーランドで働くウクライナ人は200万人を超えるという情報がある）。

ただ職種は人にもよるが、ポーランド人があまりやりたがらない職種であることが多い。もう一つ加えるならば、ウクライナ人に対しポーランド人のいわゆる上から目線を感じることが多いという。嫌がらせや罵られることも少なからずあるようだ。ここでは詳しくは書かないが歴史的経緯（支配した者、された者）が背後に潜んでいるのだろう。

優秀な人材はビザの取得条件が緩和された米国やカナダ（昔からウクライナ移民が多い）へ行っている。米国へ渡った友人はIT関連の優秀な技術者で現在の年収は7万ドルほど。ウクライナには里帰りを除いては帰る気はないと言う。現在の収入と子供への教育が主な理由である。IT関連の優秀な技術者、金融関連業種の優秀な人材は海外でも比較的高収入を得るチャンスは多い。

国民の多くが抱く閉塞感は、なくならない汚職、経済格差（ウクライナの富裕層は日本にも観光に訪れている）、首都周辺と地方との格差、経済の低迷、いまだ続く隣国ロシアとの紛争、優秀な人材の海外流出、優良で誠実な政治家の不在などに起因している。そういった体制を打ち破ろうと若者や有志が立ち上がったのがユーロマイダン革命（ロシアに対抗する米国の支援もあった）でもあったのだが、大きな力（ロシアを含む）で潰されてしまった。旧ソ連時代からの影響力を行使・維持したいロシアとその影響力を弱めたい米国をはじめとする西側諸国の角逐、不安定な国内の政治経済など、ウクライナの庶民は抗いきれない大きな力の中で今も翻弄され続けている。

57

チェルノブイリ原子力発電所事故

★放射能汚染と健康被害の実態★

1986年4月26日未明、ウクライナの首都キエフから北へ130㎞の地点にあるチェルノブイリ原子力発電所4号炉が爆発炎上し、人類史上最悪の放射線災害が発生した。当時の東西冷戦構造の下、正確な情報は世界へ発信されず、目に見えない放射線に対する恐怖と相俟って、ヨーロッパをはじめ世界レベルでのパニックが引き起こされた。

事故によって放出された放射性物質は、健康影響とは直接関係しないガス状のキセノン131以外には、半減期8日のヨウ素131などの半減期の短い放射性物質や半減期の比較的長い放射性セシウムが多かったと推定されている。放射性ヨウ素や放射性セシウムなどが主に放出されたという点では2011年3月に発生した福島第一原子力発電所事故の場合も同様であったと考えられるが、チェルノブイリにおける放射性物質の放出量（約520万テラベクレル）は、福島の約7倍に相当すると考えられている。またチェルノブイリでは、福島でもごく微量検出された放射性ストロンチウムや、MOX燃料の関係で懸念されるプルトニウムなども、量は少ないものの放出が確認されている。

このうち、チェルノブイリ周辺地区における健康被害に最も影響したと考えられるのが放射性ヨウ素、特にヨウ素１３１である。ヨウ素はそもそも人体に入ると甲状腺という組織に集積することが知られている。甲状腺は人間の喉頭部にあり、甲状腺ホルモンを合成しているが、この甲状腺ホルモンはヨウ素を材料として合成されるため、人体にヨウ素が入ると、甲状腺に集積する傾向がある。ヨウ素１３１はベータ線やガンマ線といった放射線を放出することが知られているが、事故によってヨウ素１３１が放出後、風に乗って移動し、その後地上に降下して水に溶け、草（牧草）から動物（家畜）、そしてヒトという食物連鎖の中でヒトの甲状腺に集積し、内部被ばくを引き起こしたと考えられる。チェルノブイリでは汚染された牛乳を飲んだ小児が、極めて高い濃度のヨウ素１３１によって内部被ば

表　チェルノブイリ原子力発電所事故によって放出された放射性物質

放射性核種	半減期	放射線	放出量 (PBq)*
ネプツニウム 239	58 時間	β線、γ線	95
モリブデン 99	67 時間	β線、γ線	>168
テルル 132	78 時間	β線、γ線	1150
キセノン 133	5 日	β線、γ線	6500
ヨウ素 131	8 日	β線、γ線	1760
バリウム 140	13 日	β線、γ線	240
セリウム 141	33 日	β線、γ線	196
ルテニウム 103	40 日	β線、γ線	>168
ストロンチウム 89	52 日	β線	115
ジルコニウム 95	65 日	β線、γ線	196
キュリウム 242	163 日	α線	0.9
セリウム 144	285 日	β線、γ線	116
ルテニウム 106	1 年	β線、γ線	>73
セシウム 134	2 年	β線	54
プルトニウム 241	13 年	β線	6
ストロンチウム 90	28 年	β線	10
セシウム 137	30 年	β線、γ線	85
プルトニウム 238	86 年	α線	0.035
プルトニウム 240	6,850 年	α線、γ線	0.042
プルトニウム 239	24,400 年	α線、γ線	0.030

*PBq は、10^{15} ベクレルに相当
（Christodouleas JP, Forrest RD, Ainsley CG, Tochner Z, Hahn SM, Glatstein E. Short-term and long-term health risks of nuclear-power-plant accidents. *N Engl J Med* 364(24):2334-41, 2011. より改変）

くするという結果を引き起こした。事故当時、ソヴィエト連邦は食物の流通制限、摂取制限を行なわなかったため、汚染された牛乳や野菜、水などを市民は制限なく摂取し、これが内部被ばくを引き起こす大きな原因になったと考えられる。

事故当時の冷戦構造の下、ソヴィエト連邦は事故の詳細について国内外に公表することがなかったが、ゴルバチョフ書記長（のちに大統領）の就任後進められたペレストロイカ、グラスノスチの影響もあり、徐々に情報の開示と同時に国際プロジェクトによる住民の健康影響解明がすすめられていった。具体的にはソ連政府がＩＡＥＡ（国際原子力機関）に調査を依頼したのを皮切りに、ＷＨＯ（世界保健機関）が住民の健康影響についてパイロット調査を開始し（ＩＰＥＨＣＡ：International Programme on the Health Effect of the Chernobyl Accident）、フランス、ドイツ、オランダなどのＥＵ諸国もそれぞれ調査を開始した。日本では外務省日ソ専門家会議における意見交換が行なわれたのを皮切りに、１９９０年には笹川記念保健協力財団が医療協力（チェルノブイリ笹川医療協力プロジェクト）を開始した。このプロジェクトでは、事故時に０～10歳だった子供（１９７６年４月26日から１９８６年４月26日までに生まれた子供）を対象とした検診が１９９１年5月から１９９６年４月まで、旧ソ連5地域の医療機関（センター）で実施され、同一プロトコールの下、同種の器材および試薬を用いて行なわれた。検診した子供の居住地は各センターが管轄する地域のほぼ全域に及び、検診のべ人数は16万人に達した。その結果、特に事故当時０～5歳の小児において、甲状腺がんが増加しており、とりわけ汚染の激しかったベラルーシ共和国のゴメリ州では、甲状腺がんの激増が確認された。

２００６年、チェルノブイリ事故から20年が経過したのを機に、国際保健機関（ＷＨＯ）は、国際原子力機関（IAEA）と連携しながら事故による健康影響についての報告書をとりまとめたが、その結果、事故当時の年齢が15歳未満の児童における甲状腺がんが激増したことが示された。2002年までにこの年齢グループで甲状腺がんの手術を受けた症例数はロシア（チェルノブイリ周辺の州）、ウクライナ、ベラルーシで5000例近くであると報告されているが（その後2006年までの手術症例は6000例と報告されている）、その好発年齢は現在30歳以降の青年～中年層に移行しつつある。これら小児甲状腺がんの増加は、前述のように事故直後の放射性ヨウ素の体内摂取による甲状腺への内部被ばくが要因であり、当時の慢性的なヨウ素欠乏が被害を増大させた可能性がある。ヨウ素は甲状腺ホルモンの合成に必須な栄養素であるが、世界レベルで見ると多くの地域はその食習慣や土壌環境により、ヨウ素欠乏状態であることが知られている（ただし、日本はヨウ素を豊富に含む昆布やわかめなどの海藻類を常食する習慣があるため、ヨウ素過剰状態である）。チェルノブイリ周辺地域は、もともとヨウ素欠乏状態であったことに加え、大規模な原子力発電所事故によるヨウ素131の放出、汚染した食物の摂取を制限しなかったといった要因が重なり、小児甲状腺がんが増加したと考えられている。

甲状腺がんと診断された患者は、手術（甲状腺の摘出術）を行なっているが、幸いにも手術後の予後は良好で、これまでに甲状腺がんによって死亡した症例は15例にとどまっている。一般的に甲状腺がんは治療成績の良い、予後のよいがんとして知られているが、その一方で小児期に発症した患者における長期にわたる予後や再発その他の合併症は不明な点も多く、今後の追跡調査と適切な治療が不可欠である。

その一方で、広島・長崎の原爆被爆者で増加したことが知られている白血病については、小児ならびに成人の一般住民における増加傾向は認められていない。これは広島・長崎では外部被ばくが主体であったのに対して、チェルノブイリでは上述のような事故直後の放射性ヨウ素による内部被ばくが原因であるからだと考えられる。また、甲状腺以外のがんや良性疾患、さらには遺伝的影響や胎児に対する影響についても現時点で周辺住民において増加しているという科学的証明はなされていないが、その一方、事故によって直接的な放射線被ばくによる健康影響以上に大きな社会的不安、精神的なダメージを与えたと考えられている。特に、事故直後に避難と強制疎開により移住を余儀なくされた多くの住民では、社会的、経済的な不安定さに加えて、現在の健康に関する恐怖と将来の世代に及ぼす長期的な健康影響への不安の増大が問題となっている。

一方、住民において主に放射性降下物による内部被ばくが問題となったのに対して、発電所内部で事故時に働いていた職員、およびその後事故の復旧作業にあたった作業員では、急性放射線障害と診断された患者134名の中から、直後に28名が死亡し、1987から2004年の間に19名が種々の原因で死亡している。一方、ロシア連邦における緊急事態作業者登録リストの追跡調査では、116名が固形がんで、110名が心血管障害で死亡しているが、放射線被ばくとの因果関係は不明である。また急性白血病での死亡も24例報告されているが、放射線被ばくとの因果関係の証明は困難である。一方、ウクライナの除染作業者の追跡調査では、18例の急性白血病患者の死亡が報告され、その被ばく線量は120から500mSvの範囲となっている。その他、チェルノブイリにおける除染作業者では心血管系への影響や、免疫系への影響なども議論されているが、現在明確な被ばくとの因果関係を示唆するものはなく、今後の長期にわたる正確な調査と検討が不可欠である。

（高村　昇）

コラム7

チェルノブイリを観光する
——ユートピアとダークツーリズム

上田洋子

　１９８６年に事故を起こしたチェルノブイリ原発の周辺は「立入禁止区域 Зона отчуждения」と呼ばれ、事故後30年以上が経過したいまも事前に申請をしないと入ることができない。このチェルノブイリ立入禁止区域（通称ゾーン）への一般訪問者受け入れが始まったのは２０１０年のことだ。むろん、それまでも専門家や団体は訪問できたが、一般の個人は対象外だった。それが２０１１年に見学ルートが整備されて、18歳以上でかつ妊娠していなければだれでもゾーンを訪れることができるようになった。旅行会社に事前に申し込めば、首都キエフからの日帰りツアーに参加できる。旅行会社の数やツアーの種類は年々増えている。２０１８年には土産物店すら現れた。統計によると、２０１３年のゾーン訪問者数は約1万人、それが２０１７年には約5万人に達した。現在はゾーンの世界遺産登録を目指す動きもある。

　２０１１年の東日本大震災に伴う福島第一原子力発電所の事故をきっかけに、日本でもチェルノブイリの観光に注目する動きが生まれた。その嚆矢が、思想家・東浩紀と彼の出版社「ゲンロン」による『チェルノブイリ・ダークツーリズム・ガイド』（２０１３年）の刊行、およびそれに続くチェルノブイリへのスタディツアーの実施である。筆者は東とともに、このチェルノブイリの本とツアーを監修しており、２０１３年以降はほぼ毎年、観光地化の進みつつあるチェルノブイリに足を運んできた。

　ゾーン見学の公式ルートには、チェルノブイリ原発（外観）、黄色の観覧車が有名な衛星都市プリピャチ、チェルノブイリ市内の記念碑やメモリアルパーク、それにかつての秘密軍事都

チェルノブイリ原発４号機（2015年10月撮影、写真提供：株式会社ゲンロン）

市「チェルノブイリ2」にある巨大なＯＴＨレーダー（地球の裏側で発射されるミサイルを探知するための装置）などが含まれている。

２０１６年11月には、事故のあった原発４号機を覆う「石棺」の老朽化に伴い、「新安全閉じ込め構造物」（通称新石棺）と呼ばれる巨大なかまぼこ型の遮蔽施設が完成した。その結果、それまで事故を象徴する存在だった４号機は新石棺に覆われて見ることができなくなったが、見学ルートの空間放射線量は下がった。参考までに、放射線測定に詳しいあるツアー参加者が測定した数字を示しておくと、４号機前広場の記念碑周辺の空間放射線量は、新石棺完成前の２０１６年には５・８１９〜６・４２１μSv/h、完成後の２０１８年には１・６１９〜１・７６７μSv/hだった。ちなみに、このあたりは見学ルートでも最も空間放射線量の高い場所で、例えばチェルノブイリ市内なら空間放射線量はだいたい０・１μSv/h。これは東京の日常生活よ

コラム7
チェルノブイリを観光する

りわずかに高い程度の数値である。ゾーンではかなり厳密に線量管理がなされており、訪問者がゾーンを出る際には必ず線量検査を受ける。

それにしても、ひとはなぜチェルノブイリを訪れるのか。じつは、観光地化を後押しした事象の一つにコンピュータゲームがある。例えば事故後21年の2007年に第一作が発表されて以来、世界的な人気を博している「S.T.A.L.K.E.R.」シリーズだ。また、最近、ポーランドの制作会社がVRドキュメンタリー（2016年）に続き、コンピュータゲーム『Chernobylite』（2018年）をリリースして以来、ポーランド人観光客が増えているという。それらのゲームでは、チェルノブイリが、プレイヤーに「あの場所を訪れたい」と思わせるような魅力的な描かれかたをしているのだ。

ゲームでも強調されているのが、共産主義社会の廃墟としてのチェルノブィリの風景だ。ソ連時代の団地や工場、文化施設など、共産主義のユートピアを体現する建造物が1986年で時を止め、そのまま廃墟化しているのである。さらに、事故後はそこで人間生活が営まれなくなったことにより、自然の生態系が回復し、希少種の野生動物や植物の宝庫となっているという。人間の矛盾を抱えたこの土地は、人間とは何か、文明とは何かを深く考えさせられる場所なのだ。

ちなみに、ウクライナの特に若い世代は、チェルノブイリ事故という過去にあまり興味を抱いていないという調査結果がある。ユーロマイダン革命後、ロシアとのつながりを断ちつつあるウクライナでは、チェルノブイリはソ連という過去とともに忘れたい存在なのかもしれない。

58

ウクライナの軍需産業

★中国や北朝鮮との繋がりも★

一説にはソ連崩壊で、ソ連全体の「国防産業コンプレクス（複合体）」の3分の1がウクライナに「相続」されたと言われている。企業数で1840社、従業員数で270万人と見られている。別の情報では、約3600社、300万人以上がウクライナに継承されたとの見方もある。実は国防産業コンプレクスといっても、その定義は判然としない。「国防産業コンプレクス・リスト」に収載されたものを見ると、2014年6月末の情報として162社あった。同年2月14日の報道では、同137社が収載され、うち10社だけが株式会社形態であった。

ソ連からウクライナに継承されたのは、主としてミサイル部品、輸送機、ジェットエンジン、船舶用ガスタービン、装甲車などである。ロシア企業が一部出資する軍需企業もこの中に含まれていたが、ウクライナ国内企業が優先される中で、1996〜2001年にロシアの出資するウクライナの国防産業コンプレクス傘下の企業数は260社から50社まで減少したと言われている。さらに、国内軍需産業の統廃合や軍民転換によって、軍需企業数も大幅に減少してきたことになる。それでも、ウクライナの軍需企業は輸出産業の一翼を担っており、ロシアと同じように国内の重要な産業として政治にも影響力を及ぼしている。

ウクライナ政府は2016年1月20日、「2020年までの期間の国防産業コンプレクスの改革・発展のための国家特定目的プログラムの概念」を承認した。同プログラムの目的は国防産業コンプレクスの機能レベルを引き上げるための条件創出にある。そのために、軍事技術協力分野での外国との契約履行が課題とされている。特に、欧州連合（EU）や北大西洋条約機構（NATO）の加盟国との調整が必要とされている。同プログラムの実施は第一段階（2016〜2017年）と第二段階（2018〜2020年）に分かれている。前者では、国防産業コンプレクス企業の改革やリストラ、軍備の近代化などが求められている。

実は、ウクライナ危機が起きる前の状況では、ウクライナからロシアへの軍事用途品（部品、装置）の供給は3000品目強にのぼり、約160のウクライナ企業によって生産されていた。これらをロシアに輸出して200以上のロシアの会社が最終製品に仕上げていたわけである。ところが、ウクライナ政府による対ロ経済制裁によってこうした製品がロシアに輸出できなくなり、対応を迫られている。他方で、ロシア政府はこれまでウクライナから輸入してきた軍事関連品を国内製品で代替しようとしている。

ここでは具体的な国防産業コンプレクスとして、国家コンツェルン・ウクルオボロンプロム（以下、UOP）を取り上げてみたい。UOPは2010年の大統領令および内閣決定に基づいて設立された。2010年から2014年初めの段階ではその構成に134社の「国防産業コンプレクス」と呼ばれる軍需企業が含まれていた。125社は国有ないし国庫拠出の企業であり、株式会社形態をとるのは

表　UOPの武器輸出の推移（単位：1000米ドル）

	2015	2016	2017（推計値）	2018（予測値）
武器輸出	567,000	769,500	900,000	990,000
武器輸入	2,341,600	2,117,800	2,353,000	2,571,400

（出所）УкрОборонПром, Державний концерн, 2016 (2017) УкрОборонПром, p. 10, https://www.export.gov/apex/article2?id=Ukraine-Defense/

9社に過ぎなかった。2012年10月現在、81万9400人が雇用されていた。Defensenewsによれば、2016年のUOPの売上高は前年比17%増の10億7545万ドルで、全世界の軍需企業のうち第62位を占めた。三菱重工業と比較してみると、同社の売上高は40億3348万ドルで第21位だが、売上高の12%のみが軍需関連事業によるものだった。2016年のUOPによる武器輸出額は7億6950万ドルで、前年比25%も増えた（表参照）。ただ武器輸入の水準は武器輸出の水準を大きく上回っており、ドンバスをめぐる「内戦状態」が影響した形となっている。

ストックホルム国際平和研究所（SIPRI）によると、ウクライナの2016年の武器輸出は前年比53%増の5億2800万ドルにのぼり、全体の11位となった。2012～2016年の武器輸出のシェアは2・6%となり、全体の第九位であった。2007～2011年のウクライナのシェア1・9%から大幅に上昇したことになる。前者の期間におけるウクライナの武器の最大の輸出先は中国で、その構成比は28%になる。ついでロシアが17%、タイが8・5%だった。ただし、ロシアによるクリミア併合で対ロ関係が悪化し、ウクライナの軍事関連部品の対ロ輸出が停止されたり、ロシアからウクライナへの軍事関連部品供給が滞ったりしたことで、ウクライナの武器輸出契約の遂行に暗雲が漂っている。

ウクライナとロシア間の関係悪化で、ロシアとの協力関係に亀裂が入った結果、

UOPはロシアとの関係を見直し、NATO加盟諸国や中国などとの関係強化に追われている。国家コンツェルンと呼ばれる企業形態を株式会社化し、UOP株100％は国家所有の下に置くことが計画されている。さらに、UOPの監督官庁であるウクライナ経済発展・貿易省のユーリー・ブロヴチェンコ次官は2017年10月末、UOP傘下の67社を会社形態に再編する方針を明らかにした。同年5月には、UOP傘下のアントーノフと民間航空機工場410の公開株式会社化も提案された。しかし、こうした方針や計画は、筆者が2018年2月に現地調査した際にも進んでいなかった。

現在、ウクライナの軍需企業は、長年、ロシア式の経営形態をとってきたためにその経営を大きく改革する必要性に迫られている。そもそもウクライナ政府はNATO加盟を目指しており、ウクライナ軍の軍備への「NATO標準」の採用がスタートしている。2017年になって、ウクライナ軍向けにNATO標準のM16自動ライフルモデル（WAC47）が採用されることになり、この製造を米国企業のハネウェル社などと共同してウクライナで行なうための協議が始まっている。

中国との関係強化も注目される。ウクライナは本来、1994年に中国と結ばれた国防省間協力条約や国際軍事技術部面協力協定以降、2000年には相互機密情報保護・維持に関する政府間条約を結ぶなど、関係を深めていた。ソ連時代からウクライナのミコラーイフ黒海造船所で建造途上にありながらソ連崩壊でスクラップの危機にあった空母「ヴァリャーグ」が1998年5月、中国に売却され、空母「遼寧」としてよみがえったことはよく知られている。ウクライナにとって中国はすでに最大の武器輸出先であり、両国間の関係強化を通じたウクライナの軍需企業の発展が課題となっている。

ところで、ウクライナの軍需産業に関連して注目されたのは、北朝鮮とのコネクションである。2

017年8月、国際戦略研究所（IISS）のミサイル部門上級研究員ミハエル・エレマンは「北朝鮮のICBM成功の秘密」と題する研究成果を公表し、北朝鮮がロシアとウクライナの不法なネットワークから高能力の液化推進エンジンを得たという堅固な証拠があると指摘した。北朝鮮のICBM、火星14（Hwasong-14）の液化推進エンジン部分がソ連のRD―250というエンジンに基づいて開発されたというのだ。RD―250はロシアで設計・製造され、ソ連の初期段階のICBM R―36やツィクロン―2に装備されたものだが、後者のツィクロン―2ロケット製造の担当はウクライナのユージノエ（のちのユジマシ）であった。このため、2006年にロシアがツィクロン―2の購入を停止してからも、RD―250がユジマシにストックされていたと考えられている。この一部がロシア経由で北朝鮮に密輸され、火星14に使われた公算が大きいとの指摘であった。

（塩原俊彦）

59

ウクライナの軍事力

★紛争に直面し整備が急務に★

ウクライナの軍事力は、正規軍であるウクライナ軍とその他の準軍事組織（後述）から構成される。

このうち、最大の軍事組織は国防省傘下のウクライナ軍である。本章執筆時点で最新の2016年度ウクライナ国防白書によると、その総人員は25万人（軍人20万4000人、文民4万6000人とされている）であり、旧ソ連諸国の中でロシア連邦軍（定数約101万人）に次ぐ第二位の軍事力である（2017年10月にアルテメンコ副参謀総長が述べたところでは25万5000人）。

ただし、ウクライナ紛争勃発後に動員（後述）が実施される以前の兵力は、16万5500人（軍人12万900人、文民4万4600人）ほどであった。

ウクライナ軍は主として三つの軍種（陸軍、空軍、海軍）および二つの独立兵科（空挺部隊及び特殊作戦部隊）から構成され、作戦指揮は参謀本部が実施する。各軍種および独立兵科の兵力はウクライナ紛争勃発後、公表されなくなったが、英国国際戦略研究所（IISS）の『ミリタリー・バランス』2018年度版によると以下の表のとおりとされている（数値はIISS独自の推定に基づくため、ウクライナ国防白書と完全には一致しない）。

表　ウクライナ軍を構成する軍種及び独立兵科の兵力

		人　員	主要装備
軍　種	陸　軍	14 万 5,000 人	戦車約 830 両、装甲車両約 1,400 両、火砲約 1,700 門等
	空　軍	4 万 5,000 人	航空機 125 機（戦闘機 71 機、戦闘爆撃機 14 機、攻撃機 31 機等）、ヘリコプター約 45 機
	海　軍	6,000 人	水上戦闘艦艇 1 隻、機雷戦艦艇 1 隻、輸送艦 2 隻等
独立兵科	空挺部隊	8,000 人	装甲戦闘車両約 240 両、火砲約 120 門等
	特殊作戦部隊	不明	不明

このほかには、兵站を担当するウクライナ軍後方部隊および軍事目的の鉄道運行を担当する国家特別輸送庁が存在する。国家特別輸送庁はソ連崩壊後、運輸省傘下の準軍事部隊とされていたが、2017年12月に再び国防省傘下へと移管された。

人員充足について見てみると、ウクライナ軍は職業軍人である将校、短期契約に基づいて有給で勤務する契約軍人、国民の軍事勤務義務に基づいて無給で勤務する徴兵、そして紛争勃発に際して動員された民間人の動員軍人によって構成されている。前述の2016年度ウクライナ国防白書によると、このうち将校は4万7224人とされているが、契約軍人、徴兵および動員軍人の数は明らかにされていない。ただし、契約軍人については、2016年度だけで6万1500人がウクライナ軍に入隊したとしている。2014年に同様の枠組みで入隊したのが1万1900人であったとされることから、契約軍人が大幅に増加していることが読み取れよう。

また、紛争勃発前のウクライナ政府は徴兵制を廃止する方針を掲げ、2013年秋の徴兵を最後として一度は徴兵制が廃止された（一部準軍事部隊では継続）。しかし、ロシアとの紛争によって2

014年には徴兵制の復活が決定され、2015年以降、毎年2万〜3万人程度の徴兵が実施されている。徴兵はウクライナ軍だけでなく、準軍事組織でも勤務する（ウクライナ軍で勤務するのは全体の半分程度）。2013年以前の徴兵制では18歳から25歳のウクライナ人男子が対象とされ、徴兵期間は高等教育修了者9カ月、その他1年であったが、復活後の徴兵制では対象年齢が20歳から27歳へと引上げられるとともに、徴兵期間も高等教育修了者1年、その他1年半となった。また、徴兵は戦闘地域には送られないことになっていることから、現在の紛争における兵力確保というよりも、将来的な予備兵力の涵養という目的が主であると思われる。

動員兵力についての正確な数は公表されていないが、報道情報を総合すると、2014年から2015年にかけての6次にわたって約21万人が動員されたと見られている。その大部分は動員解除されたと伝えられるものの、前述したウクライナ軍の総兵力が実態を正しく反映しているならば、現在も相当数が現役に残っている可能性が高い。また、今後、動員の対象となる予備役は2016年時点で13万人とされている。

続いて国防予算について見てみると、2016年のウクライナ国防省予算は594億グリブナ（約2465億円）であり、対GDP比では2・63％とされていたが、実際の予算交付額は約580億グリブナであった。また、これとは別に、民間からの寄付や外国からの援助として約20億グリブナを受領した。交付予算の使途としては、全体の約79％に相当する約459億グリブナが軍の維持費用（人件費等）に支出され、残りは訓練（約28億グリブナ、全体の4・8％）および装備調達（約94億グリブナ、同16・2％）向けとされている。

ウクライナはソ連崩壊後に核兵器を放棄したが、ミコラーイフ州にある戦略ロケット軍博物館ではかつてのミサイルサイロ跡を見学できる（撮影：合六強）

ウクライナ国防省は今後、軍の維持費用を全体の半分程度とし、装備調達費を増加させる意向を示しているものの、契約軍人を始めとする人員の増加を考えれば、維持費用の圧縮には困難が予想される。かといってウクライナの経済状態を考えれば国防費の絶対額を大幅に増額することも想定し難い。

ウクライナ軍は２０１４年のクリミア併合によって多数の艦艇および航空機をロシア軍によって鹵獲《ろかく》され、その後もドンバス地方における戦闘で装甲戦闘車両や火砲多数を喪失した。また、２０００年代以降に大幅な装備近代化を進めたロシアと異なり、ウクライナ軍では装備近代化がほとんど行なわれてこなかったことから、残された装備も総じて旧式化している。こうした中でウクライナ政府は２０１４年以降、ウクライナ軍の近代化を加速させる方針を掲げているものの、前述のように国防費の制約が大きいことから、実際の近代化ペースは決して速くない。紛争勃発後の２０１４年から２０１６年にかけてウクライナ軍が調達できた装備品は、航空機およびヘリコプター（既存の機体に対する修理）42機分、火砲６０７門、防空システム１５６基、装甲車両１４０両、小火器１

300丁などに過ぎない。特に艦艇の大部分を喪失した海軍の再建はほとんど進んでいないのが現状である。

ウクライナ軍以外の準軍事組織で最も大規模なのは、ウクライナ国家親衛軍である。国家親衛軍はウクライナ内務省に所属する国内保安組織であり、ウクライナ紛争勃発以前は国内軍と呼ばれていた（2000年以前は現在と同様に国家親衛軍）。現在の兵力はおよそ4万6000人（ミリタリー・バランス2018年度版）であり、ウクライナ軍とともにドンバスでの紛争に投入されている。

国境警備隊はウクライナ国境警備庁に所属し、ウクライナの陸上国境、海上国境および排他的経済水域の保護を任務とする。人員は約4万2000人で、装甲車や警備艇などを保有する。

また、国家非常事態庁傘下には民間人保護部隊が存在する。民間人保護部隊は有事の被害極限を目的として設立されたソ連軍の民間防衛部隊を引き継いだ軽武装の準軍事組織であったが、2000年代には大部分が軍事目的を解かれて消防・救難組織に再編された。しかし、ウクライナ紛争勃発後の2015年には、国家非常事態庁の施設等を防衛する目的で再び軽火器等を装備するようになっている。

（小泉　悠）

60

ウクライナの欧州統合

★ウクライナの国造りに向けた戦略★

欧州統合は、ウクライナが独立して以降、常に外交政策上の主要課題と位置付けられてきたが、ウクライナにとっての欧州統合とは、国内の様々な基準、ルールや制度を欧州、特に欧州連合（EU）のそれに合わせることを意味するだけではない。ウクライナが欧州統合を進めるのは、地理的にも文化的にも、欧州の一員であると自負するウクライナがいずれはEUに加盟したいとする願望があるからに他ならず、欧州統合とは、欧州連合への加盟を目標に据えながら、欧州の国として発展していくという国造りの戦略をも意味する。

1993年の「ウクライナの外交政策基本方針に関する」最高会議決議には、「ウクライナの外交政策の将来的な目的は、ウクライナの国益を害さないという条件ではあるが、欧州共同体への加盟である」とされていたし、2010年の「内政と外政の基本に関する」法にも「欧州連合への加盟を目的に、ウクライナによる欧州の政治、経済、法制面での統合を確保する」とあるのは、その証左である。

ただし、EUは、ウクライナによる加盟の可能性について、これまで何ら明確な保証は与えておらず、この点がすでにEU

加盟を果たしたポーランドやルーマニア等の東欧諸国や、EUから加盟候補国に認定されている西バルカン諸国とは異なるところである。

現在、ウクライナの欧州統合は、2017年9月1日に全面発効したウクライナ・EU連合協定に従って行なわれている。連合協定は、ウクライナも含む旧ソ連6カ国を対象にEUが進める「東方パートナーシップ」の枠組みにおいて、EUと対象国の関係を定める協定であり、一言で表すならば、共通の価値に基づくウクライナとEUの政治連合と経済統合を規定している。

連合協定の構成は、①共通の価値観に関する前文、双方による政治対話や外交・安全保障政策上の協力に関する規定、移民や国境管理、汚職対策などに関する規定からなる「政治部分」と、②自由貿易協定（FTA）と28分野のセクター協力に関する「経済部分」から成る。

中でも、「深化した包括的FTA」（DCFTA）と呼ばれる自由貿易協定は、相互の関税撤廃と市場開放を規定するだけでなく、人の移動、衛生と植物防疫、知的財産保護や公共入札のルールも定めるなど、単なる自由貿易協定の枠組みに捉えられないものである。このDCFTAでは、ウクライナ側が99・1%の、EU側が98・1%の品目で関税を段階的に撤廃することとなっており、欧州対外活動庁の試算では、EU側が撤廃する輸入関税は年間4億8700万ユーロ相当、ウクライナが撤廃する輸入関税は3億9100万ユーロ相当である、かつEUよりも時間をかけて撤廃が行なわれることからウクライナ側に有利になっているとされている。農業大国ウクライナで生産される穀物、ひまわり油、ハチミツといった農産品には、無関税のEU向け輸出枠が設定され、EU向けの輸出の拡大が見込まれるためDCFTAの恩恵を最も受けやすいのが、ウクライナの農業生産者とされている。実際、

２０１８年２月のトロフィムツェヴァ農業次官（欧州統合担当）の発言によれば、２０１７年のウクライナによる農産品のＥＵ向け輸出は、前年比で37・1％の大幅増となっており、ＤＣＦＴＡによる輸出拡大効果がすでに現れている。

また、連合協定のセクター協力に関する部分に従って、ウクライナでは多くの分野で改革が進められている。これまでに最も成果が挙がった分野として、パトロール警察と政府調達が指摘されよう。パトロール警察は、ウクライナ内務省改革の一環として、それまでの民警を再編する形で登場し、パトロールを行ないながら、路上での交通違反取り締まりや市民の手助けを行なっている。民警は、賄賂の要求を行なうなどで市民の評判が著しく悪かったのに対し、パトロール警察は市民から信頼される存在となっている。政府調達の分野では、治安パトロール電子入札システム「ProZorro」が導入されたことにより、国有財産の競売や入札で競争原理と透明性が確保され、ひいてはコストの減少につながっている。

他方、ウクライナ国民の期待が特に高い汚職対策に関わる改革は、公人の汚職を捜査する国家汚職対策局（ＮＡＢＵ）、資産監視を担当する国家汚職防止庁（ＮＡＰＣ）などの独立した汚職対策機関が設置され、公務員・政治家の資産状況も公開されるようになった。その一方で、ＥＵや国際通貨基金（ＩＭＦ）などは、汚職事例に特化した高等反汚職裁判所の設置を求めているものの、２０１８年９月に至るまで実現には至っておらず、国家汚職対策局が拘束した者も、多くの事件を抱える通常の裁判所で起訴されることから、いまだに判決に至った事例がないのが現状である。その他、検事総局やウクライナ保安庁といった治安機関の改革も手つかずとなっており、ＥＵや日本も含むＧ７は、ウクライ

2017年５月、ウクライナ人短期渡航者向けEU査証撤廃に関する法律の署名式に立ち会うポロシェンコ大統領とタヤーニ欧州議会議長ら（提供：ウクライナ大統領府）

ナによる改革は、いまだ不可逆的なレベルには達していないと評価している。

２０１７年９月１日に全面的に発効した連合協定であるが、そこに至るまでの道のりは長く険しいものであった。２０１３年にヴィルニュスで開催された「東方パートナーシップ」サミットでヤヌコーヴィチ大統領が連合協定に署名しなかったことで、キエフ市内で連合協定署名を求める抗議活動が発生、その後は「尊厳の革命」に至った。独立以降、ウクライナでは、外交政策の方針として欧州との関係を重視すべきか、ロシアとの関係を重視すべきかといった「西か、東か」の議論が続けられてきたが、「尊厳の革命」とロシアによるクリミア併合・ウクライナ東部の紛争を経た現在では、欧州統合を求める声が圧倒的に多数となっている。２０１７年６月11日にはウクライナ人の短期渡航者向けＥＵ査証が撤廃され、ＥＵを自分の目で見て、体験するウクライナ国民が急増していることから、欧州統合改革を求める声は市民レベルでも強まることが予想される。

（北出大介）

61

ウクライナ・ポーランド関係

★歴史問題に揺れる両国★

ウクライナとその隣国ポーランドは、長い歴史を共有し、また文化・言語面でも近いことから、両国の関係は、まさに戦略的パートナーシップと言えるものである。冷戦終結後に民主化を達成したポーランドは、1999年に北大西洋条約機構（NATO）に、2004年には欧州連合（EU）にも加盟しており、同じくEU・NATOへの加盟を目指すウクライナにとって、まさに「お手本」とも言うべき存在である。また、EUの外交政策でも、ポーランドは、ウクライナを含むEUの東方近隣諸国6カ国を対象とする「東方パートナーシップ」でリーダーシップを発揮しており、ウクライナの欧州統合を積極的に支援している。2014年のクリミア併合以降も、ポーランドは、対露制裁の強化・維持や、ウクライナ人短期渡航者向けEU査証の撤廃をEU内で訴えるなど、EUでウクライナの利益を代弁する役割を担っており、ウクライナのポーランドに対する期待と信頼は高い。

ポーランドの対ウクライナ外交の基礎となっているのが「ゲドロイツ＝メロシェフスキ・ドクトリン」である。これは、1970年代にポーランド人の亡命作家イェジィ・ゲドロイツとユリウシュ・メロシェフスキらが唱えた外交政策上の基本原則で、①現在のウクライナの一部やリトアニアのような、かつてのポーランド領を取り戻そうとする試みは止め、②ウクライナ、ベラルーシ、リトアニアの独立とロシアにおける民主主義を支援することで、ポーランドの安全保障を確保しようとするものである。このドクトリンは、ポーランドの民主化に大きく貢献した「連帯」に受け継がれ、現在に至るまで、ポーランドの対ウクライナ政策に大きな影響を有している。

ただし、２０１５年にポーランドでカチンスキ党首が率いる「法と正義」（PiS）が政権を握ってからは、歴史認識を巡ってウクライナとの間で不協和音が生じ始めているのも事実である。同党は、２０１５年の議会選挙でもナショナリズムと愛国主義の理念を掲げ、ヴァシチコフスキ外相が２０１６年を「歴史外交の年」に宣言する等、歴史問題を重視している。ウクライナとの関係では、１９４０年代にナチス・ドイツ支配下のポーランド領内で発生したウクライナ蜂起軍によるポーランド人の虐殺を二国間問題の主要議題に取り上げるようになった。他方、ウクライナでも２０１４年のクリミア併合以降、国民の間で急速にナショナリズムが高まり、ウクライナ蜂起軍やその指導者のステパン・バンデラは、ウクライナの独立のシンボルとして英雄視されるようになっている。２０１５年４月にウクライナ最高会議が「20世紀にウクライナの独立のために戦った戦士の法的地位を確立する」法を採択、ウクライナ蜂起軍は、その他の組織とともに、独立に貢献したとして然るべき法的地位が確保された。この法律そのものは、ウクライナ蜂起軍を賛美することを目的としているのではなく、共産主義体制を批判し、そのシンボルの使用を禁止するという「非共産化」という文脈の一環として採択されたものである。これに対し、２０１６年７月、ポーランド議会も、７月11日をウクライナ蜂起軍により行なわれた虐殺のポーランド人犠牲者を追憶する日に制定する決議を採択し、その後、両国は、相互不信のスパイラルに陥っている。ポーランドでは、2018年2月6日に「国家記憶院に関する法」の修正法（通称「ホロコースト法」）が成立した。このホロコースト法は、ナチス・ドイツの犯罪に対してポーランドの国民や国家に責任がある、または加担したと主張した者に罰金あるいは禁錮刑を科す内容となっている。ただし、ポーランド人がナチス・ドイツにユダヤ人を引渡したり、殺害していたことは事実であるとして、イスラエルや米国が反発している。ウクライナとの関連では、今回の法改正により、戦争犯罪の調査を行なう国家記憶院の活動範囲として、ウクライナの民族主義者、ナチス・ドイツと協力したウクライナの組織のメンバーによる犯罪も追加されることとなり、ウクライナ側は、民族主義者とナチス・ドイツは同等に扱うべきではないと大きく反発している。

2017年12月、ウクライナを訪問中のドゥダ・ポーランド大統領とポロシェンコ大統領（提供：ウクライナ大統領府）

このような歴史を巡る両国の対立を解消するファクターとなり得るのが、両国がウィン・ウィンの関係にある経済分野での協力である。前述のとおり、ポーランドはウクライナの欧州統合を支援しており、近年ウクライナ政府が積極的に推し進める経済改革でも、ポーランド人の活躍が目立っている。1990年代にポーランドで経済改革を進めたレシェク・バルツェロヴィチがポロシェンコ大統領の依頼に応じ、ウクライナ閣僚会議の改革支援顧問戦略グループのトップを務めるほか、2016～2017年にウクライナ国立鉄道でトップを務め、改革を推進したのは、やはりポーランド人であった。

また、忘れてはならないのは、ウクライナ人出稼ぎ労働者の存在である。ポーランドでは、より高い給与が期待されるドイツや英国への労働力の流出が続いており、国内の労働市場は、2018年1月に失業率が歴史的に低い4・4％と逼迫している。そこでポーランド国内の人手不足を埋め、結果的に同国経済の成長に寄与しているのがウクライナ人出稼ぎ労働者と言えよう。ウクライナ人労働者は、教育水準や能力が高いことに加え、言語・文化面での近さからポーランド社会に容易に溶け込みやすい点が利点として指摘され、ポーランド政府も積極的に労働許可を発出している。さらに、中東からの難民の受け入れを拒否するポーランド政府は、百万人を超えるウクライナ人を受け入れていることを理由として挙げており、ウクライナ人出稼ぎ労働者に政治的な利点も見出している模様だ。これらに加えて、3万人を超えるウクライナ人留学生もポーランド国内には登録されており、両国間の緊密な人的交流を見る限り、ウクライナ・ポーランド関係の将来を悲観する必要はなさそうである。

（北出大介）

62

ウクライナとNATO

★遠い加盟への道のり★

ウクライナと北大西洋条約機構（NATO）との関係構築は、1991年12月に、NATOがワルシャワ条約機構諸国との協議体として北大西洋協力理事会（NACC）を創設したことに端を発する。NACC初回会合の同日にソ連は崩壊し、ウクライナは1991年12月の独立以降、他の独立国家共同体（CIS）諸国とともにNACCに参加することになった。その後1994年1月に、NATOが非NATO加盟国との間の実践的な軍事協力枠組みである「平和のためのパートナーシップ（PfP）」を打ち出すと、ウクライナは翌月にはこの枠組みへの参加を果たしている。ただし、ほぼ同時期に加盟したハンガリーやポーランドなどの中・東欧諸国が、PfPを将来的なNATO加盟のための準備ステップと捉えていたのに対し、PfP参加当初のウクライナにとっては、将来的なNATO加盟は必ずしも自明の目標として意識されていたわけではなかった。

1997年に入ると、中・東欧諸国への拡大がNATO内部で真剣に議論されるようになり、それに対するロシアの反発を宥めるためにNATO・ロシア関係も進展した。この二つの大きな動きの陰で目立たないながらもウクライナとNATOとの

地図　NATOとパートナーシップ諸国

関係構築も進み、1997年5月にNATOとウクライナとの間で特権的パートナーシップ協定が合意され、その枠組みでNATO・ウクライナ委員会（NUC）が創設された。

数次にわたるNATOの東方拡大により、NATOとウクライナとの物理的・心理的な距離は次第に縮まっていった。1999年のポーランドとハンガリーの加盟、そして2004年のスロヴァキアとルーマニアの加盟に伴い、ウクライナの西側の国境はすべてNATO加盟国と接することになった。しかしこのことは同時に、NATO拡大に対するロシアの疑念をさらに深めることになる。2004年には旧ソ連のバルト三国（エストニア、ラトヴィア、リトアニア）の加盟も実現したこととも相俟って、ロシアはNATOの一層の拡大への警戒を露わにするようになっていた。

ロシアの懸念とは裏腹に、ウクライナはNATO加盟への意欲を顕在化させていく。2002年には当時のクチマ大統領から、同国の将来的なNATO加盟希望が表明された。また、2004年秋以降の「オレンジ革命」で、親欧州連合（EU）・NATOを掲げるユーシチェンコ政権が成立したことも、同国のNATOへの接近を後押しした。2005年4月にはNATO・ウクライナ緊密化対話が設置され、同国の加盟および必要な改革についての協議が開始されることとなった。そして2008年4月のブカレストNATO首脳会議では、ウクライナとジョージアが将来的にNATO加盟国となることを宣言した。ドイツやフランスが「時期尚早」、「ロシアを不必要に刺激する」との反論を唱える中、米国のブッシュ政権が強引に押し切るかたちでの宣言だったとされる。

この一連の展開は実際に、ロシアからの強い反応を呼び起こすこととなった。2008年8月に発生したジョージア・ロシア戦争は、その4カ月前のブカレスト首脳会議が直接・間接の原因になっているとの指摘も少なくない。そしてなによりNATOの側では、この戦争をきっかけに、ロシアが極めて強い戦略的関心を有している旧ソ連諸国への拡大への機運が急速にしぼんでいった。ウクライナでもジョージア戦争を経て、NATO加盟の是非は国論を二分する論争点となっていき、2010年、当時のヤヌコーヴィチ大統領は、同国がいかなる政治・軍事同盟にも属さないという内容が盛り込まれた法律を発効させた。

これ以降NATOでは、ウクライナの加盟プロセスは凍結されたとの認識が支配的となっている。これに加え、2014年3月のロシアによるクリミア併合も、ウクライナのNATO加盟にとっては大打撃となった。この事件はヨーロッパの安全保障に対するロシアの脅威をヨーロッパ諸国に痛感させると同時に、ウクライナに対するロシアの固執も改めて再認識させるに至った。NATO加盟諸国の間では、ロシアをこれ以上刺激すること、そしてウクライナをＮＡＴＯに加盟させることで、同国の抱える紛争をＮＡＴＯ内部に持ち込むことは避けるべきとの認識が広まった。このためクリミア併合を経て、ウクライナのＮＡＴＯ加盟は大きく遠のいたと見てよいであろう。２０１５年12月にＮＡＴＯが発表した自らの拡大政策に関する文書においても、ウクライナに関する言及はまったくなされていなかった。

ただし、これはウクライナとＮＡＴＯとの関係が希薄になったことを意味するわけではない。ＮＡＴＯ側は２０００年代以降、ウクライナがＮＡＴＯの実施しているすべての作戦・ミッションにパートナーとして参加している点を高く評価している。またＮＡＴＯ自身も、ロシアによるクリミア併合およびウクライナ東部での戦闘激化以降、様々な支援をウクライナに対して実施してきた。

このような状況の中、同国のポロシェンコ大統領は２０１７年７月に実施されたストルテンベルグＮＡＴＯ事務総長との会談の際の記者会見で、「ウクライナはＮＡＴＯ加盟の準備を再開し、２０２０年までに加盟基準を充足することを目指す」と言及し、西側社会を驚かせた。ウクライナではＮＡＴＯ加盟支持が着実に増えており、２０１７年６月の世論調査では69％に達している（２０１４年には30～40％程度）。しかし、この数字の裏には皮肉な事実が存在する。２０１４年のクリミア併合により、ウクライナのＮＡＴＯ加盟には強く反対してきたクリミアのロシア系住民が切り離されたことで、ウクライナ内政における西側志向が強化され、したがってＮＡＴＯ加盟支持も構造的に上昇したのである。

ただしポロシェンコ自身も「ただちに加盟申請を行なうわけではない」ことは明言しており、当面は改革の継続に注力するとしている。またNATOも、同国の汚職対策やガバナンス能力の向上、そしてサイバー攻撃対策などの改革支援の継続は明らかにしているものの、このポロシェンコ発言によってNATOの同国への関与を大きく変化させるつもりはないとされる。ポーランドやバルト諸国など、ロシアの脅威に敏感な中・東欧のNATO加盟諸国が、将来的なウクライナのNATO加盟に対して好意的な姿勢を有していることは事実ではあるものの、その他の多くの加盟国はウクライナのNATO加盟には否定的である。クリミア併合を経て、NATOの対ロシア抑止姿勢は、ジョージア戦争時とは比較にならないほど強化されたが、だからこそウクライナのNATO加盟もまた、少なくとも短期的には想定不可能となってしまったというのが実情であろう。また、クリミア併合やウクライナ東部での戦闘状態が未解決の状況で、ウクライナがNATOに加盟すれば、同国が抱える不安定要因をそのままNATOに輸入することになる。つまり、ロシアを刺激するリスクを冒してまで、不安定なウクライナの加盟を急ぐ動機がNATOには存在しないのである。こうした状況から、同国としては当面、国内改革を粛々と進めつつ、NATOとのパートナーシップの強化を図っていく以外にないだろう。

（東野篤子）

63

ウクライナの対ロシア関係

★深まる一方の不毛な対立★

ソ連時代にウクライナ共和国は、ロシア共和国と並んで、国家の中核的な存在だった。ともにソ連邦の屋台骨を支えてきたウクライナとロシアは、軍事や経済などの面で分かちがたく結びついていた。また、ウクライナ人とロシア人はともに東スラヴ系の民族であり、ウクライナ領内には多数の民族的なロシア人やロシア語を母語とするウクライナ人が居住しているなど、両国民は緊密で入り組んだ関係にある。

1991年暮れにソ連邦が解体すると、連邦を構成していた15共和国のうち、バルト三国を除く12カ国は、「独立国家共同体（CIS）」という枠組みを形成し、緩やかな結び付きを維持していくことになった。ユーゴスラヴィアとは対照的に、ソ連の解体過程ではウクライナ・ロシア間も含め軍事衝突の類はほぼ発生せず、「文明的な離婚」などとも称された。ただし、ウクライナは1993年のCIS憲章には調印せず、これをもってCISの正式な加盟国ではないとの立場を採るなど、当初からロシア主導の再統合には距離を置く姿勢を見せていた。

独立直後のウクライナにはソ連から引き継がれた核兵器が多数残っていただけに、ウクライナとロシアが戦火を交え最悪の事態に至るのではないかと危惧する専門家もいた。幸い、懸念の的だった核兵器も、戦術核は1992年5月までにすべてロシアに撤収され、戦略核についても1996年6月にウクライナ領土からの核弾頭の撤去が完了した。

そうは言っても、ウクライナ・ロシア関係は対立の要因に事欠かなかった。ウクライナ独立後、とりわけ大きな問題となったのが、クリミア半島の領土帰属と、半島に位置するセヴァストーポリ市の帰属およびそこに基地を置く旧ソ連の黒海艦隊の扱いであった。交渉の末、1997年5月に黒海艦隊分割協定が成立し、艦船をロシア81%:ウクライナ19%の割合で分割、ロシア側は2017年までセヴァストーポリを基地として利用できることになった。同じく1997年5月にウクライナとロシアは友好・協力・パートナーシップ条約を締結し、領土保全および国境不可侵などについて相互に確認し合っている。一方、経済面ではエネルギーが最大の対立点となり、ウクライナは石油・天然ガスの供給をロシアに依存し、逆にロシアは石油・天然ガスの欧州向け輸送路としてウクライナに依存することから、それらの条件をめぐる紛糾が続いた。

ウクライナの政治勢力に関して言われる「親欧米派」、「親ロシア派」といった分類は常に条件付きのものに過ぎないが、ウクライナ・ロシア関係がウクライナ側の政権交代と連動する形で揺れ動いてきたことは事実である。2004年のウクライナ大統領選の結末としていわゆる「オレンジ革命」が起き、親欧米的とされるユーシチェンコ大統領が2005年1月に就任すると、これ以降ウクライナ・ロシア関係は険悪化していくことになる。天然ガスの供給と輸送、ウクライナの北大西洋条約機構（NATO）加盟路線、歴史認識の問題、2008年夏のジョージア戦争などをめぐって、ウクライナと

セヴァストーポリに駐留していたロシア黒海艦隊（2012年の様子）

ロシアは対立を深めた。2010年2月に親ロシアとされる地域党のヤヌコーヴィチ政権が成立すると、ウクライナ・ロシア関係も改善に向かった。2010年4月にはいわゆる「ハルキフ協定」が成立、これはロシア黒海艦隊の駐留期限を当初の2017年から25年間延長し、見返りにロシア側はウクライナに天然ガスの大幅値引きを適用するという大胆な取決めだった。

しかし、ヤヌコーヴィチ政権にしても、欧州連合（EU）との関係を対外戦略の機軸とし、ロシアを中心としたCIS諸国の再統合路線と距離を置いていたことに変わりはなかった。ウクライナは2011年10月のCIS自由貿易条約には参加したものの、ロシアはそれには飽き足らず、ウクライナとのより緊密な関係を目指した。2011年にユーラシア経済連合の構想を発表したロシアのプーチンは、ウクライナを巻き込むことをプロジェクトの成否を握るものと捉え、ウクライナへの圧力を強めた。2013年11月にヤヌコーヴィチ政権がEUとの連合協定の棚上げを決めると、ロシアはウクライナへの対応を一変させ、天然ガスの値下げやウクライナ政府債150億ドルの引き受けといった経済的報酬で応じた。

2014年2月の政変でヤヌコーヴィチ政権が崩壊すると、ロシアは3月にクリミア併合を強行するとともに、4月以降はドンバス地方で親ロシア派武装勢力へのテコ入れを行なった。ウクライナに対する経済政策もより攻撃的、報復的なものへと転じていった。天然ガスの値下げはウクライナの政変直後に撤回され、またロシアはCIS自由貿易条約に反して2016年1月からウクライナ商品に関税を適用、ウクライナもすぐに対抗措置を採った。

2015年10月にウクライナ当局はウクライナ・ロシア間の航空便の運航を全面的に禁止する措置を採り、以降、両国間では直行便が飛べない状況が続いている（さらに、2018年8月には、ウクライナ側がロシアとの鉄道路線も廃止する可能性を示した）。ウクライナ中央銀行は、ウクライナに進出していたロシア系銀行を締め出す政策を採り、実際にロシア政府系のズベルバンクは2017年にウクライナ撤退を表明した。2017年5月に、ウクライナは対ロシア制裁の追加を決定し、フ・コンタクチェ、アドノクラスニキ、ヤンデックス、メイル・ルといったロシア系のSNS、ネットサービスの利用が禁止された。これらのサービスはウクライナでもユーザーが多く、アクセス禁止によりウクライナの一般市民の活動に重大な影響が及ぶことになる。2018年5月、ポロシェンコ・ウクライナ大統領は同国のCISでの活動を停止する大統領令に署名、ウクライナはまた1997年にロシアと調印した友好・協力・パートナーシップ条約を破棄する構えも見せている。

2015年2月、ドンバス和平についての交渉に臨むプーチン・ロシア大統領（左）とポロシェンコ・ウクライナ大統領（右）（ロシア大統領府公式HPより）

このように、文明的だったはずの離婚から四半世紀を経て、今さらながら泥沼の離婚劇の様相を呈しているのが、今日のウクライナ・ロシア関係である。現下ウクライナの反ロシア的な政策路線は、ロシア側の措置への対抗策である場合もあるし、ウクライナの安全保障上やむを得ない場合もあるだろう。しかし、ウクライナの右翼的な勢力がスタンドプレーとして反ロシア政策を掲げ、政権もその風潮に乗って大衆迎合的にそれを取り入れている傾向も目に付く。経済難や貧困から国民の目を逸らすために反ロシア政策を採り、それがロシアとの関係を悪化させ、それによってさらにウクライナの経済難と貧困が深刻化するという悪循環が見られる。ウクライナとロシアの対立のエスカレートで、より深く傷付くのは、体力の弱いウクライナ側であり、この不毛なループに一日も早く終止符を打つべきであろう。

（服部倫卓）

64

日本とウクライナの外交関係

――★基本的価値の共有からさらなる関係強化へ★――

日本とウクライナの関係が本格的に始まったのは、1991年12月28日に日本がウクライナの国家承認を行ない、翌92年に1月26日に外交関係が樹立してからである。それ以前の関係は限定的であったが、外交的に特筆されるものとして、①1902年から34年まで通商上の拠点のオデッサに日本領事館が置かれたこと、②1917年にウクライナ中央ラーダが「ウクライナ人民共和国」を樹立した際には、日本もペトログラードから大使館員をキエフに派遣したこと、③1930年代には日本とウクライナ独立派の接触が旧満洲で見られたこと、④1940年には東亜研究所で軍部等も交えて「ウクライナ民族研究座談会」が行なわれ、ウクライナに注目したこと、⑤戦後、ウクライナ東部のラーゲリに抑留された日本人もおり、約220人の命が失われたことを挙げることができよう。

さて、外交関係の樹立後、日本政府は1993年1月に、ウクライナ政府は1994年9月に大使館をそれぞれ設置した。1995年、クチマ大統領は、ウクライナ大統領として史上初の訪日を果たした。この時期に開始された両国政府間の事業の一つは、1992年に開催されたミュンヘン・サミットにおいて、日本を含むG7諸国が、旧ソ連の核兵器の安全な廃棄、核不拡散および環境問題の解決に向けた協力を行なうことを決定したことを受けた非核化支援である。この枠組みで、核セキュリティの強化等のプロジェクトが実施された。また、政府開発援助（ODA）の供与も開始し、1998年から国際協力機構（JICA）による技術協力が開始された。以降、ODAによる支援は現在まで継続している。

2000年代に入ると、04年末の「オレンジ革命」を契機としてウクライナに対する注目が高まった。日本政府はこの時期の民主化プロセスに注目し、欧州安全保障協力機構（OSCE）の選挙監視要員を派遣する等して情勢の安定に協力した。

2005年には、ユーシチェンコ大統領が訪日し、ウクライナの民主化進展が評価され、基本的価値の共有が確認された。また、これまでのODAは技術協力が中心であったが、「キエフ・ボリースピリ空港」の近代化のために初めて円借款が供与された。経済面では、ウクライナの世界貿易機関（WTO）加盟に向けた二国間交渉が妥結し、日本からの機械設備等の輸出促進のためのバンク・ローン供与など、経済関係深化の機運が高まった。さらに、科学技術協力委員会の再開、「ウクライナ日本センター」への支援開始も、その後の二国間関係の幅を拡大する上での基礎となった。

ウクライナやその周辺地域の民主化が地域の安定にとって重要であり、日本としてどのように関与し

日本政府が2004年に民主化支援の一環としてウクライナのNGOに供与したポスター。公正な選挙の実施を呼びかけている

ていくのかという点については、２００６年の麻生太郎首相（当時）による「自由と繁栄の弧」スピーチによって整理された。同スピーチでは、日本は「ユーラシア大陸の外周に成長してまいりました新興の民主主義国。これらを帯のようにつなぎまして、『自由と繁栄の弧』を作りたい、作らねばならぬと思っております」とし、欧州のさらに東側の地域においても間断なく民主国家群としていくことが重要であるとしている。具体的施策としては、民主化を達成した国々と共に第三国にも協力を広げていく援助手法（三角協力）の下、教育や省エネルギーにおける日本とポーランドの協力成果をウクライナに移転した。さらに、地域全体における民主化促進のため、ウクライナ、ジョージア、アゼルバイジャンおよびモルドヴァで構成されるＧＵＡＭ諸国と日本との地域協力も立ち上げられた。この「ＧＵＡＭ＋日本」は、政府間の「対話」と観光や運輸等の「協力」の二本柱で今日まで継続されている。

また、この時期は、チェルノブイリ原発事故から約20年が経っていたが、国連においては被災者に対する「人道支援から開発支援への移行」が議論されていた。これに対し日本は、個人や地域の保護と能力強化の双方を重視する人間の安全保障アプローチによる支援によりこれを実践した。

２０１０年に就任したヤヌコーヴィチ大統領も翌年に日本を訪問している。この時期のウクライナは、２００８年のリーマンショックの影響からの経済回復で日本との協力に期待しており、日本による国際通貨基金（ＩＭＦ）への追加拠出を通じてウクライナ安定化に貢献した他、投資協定の交渉開始を決定した。ヤヌコーヴィチ大統領訪日のもう一つの特徴は、成果文書において両国の関係が「グローバル・パートナー」と規定され、二国間の問題のみならず、食料安全保障、気候変動、軍縮・不拡散等のグローバルな課題においても協力していくとの姿勢が示されたことである。

ヤヌコーヴィチ大統領の訪日から程なくして発生した東日本大震災も二国間関係に影響を与えた。ウクライナから連帯の表明と共に支援の手が差し伸べられた。地震発生の直後には毛布が供与され、加えて、福島第一原発事故も踏まえ、ウクライナ製放射線サーベイメーターや個人線量計などが供与された。2012年には、原発事故後協力協定が締結され、チェルノブイリ原発と福島第一原発の事故の経験共有や研究協力について協議が行なわれるようになり、現在までに五回の協議が行なわれている。

2013年末から2014年初めにかけての「ユーロマイダン革命」、そしてロシアによるクリミア「併合」及び東部情勢の悪化もまた、二国間関係を新たな局面へと動かした。日本は、クリミアについて「力による現状変更を認めない」とする基本的立場を堅持し、他のG7諸国とともにウクライナの主権と領土一体性を支持した。また、ロシアや東部武装勢力の関係者らに対する査証発給停止や資産凍結等の対露制裁措置を採っている。日本は、G7の一員として「法の支配」へのチャレンジであるウクライナに積極的に関与する姿勢を採った。

同時に、東部の紛争に関連した人道支援や、財政の安定、インフラ整備や改革推進のための開発支援等を通じて、ウクライナの安定と発展のためにも協力している。日本政府は、①経済状況の改善、②民主主義の回復、③国内の対話と統合の促進のため、二国間としては最大規模の18・6億ドル相当のプロジェクトを実施している。ウクライナは、東部紛争によるインフラ破壊や国内避難民に対応すると同時に、国内改革を進め、経済発展を実現させなければならない。日本の支援は、こうした多様なニーズに対応している。加えて、OSCEによる特別監視ミッションへの日本人要員派遣も、情勢安定のための人的貢献として注目される。

こうしたウクライナ情勢への積極的な関与もあり、現在、二国間関係は歴史上最も高いレベルにある。2015年には日本の首相として初めてとなる安倍晋三首相のウクライナ訪問が行なわれ、翌16年にはポロシェンコ大統領が訪日した。

2015年のドイツのG7サミットでは、ウクライナの改革を後押ししていくため、キエフ駐在のG7大使による「ウクライナ・サポート・グループ」が立ち上げられた。以降、G7大使とポロシェンコ大統領等との定期的な会合を通じ、汚職対策、保健、エネルギー、財政などの幅広い分野でウクライナの改革実現に向けてG7が重要な役割を果たすようになった。

ポロシェンコ大統領の訪日時には、2017年を「ウクライナにおける日本年」とすることで合意し、同年初頭には日本年を正式に定める大統領令が発令された。また、「日本年」を機会に、ウクライナ人に対する査証緩和やJICA事務所の設置も実現した。

ウクライナは、欧州と統合しつつある人口4000万人以上の巨大市場であり、紛争の影響が少ない西部地域には日本企業も進出し始めている。情勢安定にはしばらく時間がかかるが、改革と欧州統合が進めば、基本的価値を共有する二国間関係はさらに発展していくであろう。

（南野大介）

※本章の内容はすべて筆者の個人的見解をまとめたものです。

65

日本とウクライナの経済関係

★乗用車輸出が最大のビジネス★

１９９１年暮れにウクライナが独立を果たし、１９９２年から日本・ウクライナ二国間経済関係がスタートした。ウクライナは、当時人口５０００万人を超え、経済的ポテンシャルも大きいと考えられただけに、日本の大手商社はこぞって首都キエフでの事務所設立に踏み切った。

ウクライナは重工業国として知られていたので、商社の主たる狙いも、プラント関係のビジネスにあった。しかし、独立後ウクライナの経済が落ち込みを続け、現地企業の支払能力も乏しい中で、実際に結実した案件は皆無に近かった。一方、日本のウクライナからの輸入に関して言えば、そもそもこれと言った商材が見当たらないという問題があった。ウクライナの主力輸出品である低付加価値の鉄鋼半製品、化学品などは、わざわざ遠い日本まで運んできて、利益の出る商品ではなかった。こうしたことから、図に見るように、日本とウクライナの貿易関係は、１９９０年代を通じて低空飛行を続けた。

もっとも、日系企業のビジネスもグローバル化して久しく、ウクライナとの取引は日系企業の欧州子会社が手掛けるというケースも多いため、二国間の貿易統計では捉えきれない面もあ

図　日本・ウクライナの貿易高の推移（単位：100万ドル）

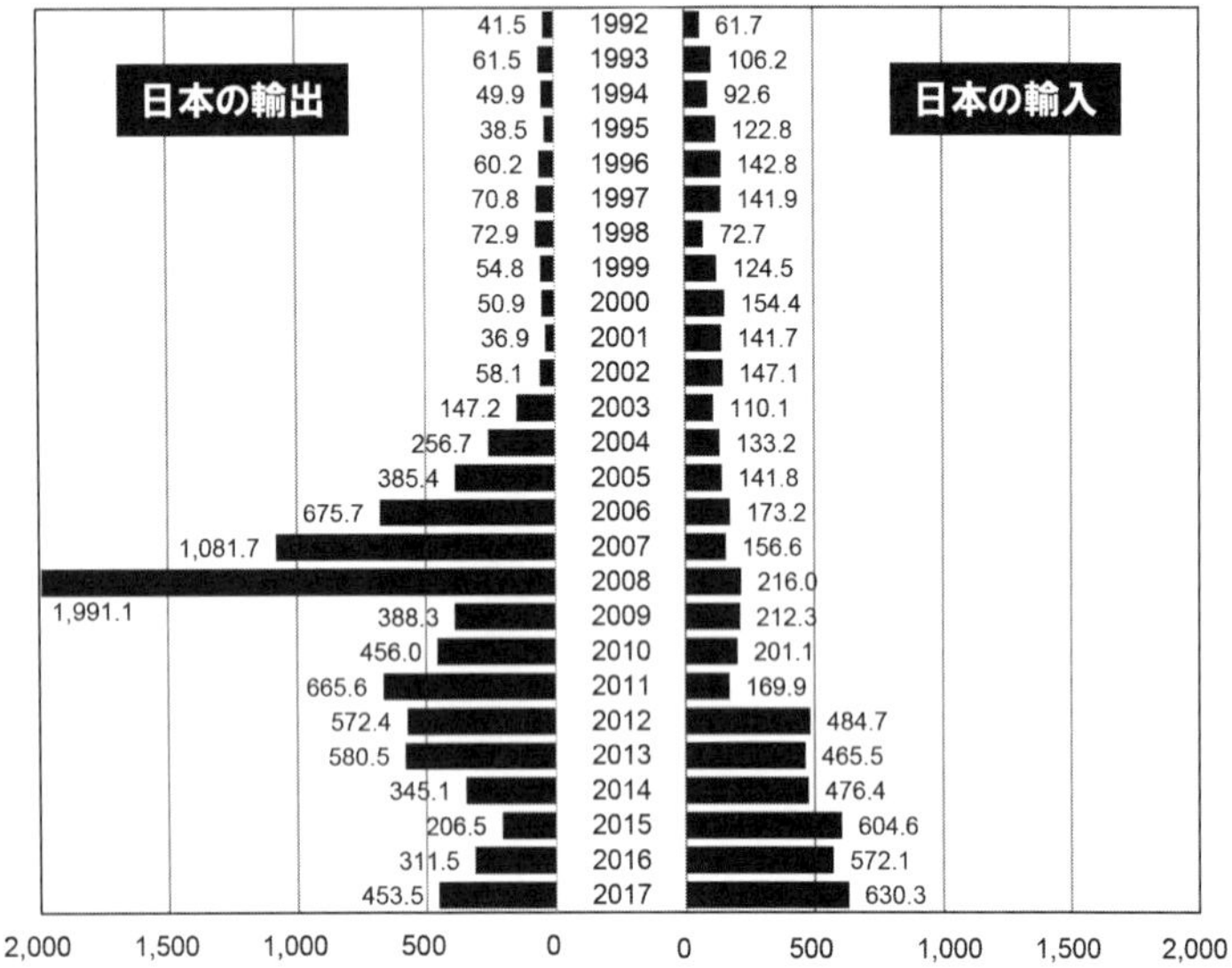

（出所）日本財務省発表の通関統計に基づいて作成。

る。キエフに進出した日系の各商社も、ヨーロッパで商品を調達してウクライナで販売したり、ウクライナのコモディティを買い付けて第三国で販売したりと、それぞれに工夫を凝らしてビジネスを発掘している。

いずれにしても、１９９０年代を通じて、二国間の貿易関係が低調だったことは間違いない。それを一変させるのが、２０００年代に入ってからのウクライナの消費ブーム、とりわけ乗用車販売の急増であった。ウクライナ経済が成長に転じて国民の購買力が高まり、またクレジット販売が普及したことなどから、人気の日本車の販売は倍々ゲームで増えていった。供給が追い付かず、納車は数カ月待ちが当たり前だった。日系自動車メーカーが相次いで当国での輸入販売会社の設立に乗り出したのも、この頃のことである。かくして2000年代には、乗用車輸出に牽引される形で、日本の対ウクライナ輸出は急拡大していった。ピーク時の2008年には、8・5万台の乗用車が輸出され、これが日本の対ウクライナ輸出の73％を占めた。

しかし、ウクライナは2008年のリーマンショックによる打撃を世界で最も大きく受けた国の一つであり、2009年の日本からの乗用車輸出は8000台を割り込み、各メーカーは滞留在庫を抱えて頭を痛めた。その後、ウクライナへの輸出は多少回復したものの、今度は2014年以降の政治・経済危機で再び大打撃を受ける。最悪期の2015年には、乗用車輸出は6000台程度まで落ち込み、一部のメーカーが現地販売会社を閉鎖する動きも生じた。2016年以降はある程度盛り返し、2017年には1・5万台が輸出されている。

ここで、日本の対ウクライナ輸出入商品構成を概観してみると、日本からの輸出では何と言っても乗用車が主役であり、これが例年、輸出全体の7割強を占めている。関連して、タイヤの輸出も盛んだ。自動車・タイヤ以外では、これといった輸出品目はない。

一方、ウクライナからの輸入では、タバコが2015年に輸入品目として突如登場し、それ以降、日本の対ウクライナ輸入の6割強を占めるようになっている。2017年には73億本、4・0億ドルのタバコが輸入された。後述のとおり日系のJTIがウクライナに現地工場を有しているものの、ウクライナから日本に輸入されているのはJTIの製品ではなく、フィリップモリス社のマールボロの一部のようである。

タバコ以外の主要輸入品としては、まず小麦、大麦、とうもろこし等の穀物が挙げられるが、品質等の問題で飼料用が主流であり、また年ごとの変動も大きい。それに比べると、鉄鉱石の輸入は安定しており、これは2010年にJFEスチールがウクライナ産鉄鉱石購入の長期契約を締結したことに関係していると見られる。さらに、フェロアロイ（合金鉄）、アルミニウムも、コンスタントに輸入されている。なお、伝統的にウクライナからの機械類の輸入例はほとんど見られないが、2011年の東京電力の原発事故を受け、一時期ウクライナから放射線測定器が大量に日本に輸入されたことがあった。

ちなみに、ウクライナの側から見ると、2017年現在で日本は第23位の貿易相手国であり、ウクライナの輸出入総額の1・0%を占めていた。うち、ウクライナ側の輸出では0・5%、輸入では1・5%を占める相手国となっている。

次に、投資に関して検討する。ウクライナの公式統計によれば、2017年9月末現在のウクライナの外国直接投資の受入残高は、482億ドルとなっている。うち、日本からの投資は1億7330万ドルであり、全体に占めるシェアは0・4%に過ぎず、日本の順位は24位であった。日本の投資の中身は、「自動車販売」と「機械製造」の2分野に集中している。前者は日系各社がウクライナで乗用車輸入販売会社を設立したことによるものであり、後者は矢崎総業およびフジクラが西ウクライナに電装品工場を建設した結果であろう。なお、この他にも日系企業の現地生産拠点としては、JTIのタバコ工場がポルターヴァ州クレメンチュークに所在していることが知られているが、多国籍企業による投資ということで、統計上は日本からの投資とはカウントされていない。

日本からウクライナへの経済支援としては、首都キエフのボリースピリ空港の新ターミナル（ターミナルD）建設が代表的な実績である。対ウクライナ円借款第一号の案件として、191億円が供与された。ウクライナ側の国内事情で作業が停滞する場面もあったが、2012年5月に完成式典が開催された。一方、日本がウクライナで環境投資を行なう見返りに、京都議定書の目標達成に用いる排出枠を譲り受ける「グリーン投資スキーム（GIS）」の契約が2009年に日本・ウクライナ間で調印されながら、その後ティモシェンコ首相（当時）の下でその資金が不正に流用される問題が生じ、両国間の経済協力機運に水を差す一幕もあった。

2014年の政変後、国際社会はウクライナ支援に乗り出し、日本もその枠組みに加わった。日本は18・5億ドルという二国間ではトップクラスの支援を表明した。ただ、18・5億ドルのうち10億ドルは、キエフのボルトニッチ下水処理場改修プロジェクトという1件の有償資金協力に集中していた。残りは、世銀との協調による長期低利融資3億3100万ドル、日本貿易保険によるクレジット・ラインの設定3億ドルなどであった。

なお、現時点でウクライナには200名強の在留邦人がいるということである。そのうちビジネスマンは、30名程度とされる（ご家族を除く）。キエフでは、「日本商工会」が組織されており、20程度の日系企業が参加して、情報交換などを行なっている。

（服部倫卓）

おわりに

明石書店の「エリア・スタディーズ」のシリーズからウクライナ編を出すという企画は、2011年には立ち上がっていたものでした。しかし、その後、諸事情から作業が滞ることとなります。そうこうするうちに、2014年のウクライナ危機を迎え、ウクライナ自身の国情が激変・錯綜したことで、本プロジェクトも暗礁に乗り上げた格好になってしまいました。

本書の編者である服部と原田義也さんは、当初から執筆者として本企画に参加していましたが、2017年に編者としての役割を引き取り、態勢を立て直して、約1年をかけて本書の刊行に漕ぎ着けたものです。

本書の編集に当たっては、既存の章立てと執筆分担を可能な限り踏襲し、完成していた原稿は極力活かしつつ、必要に応じて新たな章と執筆者を追加するという折衷的な方式をとりました。本書にはクリミアが頻出しますが、今日すでにクリミア半島はウクライナの統治下にありませんので、現時点でまったく新たに章立てを考えたら、違った配分になっていたかもしれません。いずれにしても、各執筆者のこれまでの作業を無駄にしないためにも、まずは速やかに本書をまとめ上げ世に出すことこそ最優先の使命であると肝に銘じ、編集に取り組みました。

昨今の日本では、学問の中で文系が軽んじられる風潮があり、特に地域研究は古典的なディシプリンには該当しないだけに、然るべき市民権を得ていないきらいがあります。それでも、2014年のウクライナ危機のような大事件があれば、にわかにその地域が脚光を浴び、情報ニーズも高まります。本書の元々の企画が2011年頃から進行していたにもかかわらず、ウクライナへの関心が劇的に高まる2014年までに上梓することができなかったのは、痛恨であると言わざるを得ません。

ただ、地域研究の中でも、ウクライナ研究はメジャーとは言いがたい分野です。研究者がウクライナを主たる研究対象として大学やシンクタンクに定職を得るのは、困難です。そうした中で、日本のウクライナ研究者は、手弁当のような形で地道に研究を積み重ね、「ウクライナ研究会」（ホームページはhttp://ukuken.web.fc2.com）の場などでそれを発表する活動を続けてきました。本書は、その成果を広く世に問うという使命も帯びています。

さて、外国事情を記述する際に、しばしば問題となるのは、現地の固有名詞（地名、人名）をどのように表記するかです。ウクライナの場合にはまず、ウクライナ語読みかロシア語読みかというのが問題となります。この二つのように近い間柄の言語でも、ウクライナ語ではリヴィウ、ロシア語ではリヴォフといった具合に、読み方が異なる場合が少なくないのです。日本のマスコミなどでは、ウクライナの固有名詞につき、ロシア語読みを用いるケースが少なくありません。これは、ロシア語が共通語だったソ連時代の名残もあるでしょうし、当のウクライナで南東部を中心に依然ロシア語が根強いということもあるでしょう。また、マスコミ報道ではロシア語畑の記者がウクライナをカバーすることが多いという事情もあると思います。

本書においては、ウクライナの固有名詞をウクライナ語の読み方でカタカナ書きするという基本方針を採っています。今日のウクライナではウクライナ語が唯一の国家言語になっていますし、地域の文化を紹介するという本書の趣旨からも、この方針に異論はないでしょう。ただし、ウクライナ語を具体的にどのようにカタカナに翻字するかについては、専門家ごとに微妙に異なる流儀があります。インターネットなどを見ると、ウクライナ語の特徴やロシア語との違いを過度に誇張したような複雑なカタカナを充てているようなケースも散見され、果たしてこのような難解な読み方で一般の人々に受け入れられるだろうかと疑問を感じることがあります。

そうした中、本邦においては最近、朝倉書店より『世界地名大事典』が刊行されており、その中で本書の編者の一人である原田義也さんがウクライナの全項目の執筆を担当しています。そこで、本書の固有名詞の表記は、地名大事典で原田さんが採った方式に準拠することにしました。原田方式は、現地語の発音を尊重しつつ、日本の読者も受け入れやすいようなシンプルなカタカナ表記を旨としており、良い「落としどころ」ではないかと考えています。ただし本書では、キエフなど、日本でも一定程度定着していると思われる固有名詞については、現地語の発音よりも、慣例を優先しています。

ところで、手前味噌になってしまいますが、２０１７年9月に、やはり明石書店の「エリア・スタディーズ」のシリーズから、服部倫卓・越野剛（編著）『ベラルーシを知るための50章』が刊行されていますので、本書との併読をお勧めします。ウクライナとベラルーシはともに東スラヴ系で、かつ正教圏であり、ほとんどの時代を同じ国家の中で過ごし、現在もともにロシアとヨーロッパの狭間に置かれています。歴史の展開によっては、一つの民族・国家になってもおかしくなかったはずです。ところが現実には、両国の国民性は大きく異なり、国としての方向性も正反対と言えるものです。こうしたことから、『ベラルーシを知るための50章』を併せて読んでいただくことで、ウクライナの問題がより立体的に理解していただけるのではないかと考えております。

ちなみに、十数年前までは、「民族理念に基づいて民主化・市場化を進め欧州に接近しているウクライナは偉く、独裁者の下ロシアにすり寄って改革を先送りするだけのベラルーシは駄目だ」というステレオタイプが流布していました。筆者はベラルーシのルカシェンコ体制を賛美するつもりはありませんが、両国に関するかつてのステレオタイプは、実に表面的だったと言わざるを得ません。時は流れ、ある機関が2016年にウクライナで実施した世論調査によれば、ウクライナ国民が最も好意的に評価している国がベラルーシ、最も信頼している外国元首がルカシェンコという結果が出ました。このように、ベラルーシという隣国を一つ介することで、ウクライナの問題がより浮き彫りとなってくるという効果があります。

最後になりますが、本書の企画が立ち上がった当時、明石書店で編集を担当してくださったのが、小林洋幸さんでした。その小林さんが、本書の完成を見ぬまま、ご病気で逝去されたのは哀惜の念に堪えず、ここに心より哀悼の意を表します。そして、担当を引き継ぎ、本書完成まで粘り強くお付き合いいただいた佐藤和久さんに、感謝を申し上げます。

服部倫卓

ウクライナを知るための参考文献

Ⅰ　ウクライナのシンボルと風景

黒川祐次『物語 ウクライナの歴史――ヨーロッパ最後の大国』中央公論新社、２００２年。〔1、4、10〕

原田義也「「辺境」という名のトポス――地名で読むウクライナの世界」桑野隆・長與進編著『ロシア・中欧・バルカン世界のことばと文化』成文堂、２０１０年。〔1〕

宮崎　駿『シュナの旅』徳間書店、１９８３年。〔2〕

竹内啓一・手塚章・中村泰三・山本健兒編集『世界地名大事典　ヨーロッパ・ロシアⅠ～Ⅲ（第４～６巻）』朝倉書店、２０１６年。〔3〕

Shimkiv, Dmitro, *50 INVENTIONS bestowed by Ukraine to the World*, Ukraine Crisis Media Center, 2014.（ポロシェンコ大統領の巻頭言がある）〔4〕

伊東孝之・井内敏夫・中井和夫編『ポーランド・ウクライナ・バルト史』（新版世界各国史20）、山川出版社、１９９８年。〔6〕

國本哲男・山口巖・中条直樹（訳者代表）『ロシア原初年代記』名古屋大学出版会、１９８７年。〔６〕
松里公孝「ウクライナ政治の実相を見誤るな」『ロシアＮＩＳ調査月報』２０１４年10月号。〔７〕
Matsuzato, Kimitaka, "Elite and the Party System of Zakarpattia Oblast: Relations among the Levels of Party Systems in Ukraine," *Europe-Asia Studies* 54, 8 (2002).〔７〕
Kubijovyč, Volodymyr, and Danylo Husar Struk, eds., *Encyclopedia of Ukraine*, 6 vols. Toronto: University of Toronto Press, 1984-93.〔８〕
Kuromiya, Hiroaki, *Freedom and Terror in the Donbas: a Ukrainian-Russian Borderland, 1870s-1990s*, Cambridge Russian, Soviet and Post-Soviet Studies 104, Cambridge University Press, 1998.〔９〕
Cross, Anthony, *By the Banks of the Neva: Chapters from the Lives and Careers of the British in Eighteenth-Century Russia*. Cambridge: University Press, 1997.〔コラム１〕
Doty, Richard, *The Soho Mint: and the Industrialization of Money*, British Numismatic Society special publication, 1998.〔コラム１〕
トルストイ、レフ著／中村白葉訳『セヴストーポリ』岩波文庫、１９５４年。〔10〕
ファイジス、オーランドー著／染谷徹訳『クリミア戦争（上・下）』白水社、２０１５年。〔10〕
中村喜和「オデッサの誕生」『遠景のロシア――歴史と民俗の旅』彩流社、１９９６年。〔11〕
嵐田浩吉『オデッサ――黒海に現れたコスモポリス』（ユーラシア・ブックレット１０９）、東洋書店、２００７年。〔11〕
バーベリ、イサーク著／中村唯史訳『オデッサ物語』群像社、１９９５年〔11〕

Ⅱ　ウクライナの民族・言語・宗教

Kubijovyč, Volodymyr, and Danylo Husar Struk, eds., *Encyclopedia of Ukraine*, 6 vols. Toronto: University of Toronto Press, 1984-93.〔12〕
黒川祐次『物語ウクライナの歴史――ヨーロッパ最後の大国』中央公論新社、２００２年。〔13、15〕
Ｎ・ゴーゴリ著／原久一郎・工藤精一郎訳『隊長ブリバ　ディカーニカ近郷夜話他』（ロシア・ソビエト文学全集 5）、平凡社、１９６５年。〔13〕

『国際シンポジウム　文化の汽水域～東スラヴ世界の文化的諸相をめぐって～』東京外国語大学、２０１７年。科学研究費補助金（基盤研究（Ｂ）『ロシア・ウクライナ・ベラルーシの文学と社会に関する跨橋的研究－スラブ、とくにウクライナ、ベラルーシ地域における－』）研究成果報告書。〔13〕
伊東一郎「ゴーゴリとウクライナ・フォークロア」『ヨーロッパ文学研究』24、１９７６年。〔14〕
伊東一郎「ゴーゴリ－ウクライナ・バロック－民衆文化（Ｍ・バフチン『ラブレーとゴーゴリ』に寄せて）」『早稲田大学大学院文学研究科紀要』39、１９９４年。〔14〕
伊東一郎「ウクライナ文学史におけるゴーゴリ――『ソローチンツィの定期市』のエピグラフを手掛かりに」『早稲田大学大学院文学研究科紀要』50、２００４年。〔14〕
伊東孝之・井内敏夫・中井和夫編『ポーランド・ウクライナ・バルト史』（新版世界各国史20）、山川出版社、１９９８年。〔15〕
渡辺克義『物語ポーランドの歴史――東欧の「大国」の苦難と再生』中央公論新社、２０１７年。〔15〕
アニコー、プレプク著／寺尾信昭訳『ロシア、中・東欧ユダヤ民族史』彩流社、２００４年。〔16〕
ギテルマン、ツヴィ著／池田智訳『ロシア・ソヴィエトのユダヤ人１００年の歴史』明石書店、２００２年。〔16〕
ハウマン、ハイコ著／平田達治・荒島浩雅訳『東方ユダヤ人の歴史』鳥影社、１９９９年。〔16〕
黒田龍之助『初級ウクライナ語文法』三修社、２０１７年。〔17〕
中井和夫『ウクライナ語入門』大学書林、１９９１年。〔17〕
中澤英彦『ニューエクスプレス　ウクライナ語』白水社、２００９年。〔17〕
中澤英彦「ウクライナにおける言語状況」『ユーラシア研究』№51、11月号、ユーラシア研究所、２０１４年。〔17〕
伊東一郎「ルシン／スロヴァキア・ウクライナ人――歴史的素描」綾部恒雄監修／原聖、庄司博史編『講座　世界の先住民族　ファースト・ピープルズの現在6　ヨーロッパ』明石書店、２００５年。〔18〕
柴　宣弘他監修『東欧を知る事典』平凡社、２０１５年。〔18〕
三谷惠子『スラヴ語入門』三省堂、２０１１年。〔18〕
下斗米伸夫『宗教・地政学から読むロシア――「第三のローマ」をめざすプーチン』日本経済新聞出版社、２０１６年。

〔19〕
久松英二『ギリシア正教　東方の智』講談社、２０１２年。〔19〕
廣岡正久『キリスト教の歴史３：東方正教会・東方諸教会』（宗教の世界史10）、山川出版社、２０１３年。〔19〕
木村和男『カナダ歴史紀行』筑摩書房、１９９５年。〔20〕

Ⅲ　ウクライナの歴史

黒川祐次『物語 ウクライナの歴史——ヨーロッパ最後の大国』中央公論新社、２００２年。〔21〕
藤川繁彦『中央ユーラシアの考古学』同成社、１９９９年。〔21〕
ヘロドトス著／松平千秋訳『歴史』中巻、岩波文庫、１９７２年。〔21〕
オストロゴルスキー著／和田廣訳『ビザンツ帝国史』恒文社、２００１年。〔22〕
國本哲男ほか『ロシア原初年代記』名古屋大学出版会、１９８７年。〔22〕
渡辺金一『中世ローマ帝国』岩波書店、１９８０年。〔22〕
阿部重雄『コサック』教育社、１９８１年。〔23〕
伊東孝之・井内敏夫・中井和夫編『ポーランド・ウクライナ・バルト史』（新版世界各国史20）、山川出版社、１９９８年。〔23、24〕
中井和夫「うそからでたまこと——ウクライナの偽書『イストリア・ルーソフ』」和田春樹編『ロシア史の新しい世界』山川出版社、１９８６年。〔コラム２〕
中井和夫『ソヴェト民族政策史——ウクライナ１９１７—１９４５』御茶ノ水書房、１９８８年。〔25、28、31〕
中井和夫『ウクライナ・ナショナリズム——独立のディレンマ』東京大学出版会、１９９８年。〔コラム２〕
小粥　良「イヴァン・フランコの『Die Auswanderung der galizischen Bauern』（１８９２）」『山口大学独仏文学』29号、山口大学独仏文学研究会、２００８年。(http://petit.lib.yamaguchi-u.ac.jp/G0000006y2j2/Detail.e?id=532520100507161743)〔26〕
種村季弘『ザッヘル＝マゾッホの世界』（平凡社ライブラリー）、平凡社、２００４年。〔26〕

野村真理『ガリツィアのユダヤ人――ポーランド人とウクライナ人のはざまで』人文書院、２００８年。〔26〕

DVD『輝きの海』（１９９７年、アメリカ映画、監督ビーバン・キドロン、主演レイチェル・ワイズ、ヴァンサン・ペレーズ）パイオニアLDC、２００1年発売。〔26〕

DVD『僕の大事なコレクション』（２００５年、アメリカ映画、原作ジョナサン・サフラン・フォア、監督リーブ・シュライバー、主演イライジャ・ウッド）ワーナーホーム・ビデオ、２００６年発売。〔26〕

コンクエスト、ロバート著／白石治朗訳『悲しみの収穫　ウクライナ大飢饉――スターリンの農業集団化と飢饉テロ』恵雅堂出版、２００７年。〔28〕

コンドラーシン、ヴィクトル著／浅岡善治訳「１９３０年代初めのソ連における飢饉発生のメカニズム」野部公一・崔在東編『ロシア農民世界』日本経済評論社、２０１２年。〔28〕

スナイダー、ティモシー著／布施由紀子訳『ブラッドランド――ヒトラーとスターリン大虐殺の真実（上・下）』筑摩書房、２０１５年。〔29〕

スナイダー、ティモシー著／池田年穂訳『ブラックアース――ホロコーストの歴史と警告（上・下）』慶應義塾大学出版会、２０１６年。〔29〕

中井和夫「ウクライナ――静かな弟？」山内昌之・佐久間邦夫・中井和夫・北川誠一・廣岡正久著『分裂するソ連――なぜ民族の反乱が起こったか』（NHKブックス６０１）、日本放送出版協会、１９９０年。〔31〕

『捕虜体験記Ⅲ――ウラル以西篇』ソ連における日本人捕虜の生活体験を記録する会、１９８４年。〔30〕

マーチン、テリー著／半谷史郎監修、荒井幸康・渋谷謙次郎・地田徹朗・吉村貴之訳『アファーマティヴ・アクションの帝国――ソ連の民族とナショナリズム　１９２３年〜１９３９年』明石書店、２０１１年。〔31〕

Plokhy, Serhii, *The Last Empire-The Final Days of the Soveit Union*, Basic Books, New York, 2014.〔31〕

Subtelny, Orest, *Ukraine A History*, University of Toronto Press, 2009.〔31〕

二見淑子『民族の魂――グルジア、ウクライナの歌』近代文藝社、１９９５年。〔32〕

Ⅳ　ウクライナの芸術と文化

シェフチェンコ著／藤井悦子編訳『シェフチェンコ詩選』大学書林、１９９３年。＊ウクライナ語・日本語対訳〔33〕

シェフチェンコ著／藤井悦子訳『叙事詩マリア』群像社、２００９年。〔33〕

シェフチェンコ著／藤井悦子編訳『コブザール』群像社、２０１８年。〔33〕

シェフチェンコ著／渋谷定輔・村井隆之編訳『シェフチェンコ詩集』れんが書房新社、１９９８年。〔33〕

Козуля, Олесь, *Жінки в історії України*, Київ: Український центр духовної культури, 1993.〔34〕

藤井悦子／オリガ・ホメンコ編訳『現代ウクライナ短編集』群像社、２００５年。〔35〕

ホメンコ、オリガ『ウクライナから愛をこめて』群像社、２０１４年。〔35〕

クルコフ、アンドレイ著／吉岡ゆき訳『ウクライナ日記——国民的作家が綴った祖国激動の１５５日』ホーム社、２０１５年。〔36、コラム３〕

ゴーゴリ、ニコライ著／福岡星児訳『タラース・ブーリバ』未知谷、２０１３年。〔36〕

コロレンコ著／金本源之助訳『森はざわめく／ロシア民話：不思議の不思議』群像社、２００８年。〔36〕

ソモフ、オレスト著／田辺佐保子訳『ソモフの妖怪物語』（ロシア名作ライブラリー9）、群像社、２０１１年。〔36〕

クルコフ、アンドレイ著／沼野恭子訳『ペンギンの憂鬱』（新潮クレスト・ブック）、新潮社、２００４年。〔37〕

森安達也『ビザンツとロシア・東欧』（世界の歴史—ビジュアル版9）、講談社、１９８５年。〔37〕

森安達也編『スラヴ民族と東欧ロシア』（民族の世界史10）、山川出版社、１９８６年。〔37〕

井口　靖「アレクサンドル・プィピンと民族文化」坂内徳明・栗生沢猛夫・長縄光男・安井亮平編『ロシア 聖とカオス　文化・歴史論叢』彩流社、１９９５年。〔コラム３〕

『国立トレチャコフ美術館所蔵レーピン展』アートインプレッシュン、２０１２年。〔コラム３〕

Лесков, Н.С., *Собрание сочинений в одиннадцати томах*, М., 1956-1958. т.10.（レスコフ　11巻選集　モスクワ　１９５６～58　第10巻）。〔コラム３〕

栗原典子『スラヴ世界のイースター・エッグ——ピーサンキからインペリアル・エッグまで』（ユーラシア選書）、東洋書店、２００８年。〔38〕

書き下ろし〔コラム4〕
DVD『火の馬 プレミアム・エディション』（1964年、ソ連、セルゲイ・パラジャーノフ監督）、販売元：日本コロムビア、2008年。〔41〕
DVD『故郷よ』（2011年、フランス・ウクライナ・ポーランド・ドイツ、ミハル・ボガニム監督）、販売元：角川書店、2013年。〔41〕
DVD『ザ・トライブ』（2014年、ウクライナ、ミロスラヴ・スラボシピツキー監督）、販売元：バップ、2015年。〔41〕
ゲラシコフ、セルゲイ「日本とウクライナ文化の現状――武道の例で」『神戸学院経済学論集』第44号、2013年。〔42〕
国際交流基金「日本語教育 国・地域別情報『ウクライナ（2017年度）』」https://www.jpf.go.jp/j/project/japanese/survey/area/country/2017/ukraine.html（2018年10月11日閲覧）〔コラム5〕
国際交流基金「世界の日本語教育の現場から（2015～2017年度 ウクライナ）」http://www.jpf.go.jp/j/project/japanese/teach/dispatch/voice/voice/index.html（2018年10月11日閲覧）〔コラム5〕
宇都宮徹壱『ディナモ・フットボール』みすず書房、2002年。〔44〕
服部倫卓「ウクライナの国民形成とサッカー」『地域研究』（［総特集］ロシアとヨーロッパの狭間――ウクライナ問題と地域史から考える）第16巻1号、昭和堂、2015年。〔44〕
『世界の車窓からDVDブック №30 ロシア・ウクライナ』朝日新聞出版、2009年。〔45〕
東 浩紀編著『チェルノブイリ・ダークツーリズム・ガイド 思想地図β vol.4-1』ゲンロン、2013年。〔45〕

Ⅴ 現代ウクライナの諸問題

末澤恵美「ロシアの対ウクライナ、ベラルーシ外交」『9・11事件以後のロシア外交の新展開』国際問題研究所、2003年。〔46〕
中井和夫「ウクライナ・ナショナリズム――独立のディレンマ」東京大学出版会、1998年。〔46〕

藤森信吉「ウクライナとＮＡＴＯの東方拡大」『スラヴ研究』47号、２０００年。〔46〕

藤森信吉「欧州拡大とウクライナ――ヨーロッパとロシアの狭間で」羽場久美子・小森田秋夫・田中素香編『ヨーロッパの東方拡大』岩波書店、２００６年。〔46〕

藤森信吉「ＥＵ・ＮＡＴＯとウクライナ政治」羽場久美子・溝端佐登史編『ロシア・拡大ＥＵ』（世界政治叢書4）、ミネルヴァ書房、２０１１年。〔46〕

藤森信吉「ウクライナとＥＵ――真の『ヨーロッパ』国を目指して」羽場久美子編『ＥＵ（欧州連合）を知るための63章』明石書店、２０１３年。〔46〕

服部倫卓「ウクライナ大統領選とポロシェンコ」『ロシアＮＩＳ調査月報』２０１４年７月号。〔47〕

服部倫卓「２０１４年ウクライナ最高会議選挙」『ロシアＮＩＳ調査月報』２０１４年12月号。〔47〕

服部倫卓「ウクライナの堅調地域と不振地域」『ロシアＮＩＳ調査月報』２０１８年１月号。〔47〕

南野大介「ウクライナ大統領選挙――「民主化」の機は熟したのか？」『世界』岩波書店、２００５年３月号。〔48〕

小熊宏尚「ルポ・ウクライナの反政権運動／『革命の再現だ』」（共同通信２０１３年12月３日配信）〔49〕

小熊宏尚「混迷ウクライナ／極右暴徒化、統制効かず」（共同通信２０１４年１月23日配信）〔49〕

小熊宏尚「ウクライナ情勢／変質した反政権デモ」（共同通信２０１４年２月21日配信）〔49〕

藤森信吉「経済コストから考えるドンバスと沿ドニエストル問題――非承認国家の黄昏」『ロシアＮＩＳ調査月報』２０１６年４月号。〔50〕

藤森信吉「ドネツク人民共和国訪問記」『ロシアＮＩＳ調査月報』２０１６年６月号。〔50〕

松里公孝「クリミアの内政と政変（二〇〇九～一四年）」『現代思想』（特集 ロシア：帝政からソ連崩壊、そしてウクライナ危機の向こう側――何が起こっているのか）、第42巻第７号、２０１４年。〔51〕

Matsuzato, Kimitaka, "Domestic Politics in Crimea, 2009-2015." *Demokratizatsiya: The Journal of Post-Soviet Democratization* 24, 2, 2016.〔52〕

松里公孝「宗教とトランスナショナリズム――レニンゴル、沿ドニエストル、クリミアに共通するもの」六鹿茂夫編著『黒海地域の国際関係』名古屋大学出版会、２０１７年。〔52〕

服部倫卓『ウクライナ・ベラルーシ・モルドバ経済図説』（ユーラシア・ブックレット170）、東洋書店、2011年。〔53〕
服部倫卓「ウクライナ経済の再生・転換は可能か――天然ガス消費問題を中心に」『ロシア・ユーラシアの経済と社会』2014年10月号。〔53〕
服部倫卓「ウクライナ危機は克服できるか」『ロシアNIS調査月報』2015年7月号。〔53〕
服部倫卓「ロシア・ウクライナ・ベラルーシの通商・産業比較――地政学危機の中の経済利害」（北海道大学博士学位論文）、2017年。〔53、54、60、63〕
六鹿茂夫編著『黒海地域の国際関係』名古屋大学出版会、2017年。〔53〕
服部倫卓「ウクライナ政変とオリガルヒの動き」『ロシア・東欧研究』第43号、2015年。〔54〕
服部倫卓「輸送・商品・エネルギーの経済関係――ロシアとウクライナの角逐を中心に」六鹿茂夫編著『黒海地域の国際関係』名古屋大学出版会、2017年。〔54〕
服部倫卓「ウクライナの農産物・食品輸出とEU市場」『ロシアNIS調査月報』2017年7月号。〔54〕
藤森信吉「ウクライナの天然ガス市場――ガストレイダーを中心にして」『比較経済体制学会年報』第39巻、2002年。〔55〕
藤森信吉「天然ガスから見るウクライナ独立25年」『ロシアNIS調査月報』2017年1月号。〔55〕
藤森信吉「ウクライナの対ロシア・ガス戦争の顚末――2009～2018年」『ロシアNIS調査月報』2018年6月号。〔55〕
服部倫卓「様々な指標から読み解くベラルーシ社会――物価・飲酒・離婚」服部倫卓・越野剛編著『ベラルーシを知るための50章』明石書店、2017年。〔56〕
國谷光司「翻弄されてゆくウクライナの庶民」『ユーラシア研究』2015年12月号。〔コラム6〕
長瀧重信『原子力災害に学ぶ放射線の健康影響とその対策』丸善出版、2012年。〔57〕
長崎・ヒバクシャ医療国際協力会『21世紀のヒバクシャ――世界のヒバクシャと放射線障害研究の最前線』長崎新聞社、2011年。〔57〕

東　浩紀編著『チェルノブイリ・ダークツーリズム・ガイド 思想地図β vol.4-1』ゲンロン、２０１３年。〔コラム７〕
塩原俊彦『ウクライナ・ゲート――「ネオコン」の情報操作と野望』社会評論社、２０１４年。〔58〕
塩原俊彦『ウクライナ２・０――地政学・通貨・ロビイスト』社会評論社、２０１５年。〔58〕
塩原俊彦「ウクライナ軍需産業の概要と動向」『ロシアＮＩＳ調査月報』２０１８年６月号。〔58〕
小泉　悠「戦時下ウクライナの軍事力」『軍事研究』第51巻第7号、２０１６年７月。〔59〕
Association Agreement between the European Union and its Member States, of the one part, and Ukraine, of the other part
https://eeas.europa.eu/sites/eeas/files/association_agreement_ukraine_2014_en.pdf〔60〕
EU-Ukraine Deep and Comprehensive Free Trade Area
http://trade.ec.europa.eu/doclib/docs/2013/april/tradoc_150981.pdf〔60〕
伊東孝之・中井和夫・井内敏夫編『ポーランド・ウクライナ・バルト史』（新版世界各国史20）、山川出版社、１９９８年。〔61〕
黒川祐次『物語 ウクライナの歴史――ヨーロッパ最後の大国』中央公論新社、２００２年。〔61〕
金子　讓『ＮＡＴＯ――北大西洋条約機構の研究』彩流社、２００８年。〔62〕
末澤恵美「ＮＡＴＯの東方拡大とウクライナ」『海外事情』第46巻1号、１９９８年。〔62〕
東野篤子「ウクライナのＥＵ・ＮＡＴＯ加盟問題」『法学研究』第84巻第1号、２０１１年。〔62〕
東野篤子「ウクライナ危機とＥＵ――ミンスクⅡ合意をめぐるＥＵと加盟諸国の外交」『国際政治』第６４１号、２０１５年。〔62〕
東野篤子「ウクライナ危機とブダペスト覚書――国際規範からの逸脱をめぐる国際社会の対応」『グローバル・ガバナンス学Ｉ　理論・歴史・規範』法律文化社、２０１８年。〔62〕
田畑伸一郎・末澤恵美編『ＣＩＳ――旧ソ連空間の再構成』国際書院、２００４年。〔63〕
服部倫卓「ウクライナ・ロシア『通商戦争』の再考」『ロシアＮＩＳ調査月報』２０１７年９―10月号。〔63〕
西谷公明『通貨誕生――ウクライナ独立を賭けた闘い』都市出版、１９９４年。〔64〕
国営ウクルインフォルム通信日本語ウェブサイト https://www.ukrinform.jp/〔64〕

服部倫卓「東西の狭間のウクライナ自動車市場」『ロシアＮＩＳ調査月報』２０１６年12月号。〔65〕
竹内啓一・手塚章・中村泰三・山本健兒編『世界地名大事典 ヨーロッパ・ロシアⅠ～Ⅲ（第４～６巻）』朝倉書店、２０１６年。〔おわりに〕
服部倫卓・越野剛編著『ベラルーシを知るための50章』明石書店、２０１７年。〔おわりに〕

●ま行

●や行

●ら行

●は行

●さ行

■人　名

●あ行

●か行

地名・人名索引

以下に掲載するのは、本書に登場する地名と人名の索引です。このうち地名に関しては、「エリア・スタディーズ」の趣旨にかんがみ、基本的にウクライナの地名だけを対象としています。ウクライナの地名・人名は基本的にウクライナ語読みを見出し語としていますが、本書にロシア語読みでも登場しているものについては、[　] 内にロシア語読みを付記しています。逆に、ロシア語読みを見出し語とし、[　] 内にウクライナ語読みを付記している項目もあります。また、派生的な地名や補足事項がある場合には、(　) 内に記しています。

■地　名

●あ行

●か行

三浦　清美（みうら　きよはる）〔22〕
電気通信大学情報理工学域共通教育部 教授。
【主要著作】
『ロシアの源流』（講談社叢書メチエ、2003年）、「宗教説話に滲出する自叙――ポリカルプと逸脱の精神」（中村唯史・大平陽一編『自叙の迷宮――近代ロシア文化における自伝的言説』水声社、2018年）、「終末論としてのローマ――「モスクワ第三理念」をめぐって」（甚野尚志・踊共二編『中近世ヨーロッパの宗教と政治』ミネルヴァ書房、2014年）。

光吉　淑江（みつよし　よしえ）〔5、20、24、25、27、32〕
西南学院大学 非常勤講師、久留米大学 非常勤講師。
【主要著作】
"Maternalism, Soviet-Style: The Working 'Mothers with Many Children' in Postwar Western Ukraine," edited by Marian van der Klein, *Maternalism reconsidered : motherhood, welfare and social policy in the twentieth century*, Berghahn Books, 2012. "The Zhinviddil Resurrected: Soviet Women's Organizations in Postwar Western Ukraine," *Journal of Ukrainian Studies*, Vol. 36, 2011.「離散するアーカイブとウクライナ史」（『歴史学研究』第790号、2004年）。

南野　大介（みなみの　だいすけ）〔48、64〕
在ウクライナ日本国大使館 一等書記官、旧ソ連専門官。
【主要著作】
「モルドバ」（広瀬佳一、小笠原高雪、上杉勇司編『ユーラシアの紛争と平和』（明石書店, 2008年）、「クリミアにおける民族関係と紛争予防」（『ユーラシアの平和と紛争――秋野豊賞調査報告書』第4号, 2004年）、「エネルギートランジット国としてのウクライナ」（佐藤千景、中津孝司、島敏夫編『エネルギー国際経済』（晃洋書房, 2004年）。

森田　淳子（もりた　じゅんこ）〔コラム5〕
東京工業大学リベラルアーツ研究教育院 准教授、元・国際交流基金派遣日本語専門家（2014～2017年：キエフ国立大学）。
【主要著作】
「世界の日本語教育の現場から（国際交流基金日本語専門家レポート）」https://www.jpf.go.jp/j/project/japanese/teach/dispatch/voice/voice/index.html（2015～2017年度、ウクライナ・キエフ国立大学）。

柳沢　秀一（やなぎさわ　ひでかず）〔15、19、28、29〕
サレジオ工業高等専門学校 非常勤講師。
【主要著作】
「第二次世界大戦期・戦後初期のソ連のポーランド人強制移住政策」（『コスモポリス』No.6、2012年）、「独ソ戦期ドイツ占領体制とウクライナ――『ウクライナ民族主義者組織（ОУН）』の対独政策における『協力』と『抵抗』」（『ロシア史研究』第50号、2008年）、「『ウクライナ民族主義者組織（OUN）』とウクライナ蜂起軍（UPA）』のウクライナ独立国家構想とその戦略―対ソ政策と対ポーランド政策を中心に」（『現代史研究』第50号、2004年）。

東野　篤子（ひがしの　あつこ）〔62〕
筑波大学大学院人文社会系国際公共政策専攻 准教授。
【主要著作】
『解体後のユーゴスラヴィア』（共著、晃洋書房、2017 年）、『グローバル・ガバナンス学Ⅰ　理論・歴史・規範』（共著、法律文化社、2015 年）、『EU の規範政治――グローバルヨーロッパの理想と現実』（共著、ナカニシヤ出版、2015 年）。

藤井　悦子（ふじい　えつこ）〔33〕
ウクライナ文学研究・翻訳者。ウクライナのオリガ公妃勲章受章（2016 年）。
【主要著作】
『コブザール』（編訳、シェフチェンコ、タラス著、群像社、2018 年）、『シェフチェンコ《叙事詩マリア》』（訳書、群像社、2009 年）、「シェフチェンコの《叙事詩マリア》と福音書」（坂内徳明・栗生沢猛夫・長縄光男・安井亮平編『ロシア 聖とカオス　文化・歴史論叢』彩流社、1995 年）など。

藤森　信吉（ふじもり　しんきち）〔9、31、46、50、55〕
ウクライナ研究者。
【主要著作】
「未承認国家問題の再考――沿ドニエストルの発電問題を中心に」（『神戸学院経済学論集』第 49 巻、第 1・2 号、2017 年）、「ウクライナの天然ガス市場――ガストレイダーを中心にして」（『比較経済体制学会年報』第 39 巻、2002 年）、「ウクライナとNATOの東方拡大」（『スラヴ研究』47 号、2000 年）。

ホメンコ、オリガ（Khomenko, Olga）〔35、39、40、43〕
キエフ・モヒラ・アカデミー国立大学人文学部歴史学科 准教授。学術博士（東京大学）。
【主要著作】
『ウクライナから愛をこめて』（群像社、2014 年）、『現代ウクライナ短編集』（藤井悦子との共訳、群像社、2005 年）など。

松里　公孝（まつざと　きみたか）〔7、51、52〕
東京大学法学部 教授。
【主要著作】
“The Donbass War: Outbreak and Deadlock,” *Demokratizatsiya: The Journal of Post-Soviet Democratization* 25: 2 (2017).; “The Rise and Fall of Ethnoterritorial Federalism: A Comparison of the Soviet Union (Russia), China, and India,” *Europe-Asia Studies* 69: 7 (2017).

マメリン、マクシム（Mamelin, Maksym）〔コラム 4〕
ゲルダン作家、ビーズジュエリーデザイナー。2015 年から 2018 年まで日本在住。
Facebook アドレスは、https://www.facebook.com/maksymsjewelry/

高村　昇（たかむら　のぼる）〔57〕
長崎大学原爆後障害医療研究所 教授。
【主要著作】
『福島はあなた自身――災害と復興を見つめて』（共著、福島民報社、2018 年）、Takamura N, Orita M, Yamashita S, Chhem R. After Fukushima: collaboration model. *Science* 352(6286): 666, 2016.「放射線・放射性物質 Q&A　第 1 巻～ 4 巻」（福島民報社　https://www-sdc.med.nagasaki-u.ac.jp/abdi/publicity/index.html）。

ダツェンコ、イーホル（Datsenko, Ihor）〔8、12〕
中京大学・名古屋市立大学 非常勤講師。歴史学 Ph.D.（ウィーン大学）。
【主要著作】
『オーストリアのガリツィアにおける行政言語としてのウクライナ語（1849-1895）』（ウィーン大学 Ph.D. 論文、2012 年、ウクライナ語）、「ウクライナ語を愛でることはロシア語を護ること――ウクライナにおけるバイリンガリズムの問題に寄せて」（『神戸学院大学経済学論集』第 47 巻第 1-2 号、2015 年）など。

中澤　英彦（なかざわ　ひでひこ）〔13、17、56、ウクライナ語のあいさつ表現〕
東京外国語大学 名誉教授。
【主要著作】
『プログレッシブ　ロシア語辞典』（主幹・編著、小学館、2015 年）、『辞書編纂とウクライナ語――ヴェルナツキー図書館のウエブ上のカタログに見る』（『ユーラシアと日本』Area Studies Occasional Paper Series No.2. University of Tsukuba. 2006 年）、「ウクライナ語の現状とノルマ」（岡田幸彦氏と共著、『ポストソヴィエト期の社会と文化変容について――スラブ、とくにウクライナ、ベラルーシ地域における』1998 年度財団法人サントリー文化財団「人文科学、社会科学に関する研究助成報告書」、1999 年）など。

中村　唯史（なかむら　ただし）〔11、36〕
京都大学大学院文学研究科 教授。
【主要著作】
『自叙の迷宮――近代ロシア文化における自伝的言説』（大平陽一氏と共編著、水声社、2018 年）、『映像の中の冷戦後世界――ロシア・ドイツ・東欧研究とフィルム・アーカイブ』（高橋和氏、山崎彰氏と共編著、山形大学出版会、2013 年）、『再考ロシア・フォルマリズム――言語・メディア・知覚』（貝澤哉氏、野中進氏と共編著、せりか書房、2012 年）ほか。

＊**服部　倫卓**（はっとり　みちたか）〔44、47、53、54、56、63、65〕
編著者紹介参照

＊**原田　義也**（はらだ　よしなり）〔1、2、3、6、30、34／翻訳 8、12、42、コラム 4、ウクライナ語のアルファベットについて〕
編著者紹介参照

ゲラシコフ、セルゲイ（Geraskov, Sergii）〔42〕
ウクライナ大統領付属国家行政アカデミー 社会・人文研究センター長。
【主要著作】
"Religion and Politics in Contemporary Ukraine: The Problem of Interaction," *Annual Review of the Institute of for Advanced Social Research*, Kwansei Gakuin University, Vol. 14, 2017; "Ukraine and Japan Culture Relationship: Shevchenkiana and Murakamization," *Kobe Gakuin Economic Papers*, Vol. 47, 2015.

小泉　悠（こいずみ　ゆう）〔59〕
公益財団法人未来工学研究所 特別研究員。
【主要著作】
『軍事大国ロシア　新たな世界戦略と行動原理』（作品社、2016年）、『プーチンの国家戦略　岐路に立つ「強国」ロシア』（東京堂出版、2016年）。

合六　麻耶（ごうろく　まや）〔45〕
在ウクライナ日系企業 駐在員。

小粥　良（こがい　りょう）〔26〕
山口大学教育学部 准教授。
【主要著作】
「イヴァン・フランコの学校をめぐる短編群――『鉛筆（Оловець）』（1879）その他」（『山口大学独仏文学』38号、山口大学独仏文学研究会、2016年）、「イヴァン・フランコの『Die Auswanderung der galizischen Bauern』（1892）」（『山口大学独仏文学』29号、山口大学独仏文学研究会、2008年）、「ガリチアの首都レンベルク」（『山口大学独仏文学』28号、山口大学独仏文学研究会、2006年）。

貞包　和寛（さだかね　かずひろ）〔18〕
東京外国語大学大学院 博士後期課程、日本学術振興会 特別研究員DC2。
【主要著作】
Przemiana nazw etnolektu łemkowskiego［邦題：レムコ・エスノレクトの名称の変遷］（Движение и пространство в славянските езици, литератури и култури (том перви: Езикознание), ソフィア（ブルガリア）、2015年）、A Proposal for a New Classification of the Dialects and Languages in Poland（Филологически форум, ソフィア（ブルガリア）、2016年）、「言語研究史と言語ステータス――ポーランド共和国のカシューブ言葉、レムコ言葉を例として―」（日本スラヴ人文学会『スラヴィアーナ』第8号（通算30号）、2017年）

塩原　俊彦（しおばら　としひこ）〔58〕
高知大学大学院 准教授。
【主要著作】
『ウクライナ2.0――地政学・通貨・ロビイスト』（社会評論社、2015年）、『パイプラインの政治経済学――ネットワーク型インフラとエネルギー外交』（法政大学出版局、2007年）、『「軍事大国」ロシアの虚実』（岩波書店、2009年）。

小熊　宏尚（おぐま　ひろなお）〔49〕
共同通信社 ブリュッセル支局長。元カイロ、ロンドン、モスクワ支局員、外信部次長。
【主要著作】
「ユダヤ文化の離れ小島で」（共同通信取材班、軍司泰史編著『伝える　訴える』柘植書房新社、2017年）、「ロシア語通訳　米原万里」（共同通信社会部著『希人（まれびと）よ』四谷ラウンド、2000年）、「記者の『取写選択』」（『ロシアNIS調査月報』ロシアNIS貿易会、2015年4月号から連載）。

北出　大介（きたで　だいすけ）〔60、61〕
三井物産戦略研究所 主任研究員。

衣川　靖子（きぬがわ　やすこ）〔41〕
ロシア語翻訳者。
【主要著作】
「映画で見るベラルーシ」（『ベラルーシを知るための50章』、明石書店、2017年）、「ロシアの保健医療事情と政策・制度の動向」（『海外社会保障研究』第191号、国立社会保障・人口問題研究所、2015年）。

國谷　光司（くにや　こうじ）〔コラム6〕
（有）ケイ・アイ・エス・コーポレーション 代表取締役。
【主要著作】
「翻弄されてゆくウクライナの庶民」（『ユーラシア研究』2015年12月号）。

栗原　典子（くりはら　のりこ）〔23、37、38、コラム2〕
ヨーロッパ・アジア言語文化研究所 研究員。
【主要著作】
『スラヴ世界のイースター・エッグ　ピーサンキからインペリアル・エッグまで（ユーラシア選書7）』東洋書店、2008年）、栗原典子訳・註、アンドリー・ポルトノヴ「ベラルーシ、ロシア、ウクライナにおける教科書問題――過去の存在と未来への新たな道」（『歴史学研究』、6月号（No. 815）、2006年）、「ウクライナの登録コサック制度――ウクライナ＝コサックの集団意識によせて」（『スラヴ文化研究』東京外国語大学、第1号、2001年）。

黒川　祐次（くろかわ　ゆうじ）〔4、10、21〕
元駐ウクライナ大使、元日本大学国際関係学部・同大学院 教授、キエフ国際大学 名誉教授。
【主要著作】
『物語　ウクライナの歴史――ヨーロッパ最後の大国』（中公新書、2002年）、『現代国際関係の基本文書』（共著、日本評論社、2013年）、*The Impact of Globalization on Japan's Public Policy: How The Government Is Reshaping Japan's Role In the World*, The Edwin Mellen Press, USA, 2008 (joint authorship).

【執筆者紹介】（〔　〕は担当章、50音順、＊は編著者）

赤尾　光春（あかお　みつはる）〔16〕
大阪大学・関西学院大学・龍谷大学 非常勤講師。
【主要著作】
『ユダヤ人と自治――中東欧・ロシアにおけるディアスポラ共同体の興亡』（赤尾光春・向井直己編、岩波書店、2017年）、『シオニズムの解剖――現代ユダヤ世界におけるディアスポラとイスラエルの相克』（臼杵陽監修、赤尾光春・早尾貴紀編、人文書院、2011年）、『ディアスポラから世界を読む――離散を架橋するために』（臼杵陽監修、赤尾光春・早尾貴紀編、明石書店、2009年）。

伊東　一郎（いとう　いちろう）〔14〕
早稲田大学 名誉教授。
【主要著作】
『ヨーロッパ民衆文化の想像力――民話・叙事詩・祝祭・造形表現」（共著、言叢社、2013年）、『子どもに語るロシアの昔話』（訳・再話、こぐま社、2007年）、『ロシアフォークロアの世界』（編著、群像社、2005年）。

井口　靖（いぐち　やすし）〔コラム3〕
私立海城中学校・高等学校 教諭（社会科「倫理」「政治経済」）。
【主要著作】
「「ベラルーシ的」とは何か――ベラルーシ研究のためのノート」（『研究集録』第21集、海城中学校・高等学校　1997年）、「アレクサンドル・プィピンと民族文化」（坂内徳明・栗生沢猛夫・長縄光男・安井亮平編『ロシア 聖とカオス　文化・歴史論叢』彩流社、1995年）、「民族問題とロシア思想家――ベリンスキーのウクライナ観」（『学習院女子部論叢』6号、学習院女子中等科・女子高等科、1989年）。

上田　洋子（うえだ　ようこ）〔コラム7〕
株式会社ゲンロン 副代表。
【主要著作】
『歌舞伎と革命ロシア――一九二八年左団次一座訪ソ公演と日露演劇交流』（共編著、森話社、2017年）、『チェルノブイリ・ダークツーリズム・ガイド 思想地図β 4-1』（監修著、ゲンロン、2013年）、『瞳孔の中――クルジジャノフスキイ作品集』（共訳、松籟社、2012年）。

岡部　芳彦（おかべ　よしひこ）〔コラム1〕
神戸学院大学経済学部 教授、ウクライナ研究会 会長（2018～）、ロシア問題研究センター（キエフ）エキスパート。
【主要著作】
「満洲における「ウクライナ運動」――忘却された日本―ウクライナ関係史」（『アリーナ』17号、2018年）、「ウクライナ政治エリートの実像――ヤヌコーヴィチ、マイダン、ポロシェンコ政権」（『ロシア・ユーラシアの経済と社会』1008号、2016年）、『マイダン革命はなぜ起こったか――ロシアとEUのはざまで』ドニエプル出版、2016年）。

【編著者紹介】

服部　倫卓（はっとり　みちたか）

一般社団法人ロシアNIS貿易会・ロシアNIS経済研究所副所長。

1964年生まれ。東京外国語大学外国語学部ロシヤ語学科卒業。青山学院大学大学院国際政治経済学研究科修士課程修了。北海道大学大学院文学研究科博士後期課程（歴史地域文化学専攻・スラブ社会文化論）修了（学術博士）。社団法人ソ連東欧貿易会・ソ連東欧経済研究所研究員、在ベラルーシ共和国日本国大使館専門調査員などを経て、2017年から現職。

主な著作に、『ベラルーシを知るための50章』（2017年、明石書店、越野剛氏との共編著）、『不思議の国ベラルーシ――ナショナリズムから遠く離れて』（岩波書店、2004年）、『ウクライナ・ベラルーシ・モルドバ経済図説』（東洋書店、2011年）など。

ホームページは http://www.hattorimichitaka.com　ブログは、http://hattorimichitaka.blog.jp

原田　義也（はらだ　よしなり）

厚生労働省社会・援護局援護・業務課調査資料室ロシア語通訳、明治大学国際日本学部および東海大学教養学部人間環境学科自然環境課程兼任講師。

1972年生まれ。大阪外国語大学大学院言語社会研究科博士後期課程単位取得退学。文部科学省アジア諸国等派遣留学生、日本学術振興会特別研究員（PD）、早稲田大学国際言語文化研究所招聘研究員を経て、2008年より期間業務職員として厚労省勤務、2011年からは大学講師を兼任。

主な論文・研究ノートに「「辺境」という名のトポス――地名で読むウクライナの世界」桑野隆・長與進編著『ロシア・中欧・バルカン世界のことばと文化』（成文堂、2010年）、「ウクライナと日本の文化交流――大陸を越えて響き合うもの」（『明治大学国際日本学研究』9(1)号、2016年）、「現代のマドンナは何を祈るか――リーナ・コステンコの詩的世界」（『明治大学国際日本学研究』10(1)号、2017年）などがある。

エリア・スタディーズ 169
ウクライナを知るための 65 章

2018年10月25日　初版 第1刷発行
2022年5月5日　初版 第5刷発行

編著者　服部倫卓
　　　　原田義也
発行者　大江道雅
発行所　株式会社 明石書店
〒101–0021 東京都千代田区外神田 6-9-5
電話 03（5818）1171
FAX 03（5818）1174
振替　00100-7-24505
https://www.akashi.co.jp/
組版／装丁　明石書店デザイン室
印刷／製本　日経印刷株式会社

（定価はカバーに表示してあります）　ISBN978-4-7503-4732-5

エリア・スタディーズ

1 現代アメリカ社会を知るための60章
明石紀雄、川島浩平 編著

2 イタリアを知るための62章【第2版】
村上義和 編著

3 イギリスを旅する35章
辻野功 編著

4 モンゴルを知るための65章【第2版】
金岡秀郎 著

5 パリ・フランスを知るための44章
梅本洋一、大里俊晴、木下長宏 編著

6 現代韓国を知るための60章【第2版】
石坂浩一、福島みのり 編著

7 オーストラリアを知るための58章【第3版】
越智道雄 著

8 現代中国を知るための52章【第6版】
藤野彰 編著

9 ネパールを知るための60章
日本ネパール協会 編

10 アメリカの歴史を知るための63章【第3版】
富田虎男、鵜月裕典、佐藤円 編著

11 現代フィリピンを知るための61章【第2版】
大野拓司、寺田勇文 編著

12 ポルトガルを知るための55章【第2版】
村上義和、池俊介 編著

13 北欧を知るための43章
武田龍夫 著

14 ブラジルを知るための56章【第2版】
アンジェロ・イシ 著

15 ドイツを知るための60章
早川東三、工藤幹巳 編著

16 ポーランドを知るための60章
渡辺克義 編著

17 シンガポールを知るための65章【第5版】
田村慶子 編著

18 現代ドイツを知るための67章【第3版】
浜本隆志、髙橋憲 編著

19 ウィーン・オーストリアを知るための57章【第2版】
広瀬佳一、今井顕 編著

20 ハンガリーを知るための60章【第2版】 ドナウの宝石
羽場久美子 編著

21 現代ロシアを知るための60章【第2版】
下斗米伸夫、島田博 編著

22 21世紀アメリカ社会を知るための67章
明石紀雄 監修　赤尾千波、大類久恵、小塩和人、落合明子、川島浩平、高野泰 編

23 スペインを知るための60章
野々山真輝帆 著

24 キューバを知るための52章
後藤政子、樋口聡 編著

25 カナダを知るための60章
綾部恒雄、飯野正子 編著

26 中央アジアを知るための60章【第2版】
宇山智彦 編著

27 チェコとスロヴァキアを知るための56章【第2版】
薩摩秀登 編著

28 現代ドイツの社会・文化を知るための48章
田村光彰、村上和光、岩淵正明 編著

29 インドを知るための50章
重松伸司、三田昌彦 編著

30 タイを知るための72章【第2版】
綾部真雄 編著

31 パキスタンを知るための60章
広瀬崇子、山根聡、小田尚也 編著

32 バングラデシュを知るための66章【第3版】
大橋正明、村山真弓、日下部尚徳、安達淳哉 編著

33 イギリスを知るための65章【第2版】
近藤久雄、細川祐子、阿部美春 編著

34 現代台湾を知るための60章【第2版】
亜洲奈みづほ 著

35 ペルーを知るための66章【第2版】
細谷広美 編著

36 マラウィを知るための45章【第2版】
栗田和明 著

37 コスタリカを知るための60章【第2版】
国本伊代 編著

38 チベットを知るための50章
石濱裕美子 編著

エリア・スタディーズ

39 現代ベトナムを知るための60章【第2版】
今井昭夫、岩井美佐紀 編著

40 インドネシアを知るための50章
村井吉敬、佐伯奈津子 編著

41 エルサルバドル、ホンジュラス、ニカラグアを知るための45章
田中高 編著

42 パナマを知るための70章【第2版】
国本伊代 編著

43 イランを知るための65章
岡田恵美子、北原圭一、鈴木珠里 編著

44 アイルランドを知るための70章【第3版】
海老島均、山下理恵子 編著

45 メキシコを知るための60章
吉田栄人 編著

46 中国の暮らしと文化を知るための40章
東洋文化研究会 編

47 現代ブータンを知るための60章【第2版】
平山修一 著

48 バルカンを知るための66章【第2版】
柴宜弘 編著

49 現代イタリアを知るための44章
村上義和 編著

50 アルゼンチンを知るための54章
アルベルト松本 著

51 ミクロネシアを知るための60章【第2版】
印東道子 編著

52 アメリカのヒスパニック＝ラティーノ社会を知るための55章
大泉光一、牛島万 編著

53 北朝鮮を知るための55章【第2版】
石坂浩一 編著

54 ボリビアを知るための73章【第2版】
真鍋周三 編著

55 コーカサスを知るための60章
北川誠一、前田弘毅、廣瀬陽子、吉村貴之 編著

56 カンボジアを知るための62章【第2版】
上田広美、岡田知子 編著

57 エクアドルを知るための60章【第2版】
新木秀和 編著

58 タンザニアを知るための60章【第2版】
栗田和明、根本利通 編著

59 リビアを知るための60章【第2版】
塩尻和子 編著

60 東ティモールを知るための50章
山田満 編著

61 グアテマラを知るための67章【第2版】
桜井三枝子 編著

62 オランダを知るための60章
長坂寿久 著

63 モロッコを知るための65章
私市正年、佐藤健太郎 編著

64 サウジアラビアを知るための63章【第2版】
中村覚 編著

65 韓国の歴史を知るための66章
金両基 編著

66 ルーマニアを知るための60章
六鹿茂夫 編著

67 現代インドを知るための60章
広瀬崇子、近藤正規、井上恭子、南埜猛 編著

68 エチオピアを知るための50章
岡倉登志 編著

69 フィンランドを知るための44章
百瀬宏、石野裕子 編著

70 ニュージーランドを知るための63章
青柳まちこ 編著

71 ベルギーを知るための52章
小川秀樹 編著

72 ケベックを知るための54章
小畑精和、竹中豊 編著

73 アルジェリアを知るための62章
私市正年 編著

74 アルメニアを知るための65章
中島偉晴、メラニア・バグダサリヤン 編著

75 スウェーデンを知るための60章
村井誠人 編著

76 デンマークを知るための68章
村井誠人 編著

77 最新ドイツ事情を知るための50章
浜本隆志、柳原初樹 著

エリア・スタディーズ

78 セネガルとカーボベルデを知るための60章
小川了 編著

79 南アフリカを知るための60章
峯陽一 編著

80 エルサルバドルを知るための55章
細野昭雄、田中高 編著

81 チュニジアを知るための60章
鷹木恵子 編著

82 南太平洋を知るための58章 メラネシア ポリネシア
吉岡政德、石森大知 編著

83 現代カナダを知るための60章【第2版】
飯野正子、竹中豊 総監修 日本カナダ学会 編

84 現代フランス社会を知るための62章
三浦信孝、西山教行 編著

85 ラオスを知るための60章
菊池陽子、鈴木玲子、阿部健一 編著

86 パラグアイを知るための50章
田島久歳、武田和久 編著

87 中国の歴史を知るための60章
並木頼壽、杉山文彦 編著

88 スペインのガリシアを知るための50章
坂東省次、桑原真夫、浅香武和 編著

89 アラブ首長国連邦（UAE）を知るための60章
細井長 編著

90 コロンビアを知るための60章
二村久則 編著

91 現代メキシコを知るための70章【第2版】
国本伊代 編著

92 ガーナを知るための47章
高根務、山田肖子 編著

93 ウガンダを知るための53章
吉田昌夫、白石壮一郎 編著

94 ケルトを旅する52章 イギリス・アイルランド
永田喜文 著

95 トルコを知るための53章
大村幸弘、永田雄三、内藤正典 編著

96 イタリアを旅する24章
内田俊秀 編著

97 大統領選からアメリカを知るための57章
越智道雄 著

98 現代バスクを知るための50章
萩尾生、吉田浩美 編著

99 ボツワナを知るための52章
池谷和信 編著

100 ロンドンを旅する60章
川成洋、石原孝哉 編著

101 ケニアを知るための55章
松田素二、津田みわ 編著

102 ニューヨークからアメリカを知るための76章
越智道雄 著

103 カリフォルニアからアメリカを知るための54章
越智道雄 著

104 イスラエルを知るための62章【第2版】
立山良司 編著

105 グアム・サイパン・マリアナ諸島を知るための54章
中山京子 編著

106 中国のムスリムを知るための60章
中国ムスリム研究会 編

107 現代エジプトを知るための60章
鈴木恵美 編著

108 カーストから現代インドを知るための30章
金基淑 編著

109 カナダを旅する37章
飯野正子、竹中豊 編著

110 アンダルシアを知るための53章
立石博高、塩見千加子 編著

111 エストニアを知るための59章
小森宏美 編著

112 韓国の暮らしと文化を知るための70章
舘野晳 編著

113 現代インドネシアを知るための60章
村井吉敬、佐伯奈津子、間瀬朋子 編著

114 ハワイを知るための60章
山本真鳥、山田亨 編著

115 現代イラクを知るための60章
酒井啓子、吉岡明子、山尾大 編著

116 現代スペインを知るための60章
坂東省次 編著

エリア・スタディーズ

117 **スリランカを知るための58章**
杉本良男、高桑史子、鈴木晋介 編著

118 **マダガスカルを知るための62章**
飯田卓、深澤秀夫、森山工 編著

119 **新時代アメリカ社会を知るための60章**
明石紀雄 監修 大類久恵、落合明子、赤尾千波 編著

120 **現代アラブを知るための56章**
松本弘 編著

121 **クロアチアを知るための60章**
柴宜弘、石田信一 編著

122 **ドミニカ共和国を知るための60章**
国本伊代 編著

123 **シリア・レバノンを知るための64章**
黒木英充 編著

124 **EU（欧州連合）を知るための63章**
羽場久美子 編著

125 **ミャンマーを知るための60章**
田村克己、松田正彦 編著

126 **カタルーニャを知るための50章**
立石博高、奥野良知 編著

127 **ホンジュラスを知るための60章**
桜井三枝子、中原篤史 編著

128 **スイスを知るための60章**
スイス文学研究会 編

129 **東南アジアを知るための50章**
今井昭夫 編集代表 東京外国語大学東南アジア課程 編

130 **メソアメリカを知るための58章**
井上幸孝 編著

131 **マドリードとカスティーリャを知るための60章**
川成洋、下山静香 編著

132 **ノルウェーを知るための60章**
大島美穂、岡本健志 編著

133 **現代モンゴルを知るための50章**
小長谷有紀、前川愛 編著

134 **カザフスタンを知るための60章**
宇山智彦、藤本透子 編著

135 **内モンゴルを知るための60章**
ボルジギン・ブレンサイン 編著 赤坂恒明 編集協力

136 **スコットランドを知るための65章**
木村正俊 編著

137 **セルビアを知るための60章**
柴宜弘、山崎信一 編著

138 **マリを知るための58章**
竹沢尚一郎 編著

139 **ASEANを知るための50章**
黒柳米司、金子芳樹、吉野文雄 編著

140 **アイスランド・グリーンランド・北極を知るための65章**
小澤実、中丸禎子、高橋美野梨 編著

141 **ナミビアを知るための53章**
水野一晴、永原陽子 編著

142 **香港を知るための60章**
吉川雅之、倉田徹 編著

143 **タスマニアを旅する60章**
宮本忠 著

144 **パレスチナを知るための60章**
臼杵陽、鈴木啓之 編著

145 **ラトヴィアを知るための47章**
志摩園子 編著

146 **ニカラグアを知るための55章**
田中高 編著

147 **台湾を知るための72章【第2版】**
赤松美和子、若松大祐 編著

148 **テュルクを知るための61章**
小松久男 編著

149 **アメリカ先住民を知るための62章**
阿部珠理 編著

150 **イギリスの歴史を知るための50章**
川成洋 編著

151 **ドイツの歴史を知るための50章**
森井裕一 編著

152 **ロシアの歴史を知るための50章**
下斗米伸夫 編著

153 **スペインの歴史を知るための50章**
立石博高、内村俊太 編著

154 **フィリピンを知るための64章**
大野拓司、鈴木伸隆、日下渉 編著

155 **バルト海を旅する40章** 7つの島の物語
小柏葉子 著

エリア・スタディーズ

156 カナダの歴史を知るための50章
細川道久 編著

157 カリブ海世界を知るための70章
国本伊代 編著

158 ベラルーシを知るための50章
服部倫卓、越野剛 編著

159 スロヴェニアを知るための60章
柴宜弘、アンドレイ・ベケシュ、山崎信一 編著

160 北京を知るための52章
櫻井澄夫、人見豊、森田憲司 編著

161 イタリアの歴史を知るための50章
高橋進、村上義和 編著

162 ケルトを知るための65章
木村正俊 編著

163 オマーンを知るための55章
松尾昌樹 編著

164 ウズベキスタンを知るための60章
帯谷知可 編著

165 アゼルバイジャンを知るための67章
廣瀬陽子 編著

166 済州島を知るための55章
梁聖宗、金良淑、伊地知紀子 編著

167 イギリス文学を旅する60章
石原孝哉、市川仁 編著

168 フランス文学を旅する60章
野崎歓 編著

169 ウクライナを知るための65章
服部倫卓、原田義也 編著

170 クルド人を知るための55章
山口昭彦 編著

171 ルクセンブルクを知るための50章
田原憲和、木戸紗織 編著

172 地中海を旅する62章 歴史と文化の都市探訪
松原康介 編著

173 ボスニア・ヘルツェゴヴィナを知るための60章
柴宜弘、山崎信一 編著

174 チリを知るための60章
細野昭雄、工藤章、桑山幹夫 編著

175 ウェールズを知るための60章
吉賀憲夫 編著

176 太平洋諸島の歴史を知るための60章 日本とのかかわり
石森大知、丹羽典生 編著

177 リトアニアを知るための60章
櫻井映子 編著

178 現代ネパールを知るための60章
公益社団法人 日本ネパール協会 編

179 フランスの歴史を知るための50章
中野隆生、加藤玄 編著

180 ザンビアを知るための55章
島田周平、大山修一 編著

181 ポーランドの歴史を知るための55章
渡辺克義 編著

182 韓国文学を旅する60章
波田野節子、斎藤真理子、きむ ふな 編著

183 インドを旅する55章
宮本久義、小西公大 編著

184 現代アメリカ社会を知るための63章【2020年代】
明石紀雄 監修 大類久恵、落合明子、赤尾千波 編著

185 アフガニスタンを知るための70章
前田耕作、山内和也 編著

186 モルディブを知るための35章
荒井悦代、今泉慎也 編著

187 ブラジルの歴史を知るための50章
伊藤秋仁、岸和田仁 編著

――以下続刊

◎各巻2000円（一部1800円）

〈価格は本体価格です〉